Timothy Smith

Familienzeit
52 kreative Familienandachten

Über den Autor

Timothy Smith ist seit über 30 Jahren in der Jugendarbeit und als Familientherapeut tätig. Außerdem arbeitet er als Forscher für das renommierte *Gallup*-Meinungsforschungsinstitut.
Er ist verheiratet und Vater von zwei Töchtern.

Timothy Smith

Familienzeit

52 kreative Familienandachten

Aus dem Englischen übersetzt von Ulrike Becker

FSC

Mix

Produktgruppe aus vorbildlich
bewirtschafteten Wäldern und
anderen kontrollierten Herkünften

Zert.-Nr. SGS-COC-1940
www.fsc.org
© 1996 Forest Stewardship Council

Verlagsgruppe Random House FSC-DEU-0100
Das für dieses Buch verwendete FSC-zertifizierte Papier
Super Snowbright liefert Hellefoss AS, Hokksund, Norwegen.

Die Originalausgabe erschien im Verlag Bethany House Publishers,
a division of Baker Book House, Grand Rapids/Michigan, USA
unter dem Titel „52 Family Time Ideas"
© 2006 by Timothy Smith
© 2008 der deutschen Ausgabe by Gerth Medien GmbH, Asslar
in der Verlagsgruppe Random House GmbH, München
Die angegebenen Bibelzitate wurden der Gute Nachricht Bibel entnommen.
Revidierte Fassung, durchgesehene Ausgabe in neuer Rechtschreibung,
© 2000 Deutsche Bibelgesellschaft, Stuttgart.
Weiterhin wurden folgende Bibelübersetzungen verwendet:
„Hoffnung für alle", Herausgeber und Verlag: Brunnen Verlag, Basel und
Gießen, © 1986, 1996 International Bible Society. (Hfa)
Lutherbibel, revidierter Text 1984, durchgesehene Ausgabe in neuer
Rechtschreibung, © Deutsche Bibelgesellschaft, Stuttgart. (LÜ)

2. Auflage 2009
Bestell-Nr. 816 302
ISBN 978-3-86591-302-9

Umschlaggestaltung und -illustration: Hanni Plato
Umschlagfotos: Britt Erlanson/Getty Images (Mädchen);
Getty Images/Holloway (Junge)
Satz: Nicole Schol
Druck und Verarbeitung: GGP Media GmbH, Pößneck
Printed in Germany

Inhalt

Teil 2: Besondere Anlässe

Hier geht's los!

Haben Sie Ihren Kindern schon einmal versprochen, mit ihnen in einen Freizeitpark zu fahren? Die Vorfreude Ihrer Kinder ist groß – bis sie dort ankommen! Wenn sie dann zur Achterbahn hinaufstarren, das wirbelnde Ding erblicken oder dem tierförmigen Wagen hinterherschauen, der gerade in einem dunklen Tunnel verschwindet – dann bekommen sie es doch mit der Angst zu tun.

Das möchte ich auch erleben!

Nicht, weil ich grausam wäre, sondern weil es mir Spaß machen würde.

Im Ernst!

Den ersten Schritt zu wagen und als Familie eine wöchentliche Familienzeit einzurichten, mag zunächst etwas beängstigend erscheinen – wie das bei den meisten Abenteuern der Fall ist –, aber machen Sie sich keine Sorgen. Sie sind ja nicht allein. Ich werde in diesem Abenteuer Ihr Führer sein. Sie werden sich nicht verirren, und ich sorge auch dafür, dass Sie nicht zu viel Zuckerwatte gegessen haben, wenn Sie sich in diese schaukelnde, drehende Teetasse setzen.

„Familienzeit" nimmt Sie mit auf eine Entdeckungsreise, die viel Spaß verspricht. Doch wie bei einer aufregenden Fahrt mit der Achterbahn gehört dazu der Mut zum Risiko. Es handelt sich um eine Reise, die Sie an Orte führen wird, an denen Sie noch nie gewesen sind. Aber es gibt zwei gute Nachrichten: 1. Sie brauchen für diese Reise nicht in Ihr Auto zu steigen. Und 2. Sie unternehmen diese Reise mit Ihrer Familie gemeinsam!

> Wir Familien scheinen heutzutage nicht viel Zeit miteinander zu verbringen, und wenn wir uns dann mal ein bisschen Zeit aus den Rippen schneiden, drehen wir Däumchen, schauen uns an und fragen: „Und, was soll'n wir jetzt machen?"

„Familienzeit" liefert Ihnen gute Ideen für eine sinnvolle gemeinsame Familienzeit, nach der Sie sich so oft sehnen. Das Buch hilft Ihnen, Gottes zeitlose Grundprinzipien für starke Familien zu entdecken und selbst zu erleben.

In nur dreißig Minuten pro Woche werden Sie in Ihrer Familie wahre Schätze entdecken. Sie werden sich Erinnerungen schaffen, die Ihnen und Ihren Kindern erhalten bleiben.

Ich bete darum, dass diese Familienzeiten in Ihrer Familie einen Grundstein für die Liebe und gemeinsames Lachen und Lernen legen, denn: Familien sind *wirklich etwas sehr Wichtiges*!

Timothy Smith

Ein paar Tipps zum Einstieg

❶ Planen Sie für eine Familienzeit wöchentlich Zeit ein, wenn möglich immer zur gleichen Zeit. Kinder profitieren von Gewohnheiten und werden sich schon im Vorfeld auf diese Zeit freuen. Wenn Sie die Familienzeit auf das Wochenende legen, brauchen Sie vermutlich bei anderen Aktivitäten eine gewisse Flexibilität.

❷ Lesen Sie sich die wöchentlichen Ideen im Voraus durch und besorgen Sie die benötigten Materialien. (Im Anhang des Buches finden Sie eine Materialliste mit Angaben für eine Grundausstattung, die Sie für alle Einheiten benötigen.) Es kann hilfreich sein, wenn Sie die angegebenen Bibeltexte zunächst für sich selbst ein paar Mal lesen.

❸ Schützen Sie Ihre Familienzeit vor störenden Einflüssen (Telefon, Fernsehen, Radio, Spielkonsole und Computer). Sie werden für eine normale Einheit etwa dreißig Minuten benötigen (bei besonderen Aktivitäten auch länger); für die Filmnächte müssen Sie jeweils eineinhalb bis zwei Stunden einplanen.

❹ Sie können jede Einheit an das Alter Ihrer Kinder anpassen. Lesen Sie dazu die „Variationsmöglichkeiten" für jüngere Kinder bzw. Teenies.

❺ Zeigen Sie sich gegenseitig, dass Sie sich wertschätzen, indem (wenn irgend möglich) alle bei der Familienzeit anwesend sind.

❻ Bleiben Sie flexibel. Das Ganze soll Spaß machen. Machen Sie sich keine Sorgen, wenn Ihre Familienzeit zu einer Lachparty wird. Es muss keine bitterernste „Bibelstunde" daraus werden. Denken Sie immer daran: Das hier ist nicht die Gemeinde – es ist Ihre Familie!

Die verschiedenen Elemente

Zu jeder Einheit gehören verschiedene Elemente, die in der Reihenfolge variieren können:

Was benötigen Sie? Hier werden Ihnen die benötigten Materialen genannt.

Worum geht es? Dies soll Ihnen als Eltern helfen, das Thema der Einheit in den Blick zu bekommen.

Zum Aufwärmen Dieser Abschnitt erleichtert Ihren Kindern den Einstieg.

Bibeltext Lesen Sie den Text vor. Sie können statt der hier vorgeschlagenen Bibelübersetzung auch Ihre eigene Bibel verwenden.

Unser Motto heute Mit dem Motto können Sie gemeinsam das Ziel der Einheit laut ausrufen und seine Wirkung auf lustige Art verstärken.

Action! In diesem Teil, der in der Regel zehn Minuten in Anspruch nimmt, haben Sie Gelegenheit, das Thema auf lebendige Weise aktiv zu gestalten.

Familie im Gespräch Ein paar Fragen bringen Sie tiefer ins Gespräch und ermöglichen persönliche Lernschritte. Zu diesem Teil gehören auch die Abschnitte „Was sagt die

	Bibel dazu?" und „Was können wir tun?" Wenn Sie möchten, können Sie Ihre „Ergebnisse" auch im Anhang dieses Buches schriftlich festhalten („Unsere Familienzeit").
Variationsmöglichkeiten	Hier finden Sie dem Alter Ihrer Kinder angemessene Alternativen für jüngere Kinder (für Kindergarten- und Grundschulkinder) und für Teenies.
Gebet	Die Einheiten schließen mit einem Gebet ab, das Sie laut vorlesen können.

Am Ende des Buches (ab S. 209) gibt es ein paar leere Seiten, die Sie als Familienzeit-Tagebuch nutzen können. Dort ist Platz für Ihre Notizen zur Vorbereitung, für Ihre Entdeckungen und Erlebnisse während Ihrer Familienzeiten.

Sie haben die Wahl

Es gibt fünf verschiedene Möglichkeiten, wie Sie „Familienzeit" verwenden können. Sie müssen sich nicht gleich für eine Möglichkeit entscheiden, sondern können auch einen „Möglichkeiten-Mix" zusammenstellen. So wie eine gute Mannschaft immer mehrere Spieloptionen zur Verfügung hat, so brauchen auch vielbeschäftigte Eltern unterschiedliche Spieloptionen.

❶ *Wöchentlich*: Suchen Sie sich die Zeit heraus, die für Ihre Familie am besten geeignet ist. Das muss nicht unbedingt der Abend sein. Sie können sich auch samstags nach getaner Arbeit zusammensetzen. Für die Filmnacht müssen Sie mehr Zeit einplanen. (Eine Möglichkeit wäre es, die

Filmnacht auf den Freitagabend zu legen und die übrigen Familienzeiten am Sonntag gleich nach dem Mittagessen durchzuführen.)

❷ *Familienwochenenden*: Fahren Sie übers Wochenende gemeinsam fort oder zelten Sie im Garten! Schaffen Sie sich Ihre persönliche Familienauszeit, indem Sie einige der Einheiten auswählen und durch Aktivitäten ergänzen, die Ihnen allen Spaß machen (Schwimmen, Fahrradfahren, Wandern oder abends Kegeln gehen).

❸ *Im Urlaub*: Eine ganze Reihe unserer Testfamilien berichtete uns, dass „Familienzeit" gut in ihren Sommerurlaub hineinpasste. Da sie unterwegs nicht am üblichen Gemeindeleben teilnehmen konnten, bot ihnen das Buch die Möglichkeit, sich jeden Tag etwas Zeit für Gott zu nehmen. Passen Sie die Einheiten Ihren persönlichen Urlaubsplänen an.

❹ *Täglich*: Hunderte unserer Testfamilien führten die Familienzeiten täglich im Rahmen eines Gemeindeprojektes durch, das sich über einen Zeitraum von 30–40 Tagen erstreckte. Dazu bedarf es einiger Vorbereitung, da die Tage erfahrungsgemäß sehr schnell vergehen. Sie sollten das Material in diesem Fall für mindestens eine Woche im Voraus parat haben.

❺ *Nur an den Feiertagen*: Vielleicht sind Sie bereits sehr eingespannt oder haben andere Familienaktivitäten oder -traditionen, suchen aber trotzdem etwas Neues, das Sie an Feiertagen oder zu besonderen Gelegenheiten gemeinsam als Familie machen können. Verleihen Sie Ihren Festen zusätzliche Substanz, indem Sie diese durch die Einheiten aus „Familienzeit" für besondere Anlässe ergänzen.

Teil 1

Wöchentliche Familienzeiten

Familienzeit 1

Gott – die Nummer 1 in unserem Leben

Worum geht es?

Gott hat uns in die Familie hineingestellt, damit wir wichtige Dinge über ihn selbst, über das Leben und über die Liebe lernen.

Was benötigen Sie?

zehn Sockenpaare, zehn Schüsseln, eine Schnur, einen Schokoriegel o. ä. als Preis

---

Zum Aufwärmen

Fragen Sie die Runde: „Bekommen Eltern jemals einen Tag frei? Was würde passieren, wenn Eltern sich einen Tag freinehmen und den ganzen Tag nur das machen würden, was ihnen Spaß macht – ausschlafen, nicht zur Arbeit gehen, am Computer spielen, fernsehen?"

Bibeltext: 5. Mose 5,7–10

Es ist gut, wenn Ihre Kinder erleben, dass Sie aus Ihrer eigenen Bibel lesen. Eine weitere Möglichkeit wäre, die Kinder den

Text aus ihrer Bibel vorlesen zu lassen. Natürlich können Sie auch die in diesem Buch abgedruckten Texte verwenden, die in der Regel der „Guten Nachricht" entnommen sind.

Du sollst keine anderen Götter neben mir haben. Du sollst dir kein Gottesbild anfertigen. Mach dir kein Abbild von irgendetwas im Himmel, auf der Erde oder im Meer. Wirf dich nicht vor ihnen nieder und bete sie nicht an. Denn ich, der Herr, dein Gott, bin ein leidenschaftlich liebender Gott und erwarte auch von dir ungeteilte Liebe. Wenn sich jemand von mir abwendet, dann bestrafe ich dafür auch seine Kinder, sogar noch seine Enkel und Urenkel. Wenn mich aber jemand liebt und meine Gebote befolgt, dann werde ich auch noch seinen Nachkommen Liebe und Treue erweisen, und das bis in die tausendste Generation.

Familie im Gespräch

Gott hat uns in eine Familie gestellt, damit wir wichtige Dinge über ihn selbst, über das Leben und über die Liebe lernen.

❶ Fragen Sie: „Warum sagt Gott: ‚Du sollst keine anderen Götter neben mir haben'?" (Gott verdient den ersten Platz in unserem Leben.)

❷ Fragen Sie: „Was können wir als Familie dafür tun, dass Gott die Nummer 1 in unserem Leben bleibt?"

Unser Motto heute

Gott steht in meinem Leben an erster Stelle.

Action!

Sockenwerfen

Nehmen Sie zehn saubere Sockenpaare, und rollen Sie je ein Paar zu einer Kugel zusammen, indem Sie die eine Socke über die andere stülpen. Holen Sie nun zehn Schüsseln unterschiedlicher Größe. Kleben Sie auf jede Schüssel eine Zahl (1–10). Verteilen Sie die Schüsseln auf dem Boden. Ziehen Sie mit einer Schnur eine Linie, die mindestens einen Meter von den Schüsseln entfernt liegt. Alle Familienmitglieder werfen nun nacheinander die zehn Sockenbälle und versuchen dabei, in jede Schüssel zu treffen. Wer zielt am besten?

Variationsmöglichkeiten

▶ Jüngere Kinder
Fragen Sie Ihre Kinder: „Wann fühlst du dich geliebt?" Lassen Sie nach dem Sockenspiel den Abschnitt „Auf den Punkt gebracht" weg, aber erklären Sie stattdessen: „Familien, in denen jeder den anderen lieb hat, helfen sich gegenseitig, so zu leben, wie es für alle gut ist, indem sie Gott an die erste Stelle setzen."

▶ Teenies
Vergrößern Sie den Abstand zwischen der Linie und den Schüsseln auf zwei Meter.

Stellen Sie die Frage: „Was würde passieren, wenn unsere Familie keine Regeln hätte? Wie würde es wohl bei uns aussehen, wenn Lügen, Stehlen und gemeines Verhalten völlig in Ordnung wären?"

Auf den Punkt gebracht

❶ Fragen Sie: „Wie ging es euch beim Sockenwerfen?"

Was sagt die Bibel dazu?

❷ Erklären Sie: „Die zehn Schüsseln stehen für die Zehn Gebote Gottes. So wie wir gerade versucht haben, mit den Sockenbällen in die Schüsseln zu zielen, müssen wir auch versuchen, Gottes Gebote zu befolgen. Das erste Gebot handelt davon, dass wir Gott an die erste Stelle setzen sollen. Das fällt uns nicht leicht, weil wir lieber uns selbst an die erste Stelle setzen möchten. Genauso schwer ist es, eine Socke in jede Schüssel zu werfen. Aber es gibt dafür eine Belohnung ...“ (Halten Sie für denjenigen, der am besten gezielt hat, eine kleine Prämie bereit.)

❸ Fragen Sie: „Welches Versprechen gibt Gott den Menschen, die ihn lieben und seine Gebote halten?“ (Dass er in liebevoller Treue zu ihnen stehen wird.)

Was können wir tun?

❹ Fragen Sie: „Wie können wir Gott an die erste Stelle in unserem Leben setzen?“ (Indem wir zuerst an ihn denken; indem uns wichtig ist, ihn immer besser kennenzulernen, als uns alle möglichen Dinge zu wünschen, die wir gerne hätten, usw.)

Gebet

Lieber himmlischer Vater, du bist wunderbar und stark. Du allein hast es verdient, in unserem Leben an der ersten Stelle zu stehen. Hilf uns, heute daran zu denken, dass du die Nummer 1 bist.

Familienzeit 2

Du bist ein Königskind

Worum geht es?

Jeder Mensch, der zu Gott gehört, ist ein Kind des allerhöchsten Königs.

Was benötigen Sie?

Tonpapier (für kleinere Mädchen eventuell rosafarbenes, sowie selbstklebende Glitzersternchen) oder Bastelpapier in Gold oder Silber, Scheren, Klebstoff, Stifte

---

Zum Aufwärmen

Fragen Sie: „Gott ist der allerhöchste König, und er lädt uns ein, seine Kinder zu sein. Wir sind also Königssöhne und Königstöchter. Woran erkennt man so einen Prinzen oder so eine Prinzessin?"

Bibeltext: 1. Johannes 3,1

Seht doch, wie sehr uns der Vater geliebt hat! Seine Liebe ist so groß, dass er uns seine Kinder nennt. Und wir sind es wirklich!

Was sagt die Bibel dazu?

Fragen Sie: „Was bedeutet es, dass wir Gottes Kinder sind? Welche Vorrechte und Pflichten hat ein Königskind?"

Action!

König für einen Tag

Basteln Sie gemeinsam Kronen. Das geht ganz einfach: Aus dem Tonpapier wird ein breiter Streifen ausgeschnitten, der obere Rand mit Zacken oder Schnörkeln versehen. Am besten vorher den Kopfumfang ausmessen, damit die Krone auch passt. Dann seitlich zusammenkleben und kurz antrocknen lassen.

Heute dürfen Ihre Kinder mal „König" sein – sprich, sie dürfen (für eine Stunde oder einen Abend) „regieren" und darüber bestimmen, was gemacht wird, was es zu essen gibt usw. Wenn Sie sehr mutig sind, können Sie selbst auch als „Höflinge" fungieren und Ihre Kinder bedienen. Allerdings gehören dazu auch „königliche" Manieren und eine „hochwohlgeborene" Ausdrucksweise. Nur wer Sätze von sich gibt wie: „Hochgeschätzte Königinmutter, ich ersuche Euch höflich um die Ehre einer kurzen Audienz – es wird nur wenige Minuten Eurer kostbaren Zeit in Anspruch nehmen!", findet auch Gehör und bekommt seine Wünsche erfüllt. Wenn alle richtig mitmachen, wird das ein Riesenspaß!

Familie im Gespräch

Was können wir tun?

Das Gespräch findet vielleicht am besten vor *Action!* statt. Fragen Sie:

❶ „Wie regiert ein guter König seine Untertanen?" (Er will das Beste für sie und spricht gerechte Urteile. Er verlangt ihnen nichts ab, was sie nicht leisten können.) „Wenn du in unserem Land bestimmen könntest, was würdest du als Erstes ändern?"

❷ „Was muss ein Prinz oder eine Prinzessin lernen, um später ein guter König/eine gute Königin zu sein?"

❸ „Gott ist unser guter König. Du bist sein Königskind und er hat dich lieb. Was glaubst du, warum du ihm total wichtig bist?"

Unser Motto heute

Wir sind alle Königskinder!

Variationsmöglichkeiten

▶ Jüngere Kinder

Wenn Sie kleine Mädchen haben, die rosa mögen, verwenden Sie rosafarbenes Tonpapier und verzieren Sie die Krone mit silberfarbenen Glitzersternchen. Helfen Sie den Kindern beim Basteln, und machen Sie beim Spielen Vorschläge, wie sie sich „hochwohlgeboren" ausdrücken können. Sie können auch noch ein Zepter basteln – im Gespräch darf dann immer derjenige reden, der das Zepter in der Hand hat.

Oder feiern Sie (statt das „Königsspiel" durchzuführen) als Familie einen „Königskindergeburtstag" – mit dem Lieblingsessen Ihrer Kinder, lustigen Spielen und natürlich Ihren selbstgebastelten Kronen. Planen Sie an diesem „Geburtstag" oder zu einem anderen Zeitpunkt in dieser Woche eine Vorlesezeit ein. Gut eignen sich zum Beispiel folgende Bücher: „Nicht wie bei Räubers" von Ursula Marc, „Juli – Gottes kleine Prinzessin" von Sheila Walsh oder Max Lucado: „Du bist einmalig".

▶ Teenies

Gehen Sie mit Ihren Teenagern zu *Burger King* und lassen Sie sich dort zu Ihrem Essen Kronen geben. Vertiefen Sie das Gespräch mit der Frage: „Wie sehen die Rechte und Pflichten eines Thronfolgers aus? Was würdest du ändern bzw. veranlassen und warum?" Es gibt derzeit viele junge „Royals" und Thronfolger, z. B. in England, Norwegen, Spanien, deren Situation Sie näher betrachten können.

Erweitern Sie das Gespräch mit der Frage: „Wir sind alle Königskinder. Was hat Jesus gemeint, als er gesagt hat, dass den Kindern und den Menschen wie ihnen Gottes neue Welt offensteht?" Lesen Sie dazu Lukas 18, Vers 16, und Matthäus 18, Vers 3, und überlegen Sie gemeinsam, was es bedeutet, so zu werden wie die Kinder.

Gebet

Lieber Vater, vielen Dank, dass du uns nicht als deine Diener, sondern als deine Kinder ansiehst und uns auch so behandelst. Du hast uns lieb. Bitte hilf uns, dass wir uns auch so verhalten wie echte Königskinder.

Familienzeit 3

Wir brauchen Gedächtnisstützen

Worum geht es?

In einer Familie erinnern wir uns gegenseitig an das Gute an uns und an Gott.

Was benötigen Sie?

einen Wollknäuel

Zum Aufwärmen

Jeder soll von einer Situation erzählen, in der er einmal etwas vergessen hat (2–3 Beispiele).

Erklären Sie: „Es passiert schnell, dass wir etwas vergessen. In der Familie können wir uns gegenseitig helfen, an wichtige Dinge zu denken."

Bibeltext: 5. Mose 6,6–9

Behaltet die Gebote im Gedächtnis, die ich euch heute verkünde! Prägt sie euren Kindern ein, und sagt sie euch immer wieder vor – zu Hause und auf Reisen, wenn ihr euch schlafen legt und wenn ihr erwacht. Bindet sie euch zur ständigen Er-

innerung an den Arm und auf die Stirn. Schreibt sie auf die
Türpfosten eurer Häuser und auf die Tore eurer Städte.

Familie im Gespräch

Was sagt die Bibel dazu?

❶ Fragen Sie: „Warum möchte Gott, dass wir uns an seine Gebote erinnern?" (Damit wir sie halten.)

Was können wir tun?

❷ Fragen Sie: „Wie können Eltern ihren Kindern helfen, Gottes Gebote im Gedächtnis zu behalten?" (Durch Anleitung zum Auswendiglernen, indem wir häufig darüber sprechen – etwa am Esstisch, beim Spaziergang – oder indem wir sie bei uns im Haus aufhängen.)

Unser Motto heute

Gute Dinge sind es wert, dass wir uns an sie erinnern.

Action!

Das Spinnennetz

Stellen Sie sich mit Ihrer Familie im Kreis auf, und zwar in einem Abstand von etwa 1,20 Metern zum nächsten Familienmitglied. Halten Sie das Ende des Wollknäuels fest und erklären Sie: „Ich werfe jetzt das Wollknäuel. Wer es fängt, muss zwei Aufgaben lösen: Er soll etwas Gutes über die Person sagen, die ihm das Knäuel zugeworfen hat, und etwas Gutes über Gott."

Jeder hält, nachdem ihm das Knäuel zugeworfen wurde, mit einer Hand den Wollfaden fest und wirft mit der anderen das

Knäuel an einen beliebigen Mitspieler weiter. Im Handumdrehen werden Sie ein Spinnennetz der Ermutigung und Dankbarkeit gezogen haben.

Nach ein paar Runden können Sie die Aufgabe abwandeln: „Ihr könnt jetzt sagen, wofür ihr dankbar seid." Fragen Sie abschließend: „Was bedeutet das Spinnennetz für uns?" (Es verbindet uns und macht aus uns ein Team.)

Variationsmöglichkeiten

▶ Jüngere Kinder

Vereinfachen Sie die Aufgabenstellung, indem Sie sagen: „Wer das Knäuel fängt, soll etwas Nettes über die Person sagen, der er das Knäuel als Nächstes zuwirft."

▶ Teenies

Erweitern Sie das Gespräch mit der Frage: „Welche der folgenden Möglichkeiten, den eigenen Glauben zu stärken, hilft euch am meisten: Auswendiglernen von Bibelversen, gemeinsame Gespräche in der Familie über den Glauben, ein Gebetsspaziergang usw.?"

Erweitern Sie den Punkt „Action!" mit der Frage: „Was passiert, wenn jemand den Wollfaden loslässt?" (Das Netz geht kaputt und unser Zusammenhalt wird geschwächt.)

Anmerkung: Bitten Sie nach den ersten Einheiten Ihre Teenager, einen Teil oder gar eine ganze Einheit selbst zu leiten. Wir haben entdeckt, dass Jugendliche mehr von der Familienzeit profitieren, wenn sie aktiv eingebunden werden. Sie bekommen dann weniger das Gefühl, wie Kinder behandelt zu werden.

Gebet

Lieber himmlischer Vater, hilf uns, dass wir immer wieder daran denken, wer du bist und was du alles für uns getan hast. Hilf uns auch, aneinander zu denken und dankbar füreinander zu sein, weil wir wissen, dass wir nur gemeinsam stark sind.

Familienzeit 4

Gemeinsam sind wir stark

Worum geht es?

Der Zusammenhalt und die Stärke unserer Familie kommen von Gott.

Was benötigen Sie?

einen Besenstiel, Bindfaden, Klebeband, dicken Filzstift, Papier

Zum Aufwärmen

Fragen Sie: „Welche Arten von Prüfungen gibt es?" (Prüfungen in der Schule, Eignungstests, Sportwettbewerbe, Führerscheinprüfung, Aufnahmeprüfungen usw.) „Warum müssen wir Prüfungen ablegen?" (Um zu zeigen, was wir wissen und/oder können.)

Bibeltext: 5. Mose 8,2.11–14

Vergesst nicht, wie der Herr, euer Gott, euch vierzig Jahre lang in der Wüste umherziehen ließ! Das tat er, um euch vor Augen zu führen, dass ihr ganz auf ihn angewiesen seid, aber auch, um euch auf die Probe zu stellen und zu sehen, ob ihr

seinen Weisungen folgen würdet oder nicht. Vergesst nicht den Herrn, euren Gott! Missachtet nicht seine Weisungen, Gebote und Rechtsbestimmungen, die ich euch heute verkünde! Werdet nicht übermütig, wenn es euch gut geht, wenn ihr reichlich zu essen habt und in schönen Häusern wohnt, wenn eure Viehherden wachsen, euer Gold und Silber und all euer Besitz sich vermehrt. Vergesst dann nicht den Herrn, euren Gott! Er hat euch aus Ägypten, wo ihr Sklaven gewesen seid, herausgeführt.

Familie im Gespräch

Was sagt die Bibel dazu?

❶ Fragen Sie: „Warum stellt Gott uns auf die Probe?" (Damit wir stärker werden und lernen, auf ihn zu vertrauen.)

Was können wir tun?

❷ Fragen Sie: „Warum passiert es so leicht, dass Menschen Gott vergessen, wenn ihr Leben super läuft?" (Wir bekommen das Gefühl, wir bräuchten Gott nicht, und suchen unsere Sicherheit eher in dem, was wir besitzen.)

Unser Motto heute

Gemeinsam sind wir stark.

Action!

Zusammenhalten

(Dieses Spiel funktioniert am besten auf einem Teppich oder auf Teppichboden.) Nehmen Sie einen etwa 0,90–1,20 Meter langen Besenstiel, eine Schnur, ein Stück Papier, einen dicken

Filzstift und Klebeband. Schreiben Sie das Motto in großen Buchstaben mit dem Filzstift auf das Papier und kleben Sie dieses an den Besenstiel (ca. 5 Zentimeter unterhalb des oberen Endes). Schneiden Sie die Schnur in 1,80 Meter lange Stücke (für jedes Familienmitglied eins).

Erklären Sie dann: „Der Stiel, die Schnüre und das Motto stehen für unseren Zusammenhalt in der Familie. Wenn wir schwierige Zeiten gemeinsam durchstehen wollen, müssen wir uns gegenseitig helfen (so wie die Israeliten in der Wüste)." Nun soll jedes Familienmitglied seine Schnur etwas oberhalb der Mitte an den Besenstiel binden. Legen Sie den Stiel dazu auf den Boden. Dann stellen sich alle Familienmitglieder im Kreis um den Besenstil auf. Jeder hält das Ende seiner Schnur in der Hand. Bitten Sie nun zuerst ein Kind: „Versuche, den Stab aufzurichten, indem du an deiner Schnur ziehst." (Das wird nicht funktionieren.) Bitten Sie anschließend zwei Kinder, den Stab aufzurichten, indem sie an ihren beiden Schnüren ziehen. (Das kann unter Umständen funktionieren.) Dann sagen Sie zu Ihrer Familie: „Und nun ziehen wir alle gemeinsam."

Ziel dieses Spiels ist es, den Stiel aufzurichten, indem jeder Einzelne über den Zug an seiner Schnur eine Spannung aufbaut, die den Stiel aufrecht stehen lässt. Erklären Sie: „Wenn jeder seinen Teil beiträgt, können wir Herausforderungen so aufrecht gegenüberstehen wie dieser Stock." Fragen Sie nun die Runde: „Was passiert, wenn einer von uns den Kontakt zu den anderen verliert?" (Lassen Sie Ihre Schnur los. Der Stiel wird umfallen.) Erklären Sie: „In einer Familie wird jeder gebraucht. Wir sind stark, wenn wir zusammenhalten."

Variationsmöglichkeiten

▶ Jüngere Kinder

Lassen Sie die zweite Frage „Zum Aufwärmen" weg. Ändern Sie „Action!" folgendermaßen ab: Setzen Sie sich im Kreis auf den Boden, sodass Ihre Füße den Stock einkreisen. Kürzen Sie den Besenstiel (auf etwa 60–90 Zentimeter). Falls die Kinder den Stock mit ihren Schnüren nicht hochziehen können, stellen Sie ihn zunächst mit der Hand aufrecht hin, und versuchen Sie dann gemeinsam, den Stock über die Schnüre in der Senkrechten zu halten. Kindergartenkinder besitzen oft noch nicht die nötige Körperkoordination, um gleichmäßig zu ziehen und das Gleichgewicht zu halten, deshalb sollten Sie helfen, dass die Aufgabe gelingt.

▶ Teenies

Lassen Sie Ihre Teenager im Anschluss an „Action!" Situationen nennen, in denen es wichtig ist, als Familie zusammenzuhalten. (Beispiel: „Wenn ich Autofahren lerne, solltet ihr euch nicht über mich lustig machen.")

Gebet

Lieber himmlischer Vater, danke, dass wir einander haben. Hilf uns, aus den Prüfungen des Lebens zu lernen. Hilf uns, einander zur Seite zu stehen, damit wir stark sein und in den Herausforderungen des Lebens fest stehen können.

Familienzeit 5

Sandburgen oder Denkmäler?

Worum geht es?

Die kindliche Neugier bietet uns die Chance, unseren Kindern geistliche Wahrheiten nahezubringen.

Was benötigen Sie?

zwölf runde Kieselsteine (Größe ca. 7–10 Zentimeter), dicke, wasserfeste (oder auswaschbare) Filzstifte

Zum Aufwärmen

Fragen Sie: „Erinnert ihr euch noch an unseren Urlaub am Meer und daran, wie das Wasser über unsere Sandburg hinwegschwappte? Was passiert, wenn wir eine Sandburg zu nah ans Wasser bauen?" (Das Wasser kommt und spült sie weg.) „Wie lange würde die Sandburg wohl halten, wenn wir sie weit entfernt von den Wellen errichten würden?" (Ein paar Tage.) „Welches Material eignet sich noch besser zum Bau von Burgen?" (Steine, Ziegel, Holz usw., weil diese Materialen länger halten.)

Bibeltext: Josua 4,4–7

Josua wählte zwölf Männer aus, für jeden Stamm Israels einen. Er sagte zu ihnen: „Geht zur Bundeslade des Herrn, eures Gottes, in den Jordan, und hebt jeder einen großen Stein auf. Nehmt ihn auf die Schulter – so viele Steine, wie es Stämme im Volk Israel gibt. Wenn später eure Kinder fragen, was diese Steine bedeuten, dann erzählt ihnen, wie das Wasser des Jordans versiegte, als die Bundeslade den Fluss durchquerte. Diese Steine sollen die Israeliten für alle Zukunft daran erinnern."

Familie im Gespräch

Was sagt die Bibel dazu?

❶ Fragen Sie: „Warum forderte Gott die Israeliten wohl auf, gerade *Steine* als Erinnerung an Gottes Taten aufzuheben?" (Weil sie beständig sind.)

❷ Fragen Sie: „Wozu dienten diese Steine?" (Um das Volk daran zu *erinnern*, dass der Jordan aufhörte zu fließen und die Bundeslade durch das trockene Flussbett getragen werden konnte.)

Was können wir tun?

❸ Fragen Sie: „Auf welche Weise können wir uns durch Steine daran erinnern, was Gott für uns getan hat?" (Wir können uns zum Beispiel die Wunder Gottes stichwortartig mit wasserfestem Stift auf die Steine schreiben.)

Unser Motto heute

Glauben, der sich an Gottes Taten erinnert, steht felsenfest.

Action!

Steine erzählen von Gott

Besorgen Sie im Baumarkt oder Gartencenter 12 runde Kieselsteine (ca. 7–10 Zentimeter groß). Verteilen Sie die Steine unter den Familienmitgliedern. Fragen Sie: „In welchen Situationen haben wir schon erlebt, dass Gott treu zu uns gestanden hat?" Nun kann jeder berichten, wo er Gottes Wirken erlebt hat. Schreiben Sie dann auf die Steine, wie Sie Gottes Treue als Familie erlebt haben. Stellen Sie diese Steine anschließend im Haus oder im Garten aus, als Denkmal und Dankeszeichen dafür, wie treu Gott zu Ihrer Familie steht.

Variationsmöglichkeiten

▶ Jüngere Kinder

Kleine Kinder können, statt mit Worten aufzuschreiben, wofür sie dankbar sind, Bilder malen oder kleine Symbole auf die Steine zeichnen.

▶ Teenies

Fragen Sie: „Wie werdet ihr euren Freunden den ‚Steingarten' bzw. die ‚Stein-Ausstellung' erklären, wenn sie euch besuchen kommen?" Fragen Sie Ihre Teenies, ob sie sich nicht vielleicht einen passenden Namen für die Steinesammlung einfallen lassen und ihn gut sichtbar auf ein Schild schreiben wollen.

Gebet

Danke, Gott, dass du an uns denkst. Du vergisst uns nie. Wir sind dir wertvoll. Hilf uns, nicht zu vergessen, was du alles für uns getan hast.

Familienzeit 6

Die Liebe gibt niemals auf – Filmnacht

Worum geht es?

Die Liebe gibt niemals auf.

Was benötigen Sie?

den Kinofilm „Findet Nemo" (Sie müssen den Film nicht kaufen, sondern können ihn auch in der Videothek ausleihen.)

Zum Aufwärmen

Holen Sie sich eine Schüssel Popcorn und machen Sie es sich vor dem Fernseher gemütlich. Fragen Sie: „Fallen euch drei Geschichten ein, die deutlich machen, dass die Liebe niemals aufgibt?" (Es gibt hier keine „richtigen" Antworten, aber Sie könnten erwähnen, dass die Geschichte Gottes mit den Menschen auch eine solche Liebesgeschichte ist.)

Bibeltext: 1. Korinther 13,4–7

Die Liebe ist geduldig und gütig. Die Liebe eifert nicht für den eigenen Standpunkt, sie prahlt nicht und spielt sich nicht auf. Die Liebe nimmt sich keine Freiheiten heraus, sie sucht nicht den eigenen Vorteil. *Sie lässt sich nicht zum Zorn reizen und trägt das Böse nicht nach. Sie ist nicht schadenfroh, wenn anderen Unrecht geschieht, sondern freut sich mit, wenn jemand das Rechte tut.* Die Liebe gibt nie jemand auf, *in jeder Lage vertraut und hofft sie für andere; alles erträgt sie mit großer Geduld.* (Hervorhebung durch den Autor)

Action!

Findet Nemo

Als Einleitung zum Film erklären Sie: „Wir werden uns heute Abend einen Film über die Liebe zwischen einem Vater und seinem Sohn anschauen. Es ist die Art von Liebe, die allen Schwierigkeiten widersteht."

Falls Sie nicht genügend Zeit haben, den ganzen Film anzuschauen, können Sie den Film so weit anschauen, wie es die Zeit zulässt, und dann zu der Szene springen, wo Vater und Sohn sich wiedersehen. (Auf der DVD ist das Kapitel 26.) Passen Sie das Gespräch entsprechend an.

Familie im Gespräch

Fragen Sie:

❶ „Welcher Teil des Films hat dir besonders gefallen?"

❷ „Was hat Nemo wohl über die Liebe seines Vaters gelernt?"

❸ „Was tat Nemos Vater, um seinem Sohn zu zeigen, wie sehr er ihn liebt?" (Er durchquerte den halben Ozean, um Nemo wiederzufinden.)

❹ „Nemos Vater Marlin war sehr fürsorglich zu seinem Sohn und wollte ihn vor Gefahren beschützen. Was tun Menschen-Eltern, um ihre Kinder zu behüten?"

Unser Motto heute

Die Liebe gibt niemals auf.

Variationsmöglichkeiten

▶ Jüngere Kinder
Lassen Sie die Fragen zum Aufwärmen weg und fangen Sie gleich mit dem Bibeltext an. Anschließend leiten Sie zum Film über. Vielleicht wäre es gut, nur einen Ausschnitt zu zeigen, um ihn an die Aufmerksamkeitsspanne von Kindergartenkindern anzupassen. Eine andere Möglichkeit wäre, den Film in mehreren Teilen anzuschauen. Lassen Sie die Fragen 2 und 4 des Gesprächsteils weg.

▶ Teenies
Lassen Sie Ihre Teenager im Anschluss an den Film über Situationen nachdenken, in denen Eltern *und* Kinder gemeinsam durchhalten und nicht aufgeben sollten.

Gebet

Lieber himmlischer Vater, danke für deine Liebe, die uns niemals aufgibt. Selbst in Schwierigkeiten und schlimmen Zeiten gibt deine Liebe niemals auf. Du hast Jesus auf die Erde geschickt, damit wir bei dir sein können. Danke, dass du keine noch so weiten Wege scheust, um uns deine Liebe zu zeigen.

Familienzeit 7

Familie –
eine Erfindung Gottes

Worum geht es?

Die Familie ist Gottes Idee.

Was benötigen Sie?

einen Park mit Spielplatz oder bei schlechtem Wetter einen Indoor-Spielplatz; Bauklötzchen oder Dominosteine

Zum Aufwärmen

Fragen Sie: „Was wäre anders im Leben, wenn es keine Familien gäbe?" (Ermutigen Sie zum Spekulieren!)

Bibeltext: 5. Mose 7,9

Er wollte euch zeigen, dass er allein der wahre Gott ist und dass er Wort hält. Er steht zu seinem Bund und erweist seine Liebe bis in die tausendste Generation an denen, die ihn lieben und seine Gebote befolgen.

Familie im Gespräch

Was sagt die Bibel dazu?

❶ Erklären Sie: „Gott hat sich die Familie ausgedacht, damit Eltern ihren Kindern zeigen können, wer Gott ist und was es mit Gottes Welt auf sich hat. Es ist Aufgabe der Eltern, ihren Kindern zu helfen, Gott kennen- und lieben zu lernen."

❷ Fragen Sie jetzt: „Wisst ihr, was eine ‚Generation' ist?" Nehmen Sie drei Bauklötze, die für die drei Generationen stehen, und stellen Sie diese wie Dominosteine hintereinander auf, sodass sie alle umfallen würden, wenn Sie den ersten Stein antippen.

Was können wir tun?

❸ Fragen Sie in die Runde: „Wie sorgt Gott dafür, dass seine Liebe über Tausende von Generationen bestehen bleibt?" (Indem er sie selbst von einer Generation an die nächste weitergibt, von den Eltern an die Kinder usw.) Denken Sie gemeinsam darüber nach, wie Eltern Gutes an ihre Kinder weitergeben können.

Unser Motto heute

Die Familie ist eine gute Sache, weil sie Gottes Idee ist.

Action!

Auf dem Spielplatz

Gehen Sie auf einen Spielplatz in Ihrer Nähe, auf dem es Schaukeln und ein Klettergerüst gibt. Nehmen Sie sich fünfzehn Minuten Zeit zum Schaukeln und Klettern. Lassen Sie dabei zuerst die Kinder zeigen, wo's langgeht: Ein Kind spielt den „Anführer", und alle anderen tun das, was das Kind vormacht – auch die Eltern! Anschließend tauschen Sie die Rollen. Versuchen Sie zu verdeutlichen, dass Sie als Familie darauf angewiesen sind, das einer vorangeht – Jesus. Wenden Sie sich anschließend ganz bewusst Ihren Kindern zu und tun Sie ihnen etwas Gutes: Sagen Sie ihnen, wie stolz Sie auf sie sind, umarmen Sie sie, spendieren Sie ein Eis oder ...

Variationsmöglichkeiten

▶ Jüngere Kinder

Falls das Wetter zu schlecht ist, um nach draußen zu gehen, könnten Sie auch einen Indoor-Spielplatz oder eine Spielecke in einem Einkaufszentrum aufsuchen.

▶ Teenies

Gehen Sie abends in einen Park, damit die Wahrscheinlichkeit nicht so groß ist, dass Ihre Teenager von Ihren Freunden gesehen werden. Wenn das Wetter nicht mitspielt, könnten Sie sich eine andere Indoor-Aktivität aussuchen, bei der einer das Kommando angibt, z. B. Schlittschuhlaufen, Inlinerskaten, Kegeln oder an einer Kletterwand klettern.

Gebet

Lieber himmlischer Vater, wir preisen dich dafür, dass du unsere Familie geschaffen hast. Wir danken dir, dass du uns in diese Familie hineingestellt hast. Danke, dass wir ein Glied in der Kette sind, das durch deinen Segen mit vielen Generationen verbunden ist. Zeige uns, wie wir deine Liebe an die nächste Generation weitergeben können.

Familienzeit 8

Sorgen und Hektik –
ein ungutes Gespann

Worum geht es?

Wir müssen immer wieder bewusst darauf achten, dass wir nicht ständig gehetzt sind.

Was benötigen Sie?

rotes Tonpapier, Scheren, Filzstifte und Klebeband
Da manche jüngeren Kinder noch sehr langsam beim Schneiden sind, kann es sinnvoll sein, die benötigten Achtecke im Voraus auszuschneiden oder eine Schablone vorzubereiten oder die Achtecke auf dem Tonpapier vorzuzeichnen.

Zum Aufwärmen

Erklären Sie: „Heute werden wir einen Gang herunterschalten und einen ‚Anstarr-Wettbewerb' durchführen!" Setzen Sie sich in einem Kreis auf den Boden. Starren Sie sich gegenseitig in die Augen. Versuchen Sie, nicht zu blinzeln und nicht zu lachen. „Wer blinzelt, scheidet aus!"

Bibeltext: Philipper 4,6–7

Macht euch keine Sorgen, sondern wendet euch in jeder Lage an Gott und bringt eure Bitten vor ihn. Tut es mit Dank für das, was er euch geschenkt hat. Dann wird der Friede Gottes, der alles menschliche Begreifen weit übersteigt, euer Denken und Wollen im Guten bewahren, geborgen in der Gemeinschaft mit Jesus Christus.

Familie im Gespräch

❶ Erklären Sie: „In unserer heutigen Familienzeit wollen wir herausfinden, warum wir uns oft so abhetzen. In unserer Gesellschaft soll alles schnell gehen. Niemand möchte zurückbleiben, deshalb scheinen wir uns immer mehr abzuhetzen."

Was sagt die Bibel dazu?

❷ Fragen Sie: „Was ist besser, als herumzuhetzen und sich ständig über irgendetwas Sorgen zu machen?" (Beten.)

Was können wir tun?

❸ Fragen Sie: „Herrscht in unserer Familie oft Hektik? Wann kommt es zu solchen Situationen? Wie macht es uns unsere moderne Gesellschaft möglich, in einem so hohen Tempo zu leben? Welche Dinge fallen euch ein, die wir in der Regel sehr schnell erledigen?" (Stichworte: Fast Food, Fertiggerichte für die Mikrowelle, Computer, 24-Stunden-Lieferservice, E-Mails, Internetverbindung usw.) „Warum und wann ist es besser, Dinge auch mal etwas langsamer zu erledigen?"

Unser Motto heute

Wenn wir in Gottes Tempo leben, brauchen wir uns nicht zu hetzen.

Action!

Stoppzeichen

Nehmen Sie das Tonpapier, die Scheren und Filzstifte zur Hand, und schneiden Sie Achtecke aus, die als Stoppschilder dienen sollen. Überlegen Sie gemeinsam, wie Aussagen der Bibel uns helfen könnten, aus unserer Hektik herauszukommen. Schreiben Sie diese Gedanken auf die Achtecke (z. B. „Sorgt euch nicht!" oder „Betet!"). Stellen Sie die fertigen Stoppschilder überall im Haus auf (bzw. kleben Sie diese an gut sichtbare Stellen). Diese „Verkehrszeichen" sollen Sie daran erinnern, nicht immer nur durchs Leben zu hetzen, sondern auf Gottes Tempo zu achten.

Variationsmöglichkeiten

▶ Jüngere Kinder

Schneiden Sie die Stoppschilder im Voraus aus. Wer gerade erst Schreiben lernt, dem hilft es, wenn Sie die Wörter ganz dünn vorzeichnen. Dann kann Ihr Kind sie mit dem Filzstift nachzeichnen. Kürzen Sie den Gesprächsteil auf die Fragen: „In welchen Situationen bist du besonders schnell?", und: „Wann machst du lieber eine Sache etwas langsamer oder legst mal eine Pause ein?"

▶ Teenies

Fragen Sie: „Warum ist es wichtig, dass wir Verkehrszeichen beachten?", und: „Was würde wohl passieren, wenn alle Autofahrer die Verkehrszeichen und Ampeln missachten würden?" Laden Sie die Teenager ein, ihr Stoppzeichen in ihrem eigenen

Zimmer aufzuhängen, damit sie sich an Gottes Lebenstempo erinnern, wenn sie im Stress sind.

Familienzeit 9

Ob Arbeit oder Schule – der Hektik entfliehen

Worum geht es?

Mit Hast erreicht man in einer Familie meist wenig.

Was benötigen Sie?

Babynahrung in kleinen Gläschen, einen Löffel, Fruchtsaft, eine Schnabeltasse und ein Lätzchen

Zum Aufwärmen

Fragen Sie: „Welche Sorte Babynahrung mochtest du am wenigsten?" (Wenn das Kind sich nicht mehr daran erinnert, weiß es die Mutter bestimmt noch.)

Bibeltext: 1. Thessalonicher 2,7–8

... war ich sanft und freundlich zu euch, wie eine stillende Mutter zu ihren Kindern. Ich hatte eine solche Zuneigung zu euch, dass ich bereit war, nicht nur Gottes Gute Nachricht mit euch zu teilen, sondern auch mein eigenes Leben. So lieb hatte ich euch gewonnen.

Familie im Gespräch

❶ Fragen Sie: „Ist euch schon mal aufgefallen, dass man Babys beim Füttern nicht antreiben kann?" (Manchen Kindern ist das vielleicht nicht bewusst.) Erklären Sie: „Eines habe ich gelernt, als ihr klein wart: Ich darf euch nicht drängen. Ihr wolltet euch Zeit lassen mit eurem Fläschchen und jeden Schluck genießen. Als ihr älter wurdet, wolltet ihr euer Essen mit allen Sinnen genießen – aber nicht unbedingt essen! Manchmal klebte es in euren Haaren oder an der Wand oder am Boden. Und ein bisschen schaffte es sogar in euren Mund!" Fragen Sie: „Was meint ihr, warum kann man Babys nicht drängen?"

❷ Fragen Sie: „Fühlt ihr euch manchmal in der Schule unter Druck gesetzt, mit einer bestimmten Aufgabe schnell fertig zu werden?"

Was sagt die Bibel dazu?

❸ Fragen Sie: „Warum ist es so wichtig, liebevoll zu sein, wenn man ein Baby füttert oder versorgt?" (Wir sollten nicht immer in Eile sein, sondern uns die Zeit nehmen, füreinander zu sorgen und einander das zu geben, was jeder braucht.)

Was können wir tun?

❹ Fragen Sie: „Welche Dinge könnten wir besser erledigen oder mehr genießen, wenn wir sie etwas langsamer tun würden?" (Beispiel: das gemeinsame Essen.)

Unser Motto heute

Langsamer ist manchmal besser.

Action!

Riesenbaby

Tauschen Sie die Rollen und lassen Sie sich von Ihren Kindern füttern – mit Gläschennahrung und Saft aus der Schnabeltasse. Vergessen Sie das Lätzchen nicht! Stellen Sie Ihren Kindern die Aufgabe, Sie so schnell zu füttern, wie sie können. Sprechen Sie anschließend darüber, wie Sie und die Kinder dieses Spiel erlebt haben. Fragen Sie: „Hat es Spaß gemacht? War es merkwürdig? Seid ihr nicht froh, dass wir das nicht alle Tage so machen?" usw.

Variationsmöglichkeiten

▶ Jüngere Kinder

Lassen Sie die Fragen 3 und 4 des Gesprächsteils weg. Wenn Ihr Kind vier Jahre oder älter ist, sollte es die „Action!"-Aufgabe bewältigen können. Wenn es noch kleiner ist, sollten die Eltern sich gegenseitig füttern. Wenn Sie alleinstehend sind, füttern Sie sich selbst! Fragen Sie Ihr Kind anschließend, was es sich gedacht hat, während es Ihnen zugeschaut hat.

▶ Teenies

Ihre Teenager werden diese „Action!"-Aufgabe lieben! Und Sie sollten sich lieber alte Sachen anziehen.

Gebet

Lieber Vater im Himmel, hilf uns, dass wir nicht ständig gehetzt sind. Schenke uns dazu die Geduld und das nötige Verständnis – sowohl in der Schule und bei der Arbeit als auch zu Hause. Hilf uns, uns füreinander Zeit zu nehmen, weil wir uns lieb haben.

Familienzeit 10

Erwachsenwerden braucht seine Zeit

Worum geht es?

Reife erlangt man nicht von heute auf morgen.

Was benötigen Sie?

Bleistift, Packpapier, Schere und Filzstifte

Zum Aufwärmen

Markieren Sie mit einem Bleistift die Körpergröße aller Familienmitglieder an einem Türpfosten. Fragen Sie: „Kannst du allein dadurch größer werden, dass du es dir wünschst?" (Nein.)

Erklären Sie: „Wachsen braucht Zeit. Wenn wir älter werden, nennt man das innerliche Wachsen ‚reifer werden'. Wir wachsen körperlich und werden immer größer und kräftiger. Aber auf welche Art und Weise können wir noch wachsen?" (Emotional, geistig, geistlich usw.)

Bibeltext: Psalm 92,13–15

Alle, die Gott die Treue halten, wachsen auf wie immergrüne Palmen und werden groß und stark wie Libanonzedern.

Weil sie in der Nähe des Herrn gepflanzt sind, in den Vorhö-
fen am Tempel unseres Gottes, wachsen und grünen sie im-
merzu. Noch im hohen Alter tragen sie Frucht, immer bleiben
sie voll Saft und Kraft.

Familie im Gespräch

Was sagt die Bibel dazu?

❶ Fragen Sie: „Wodurch hilft Gott uns, erwachsen zu werden?" (Dadurch, dass wir einander helfen und ein Team
bilden, in dem jeder seinen Platz hat.)

❷ Fragen Sie: „Was hilft uns, körperlich zu wachsen?" (Gesundes Essen, genügend Schlaf, Sport und Bewegung usw.)
Bringen Sie auch folgenden Aspekt zur Sprache: „Können
wir sofort sehen, dass wir wachsen? Wenn ich heute Abend
Gemüse esse, werde ich dann morgen früh größer und stärker sein?" (Nein.)

Was können wir tun?

❸ Fragen Sie: „Was brauchen wir, um als Familie zu wachsen?" (Gemeinsame Zeit, ein sicheres Zuhause, einen freund-
lichen und liebevollen Umgang miteinander, Bibellesen
usw.) Das alles braucht Zeit – über die Jahre wird so eine
gesunde und starke Familie entstehen.

Unser Motto heute

Erwachsenwerden ist kein Kinderspiel.

Action!

Ein freundlicher Riese

Breiten Sie das Packpapier auf dem Boden aus. Bitten Sie nun ein großes Familienmitglied, sich auf das Papier zu legen, und zeichnen Sie seine Umrisse nach. Seien Sie dabei großzügig, das heißt, fügen Sie an den Beinen und am Hals einige Zentimeter hinzu. Nun soll sich jedes Familienmitglied eine Sache überlegen, die dem „Riesen" beim Wachsen helfen kann (z. B. Milch, Gemüse usw.), und diese Sache neben dem Umriss des Riesen auf das Papier malen. Außerdem soll sich jeder eine Sache überlegen, die dem Riesen hilft, charakterlich zu reifen (das tut er, indem er lernt, mit anderen zusammenzuleben, indem er andere beschützt, ihnen etwas Freundliches sagt usw.).

Hängen Sie das „Riesen-Plakat" irgendwo im Haus auf, damit es Sie daran erinnert, wie wichtig es ist, dass wir wachsen und erwachsen werden.

Variationsmöglichkeiten

▶ Jüngere Kinder

Lassen Sie die Frage 3 des Gesprächsteils weg. Vereinfachen Sie bei „Action!" das Gespräch, indem Sie fragen: „Was brauchen Kinder, um zu wachsen?" (Milch, Gemüse, Obst, Fleisch, Schlaf, Bewegung usw.)

▶ Teenies

Bei Teenagern sollten Sie den „Action!"-Teil weglassen und das Gespräch erweitern. Erklären Sie: „Die Bibel spricht auch davon, dass es zum Erwachsenwerden Wahrheit und Liebe braucht. (Lesen Sie dazu Epheser 4,14–15.) Warum sind Wahrheit und Liebe so wichtig?"

Als Alternative zur oben genannten Aktivität können Sie auf ein großes Blatt Papier schreiben, was wir zum Wachsen und Reifen brauchen. Zeichnen Sie dafür wie bei einem Comic ein Strichmännchen mit Sprechblasen, in denen die wichtigsten Dinge eingetragen werden, die wir brauchen, um erwachsen zu werden.

Gebet

Gott, hilf uns zu wachsen. Hilf uns, reifer zu werden, die Wahrheit zu erkennen und sie in Liebe weiterzusagen.

Familienzeit 11

Zufriedensein kann man lernen

Zum Aufwärmen

Fragen Sie jedes Familienmitglied: „Wenn du dir heute etwas wünschen könntest, was würdest du dann am liebsten geschenkt bekommen?" (Spielzeug, ein Motorrad, Kleidung usw.)

Bibeltext: Philipper 4,11–12

Ich sage das nicht, weil ich in Not war. Ich habe gelernt, in jeder Lage zurechtzukommen und nicht von äußeren Umständen abhängig zu sein: Ich kann Not leiden, ich kann im Wohlstand leben; mit jeder Lage bin ich vertraut. Ich kenne Sattsein und Hungern, ich kenne Mangel und Überfluss.

Familie im Gespräch

Erklären Sie: „Es ist nichts Falsches daran, wenn man sich coole Sachen wünscht, wie Spielzeug, ein Fahrrad oder Klamotten. Schwierig wird es, wenn uns diese Dinge zu wichtig werden."

Was sagt die Bibel dazu?

❶ Fragen Sie: „Zufriedenheit bedeutet, auch mit wenig Dingen glücklich zu sein. Zufrieden zu sein heißt, ‚satt zu sein' und nicht ‚hungrig'. Kannst du dich an eine Situation erinnern, wo du das so empfunden hast?"

Was können wir tun?

❷ Schlagen Sie im Bedeutungswörterbuch unter dem Stichwort „Zufriedenheit" nach (oder schauen Sie ins Internet). Fragen Sie: „Wie könnte sich Zufriedenheit positiv auf unsere Familie auswirken?" (Indem wir lernen, mit dem zufrieden zu sein, was wir haben, und dafür dankbar zu sein.)

Unser Motto heute

Ich kann glücklich sein, egal, ob ich viel oder wenig habe.

Action!

Voll zufrieden

Nehmen Sie die Dose Pfirsiche, den Dosenöffner, Löffel und Dessertschälchen. Reichen Sie die geschlossene Dose herum. Jeder soll sich die Dose anschauen und beschreiben, was er erwartet, wenn die Dose geöffnet wird (z. B. schöne gelbe Pfirsichhälften, süßen Pfirsichsaft, eine randvolle Dose). Fragen Sie anschließend: „Was würdet ihr sagen, wenn ich diese Dose aufmachen würde, und es wären schleimige Schnecken darin?"

Öffnen Sie nun die Dose, und zeigen Sie allen, dass sie wirklich voll ist. Fragen Sie: „Was würdet ihr sagen, wenn sie nur halbvoll wäre?"

Erklären Sie jetzt: „Wir sind zufrieden, wenn wir innerlich bis zum Rand mit Gutem angefüllt sind. Wenn wir jedoch nur auf das schauen, was wir nicht haben, sind wir nicht mehr zufrieden – unsere Dose ist halbleer."

Teilen Sie nun die Pfirsichhälften untereinander auf und lassen Sie es sich schmecken! (Und denken Sie daran, dass auch das Miteinanderteilen glücklich machen kann!)

Variationsmöglichkeiten

▶ Jüngere Kinder

Lassen Sie den Gesprächsteil weg und erklären Sie stattdessen: „Manchmal müssen wir unsere Wünsche aufgeben und einfach mit dem zufrieden sein, was wir haben." Fragen Sie Ihre Kinder: „Was macht dich glücklich?"

▶ Teenies

Fragen Sie im Anschluss an den „Action!"-Teil: „Wie können wir es schaffen, uns daran zu erinnern, wie wichtig es ist, zufrieden zu sein – und nicht ständig über die Dinge zu jammern, die wir nicht haben?" (Wir können uns beispielsweise ein halbvolles Glas Milch anschauen und fragen: „Ist das Glas halbvoll oder halbleer?")

Gebet

Lieber himmlischer Vater, bitte hilf uns, mit dem zufrieden zu sein, was wir haben, und nicht ständig den Dingen hinterherzulaufen, die gerade „in" sind und die wir unbedingt zu brauchen meinen.

Familienzeit 12

Wer nicht aufgibt, kann viel erreichen – Filmnacht

Zum Aufwärmen

Holen Sie sich etwas zum Knabbern und versammeln Sie sich vor dem Fernseher. Fragen Sie: „Welche Dinge fallen euch ein, bei denen man durch Übung immer besser wird?" (Fahrradfahren, Malen, Sport usw.) Fragen Sie: „Was ist notwendig, damit man besser wird?" (Übung, der Wille zu lernen, hartnäckiges „Dranbleiben".)

Bibeltext: Philipper 4,13

Ich vermag alles durch den, der mich mächtig macht. [LÜ]

Action!

„Der Vater der Braut"

Genießen Sie gemeinsam den Film. Nehmen Sie sich anschließend kurz Zeit, um über den Film zu sprechen. (Falls Sie „Antarctica – Gefangen im Eis" oder einen anderen Film anschauen, müssen Sie den Gesprächsteil entsprechend abwandeln.)

Familie im Gespräch

Was können wir tun?

❶ Eröffnen Sie das Gespräch: „Heute geht es darum, dass wir nie aufgeben sollen. Im Film haben wir gerade verschiedene Personen gesehen, die nicht aufgegeben haben, z. B. in der Szene am Pool, als der Vater der Braut versuchte, an die Brieftasche des Mannes zu gelangen, und die Hunde ihm hinterherrannten. Könnt ihr euch an andere Szenen erinnern, in denen jemand nicht aufgegeben hat?" (Die Hochzeitsplanung, der Versuch des Vaters, während der Hochzeit seine Tochter zu sehen, usw.)

❷ Fragen Sie: „Gibt es Dinge in eurem Leben, die nicht einfach sind und bei denen ihr manchmal am liebsten aufgeben würdet?" (Hausaufgaben machen, Zimmer aufräumen, Fahrradfahren lernen usw.)

Unser Motto heute

Gottes Kraft und Stärke helfen mir, nicht aufzugeben.

Variationsmöglichkeiten

▶ Jüngere Kinder

Für manche Kinder ist der Film „Antarctica – Gefangen im

Eis" vielleicht zu lang. Setzen Sie ein anderes Video ein, das für Kindergartenkinder geeignet ist und das verdeutlicht, wie wichtig es ist, nicht aufzugeben und eine Aufgabe zu Ende zu bringen (z. B. „Bob der Baumeister – Wir schaffen das"). Sprechen Sie über den Film und stellen Sie dann die Frage: „Wo habt ihr schon einmal etwas wirklich Schwieriges versucht, das ihr nur dadurch gelernt habt, weil ihr es immer wieder probiert habt?" (Schuhe zubinden, sich selbst anziehen, Bauklötze aufeinanderstapeln, Spielsachen aufräumen usw.)

▶ Teenies

Diesmal dürfen Ihre Teenager die Fragen stellen: „Bittet eure Eltern zu erzählen, wann sie schon einmal Situationen erlebt haben, in denen sie nicht aufgegeben und trotz vieler Hindernisse eine Sache geschafft haben. Fragt sie: ‚Wie habt ihr das geschafft? Was hat euch geholfen, nicht aufzugeben?'"

Gebet

Lieber himmlischer Vater, manchmal steht uns der Sinn danach, einfach aufzugeben. Wir möchten dann am liebsten alles hinschmeißen. Gib uns die Kraft dranzubleiben: ... *(z. B.: Gib Lisa die Kraft, für ihre Prüfung zu lernen).*

(Sie können an dieser Stelle einige der im Gesprächsteil unter Frage 2 genannten Anliegen vor Gott bringen.)

Familienzeit 13

Umgang mit Konflikten

Worum geht es?

Manchmal streiten wir, weil jeder nur an sich denkt.

Was benötigen Sie?

Papier und Stifte

Zum Aufwärmen

Eine Frage an die Eltern: „Wie habt ihr es, als ihr noch Kinder wart, geschafft, das zu bekommen, was ihr wolltet?" (Falls Ihnen dazu nichts einfällt oder Ihr Beispiel hier fehl am Platz wäre, lassen Sie sich eine passende Geschichte einfallen.)

Bibeltext: Jakobus 4,1–3

Woher kommen denn die Kämpfe und Streitigkeiten zwischen euch? Doch nur aus den Leidenschaften, die ständig in eurem Innern toben! Ihr verzehrt euch nach etwas, was ihr gerne hättet. Ihr mordet und seid eifersüchtig, aber das bringt euch dem ersehnten Ziel nicht näher. Ihr versucht es mit Kampf und Gewalt; aber ihr bekommt trotzdem nicht, was ihr wollt, weil ihr

Gott nicht darum bittet. Und wenn ihr ihn bittet, bekommt ihr es nicht, weil ihr nur in der Absicht bittet, eure unersättliche Genusssucht zu befriedigen.

Familie im Gespräch

❶ Fragen Sie: „Was brauchen wir außer Luft, Wasser und Sonne noch zum Leben?" (Schreiben Sie diese Dinge auf ein großes Blatt Papier.)
Stellen Sie anschließend die Frage: „Was hilft dir, um gut durch den Tag zu kommen?"

Was sagt die Bibel dazu?

❷ Lesen Sie den Bibeltext noch einmal vor und fragen Sie: „Manchmal stehen uns die Dinge, die wir uns wünschen, im Weg, wenn wir mit anderen auskommen wollen. Welche Probleme werden in der Bibelstelle genannt?" (Kämpfe, Streitereien, Eifersucht.)

Was können wir tun?

❸ Fragen Sie: „Welche Dinge machen dein Leben angenehmer und schöner?" (Schreiben Sie mindestens zwölf Dinge auf, die das Leben bequemer machen und die Sie idealerweise auch auf eine Reise mitnehmen könnten: z. B. Bücher, MP3-Player, Spiele usw.)

Unser Motto heute

Das Wichtigste im Leben sind nicht die Dinge, die man kaufen kann.

Action!

Die einzigen Überlebenden

Erklären Sie das Spiel: „Stellt euch vor, wie fliegen über den Pazifik, und plötzlich stürzt unser Flugzeug ins Meer. Wir sind die einzigen Überlebenden und sitzen nun mit all unserem Gepäck in einem Rettungsboot." (Halten Sie das Blatt Papier hoch, auf das Sie vorher die verschiedenen Gegenstände notiert haben.) „Durch die vielen Gegenstände ist aber das Boot zu schwer geworden. Wenn wir die Insel erreichen wollen, die eine Seemeile von uns entfernt liegt, müssen wir alle unnötigen Lasten loswerden. Was würdet ihr als Erstes über Bord werfen? Die Antwort: ‚Meinen kleinen Bruder' zählt nicht."

Nun darf der Reihe nach jeder einen Gegenstand von der Liste streichen und erklären, warum er gerade diesen gewählt hat. Die anderen müssen die Auswahl ohne Diskussionen akzeptieren. Fahren Sie fort, bis nur noch ein Gegenstand auf dem Blatt übrig bleibt. Sprechen Sie nun darüber, warum diese eine Sache für Ihre Familie so wichtig ist.

Variationsmöglichkeiten

▶ Jüngere Kinder

Weil die Geschichte mit den „einzigen Überlebenden" für kleinere Kinder eventuell zu furchteinflößend ist, sollten Sie stattdessen fragen: „Stellt euch vor, ihr übernachtet bei Oma oder bei einem Freund. Was würdet ihr für die Übernachtung in eure Tasche packen? Was benötigt ihr auf jeden Fall?"

▶ Teenies

Erweitern Sie den Gesprächsteil um die Frage: „In welchen Lebenssituationen sitzen wir manchmal wie in einem solchen Rettungsboot, das uns zu harten Entscheidungen zwingt?" (Wir haben nicht das Geld oder nicht die Zeit, alles zu machen, was wir gerne tun würden. Manche Situationen und Möglichkeiten schließen sich gegenseitig aus.)

Gebet

Vater im Himmel, hilf uns daran zu denken, dass Menschen wichtiger sind als Dinge. Lehre uns, nicht egoistisch zu sein.

Familienzeit 14

Warum haben wir es so eilig?

Worum geht es?

Wir beeilen uns aus den unterschiedlichsten Gründen, die meist nicht gesund sind.

Was benötigen Sie?

ein Fortbewegungsmittel, um ein Fitnesscenter, ein Sportge-schäft oder einen Heimtierbedarf zu besuchen

Zum Aufwärmen

Versammeln Sie Ihre Familie in einem Raum und bitten Sie al-le, dort auf Sie zu warten. Gehen Sie in einen Nebenraum und ziehen Sie sich möglichst viele schwere Kleidungsstücke an. Ergänzen Sie Ihr Outfit um weitere Ausrüstungsgegenstände (Helm, Wanderstiefel, Regenumhang, Rucksack, Schutzbrille usw.). Gehen Sie anschließend in den Raum zurück, in dem Ihre Familie auf Sie wartet, und verkünden Sie: „Wie wär's mit einem Wettrennen? Wer macht mit? Was? Ich sehe nicht so aus, als könne ich ein Wettrennen gewinnen? Warum denn nicht?"

Geben Sie für jedes schwere Kleidungsstück und jeden Aus-rüstungsgegenstand, den Sie tragen, eine halbherzige Erklärung ab, warum Sie sich damit „belastet" haben, und entledigen Sie sich dann dieser Dinge. (Sagen Sie z. B.: „Ich wollte die Schutzbrille beim Rennen tragen, damit mir keine Fliegen in die Augen kommen.") Fragen Sie im Anschluss daran: „Warum würdet ihr euch für ein Wettrennen nicht so anziehen wie ich?"

Bibeltext: 1. Korinther 9,24

Ihr wisst doch, dass an einem Wettlauf viele teilnehmen; aber nur einer bekommt den Preis, den Siegeskranz. Darum lauft so, dass ihr den Kranz gewinnt!

Familie im Gespräch

Was sagt die Bibel dazu?

❶ Fragen Sie: „Wer nimmt am Wettrennen teil?" (Viele.) „Wer gewinnt und bekommt den Preis?" (Nur einer.) „Und wie gewinnt man?" (Indem man schneller ist als alle anderen.)

Was können wir tun?

❷ Erklären Sie: „Es gibt fünf Gründe, sich zu beeilen. Alle erscheinen sinnvoll, aber wie bei der Ausrüstung, die ich vorhin getragen habe, sind sie eigentlich nicht hilfreich":

*   „Wir möchten immer die Dinge besitzen, die ‚der letzte Schrei' sind – das neueste Spielzeug, die Musik aus den Charts, die aktuellste Mode."
*   „Wir wollen in möglichst kurzer Zeit möglichst viel erreichen. Deshalb wollen wir keine Zeit verlieren."
*   „Wir erwarten schnelle Dienstleistungen und schnelle Technologien (Internetverbindungen, Computer usw.)."
*   „Wir als Familie möchten möglichst viele Dinge haben

oder erleben. Aber weil die Zeit nicht für alles reicht, müssen wir uns ständig beeilen."

- „Wir laufen vor irgendetwas davon." (Wir wollen uns der Vergangenheit nicht stellen. Wir haben Angst vor unseren Gefühlen und weichen ihnen durch hektisches Verhalten aus. Wir machen uns Sorgen um die Zukunft.)

❸ Fragen Sie nun: „Aus welchem dieser genannten Gründe kommt es in unserer Familie und bei jedem Einzelnen dazu, dass wir in Eile geraten?"

Unser Motto heute

Oft ist man schneller am Ziel, wenn man sich nicht abhetzt.

Action!

Von Laufbändern und Laufrädern

Es ist Zeit für einen kleinen Ausflug. Fahren Sie zum Fitnesscenter oder zum nächsten Sportgeschäft und lassen Sie sich die Laufbänder zeigen. Fragen Sie Ihre Kinder: „Kommt man jemals an ein Ziel, wenn man auf so einem Laufband rennt?" Alternativ können Sie auch in eine Tierhandlung gehen und den Hamstern in ihrem Laufrad zuschauen. (Erklären Sie: „Wenn man immer nur im Kreis läuft, kommt man nicht vom Fleck und nicht ans Ziel.")

Variationsmöglichkeiten

▶ Jüngere Kinder

Erklären Sie die Gründe, warum wir in Eile sind, mit altersgemäßen Begriffen und Beispielen. (Z. B.: „Wenn ihr Schlitten fahrt, möchtet ihr dann lieber die Ersten sein, die den Hügel hinuntersausen, oder allen anderen hinterherfahren?") Statt in ein Fitnesscenter oder eine Tierhandlung zu fahren, können Sie Ihre Kinder – ähnlich wie auf einem Laufband – auf der Stelle laufen lassen.

▶ Teenies

Erweitern Sie den Gesprächsteil um die Frage: „Würdet ihr sagen, dass Erwachsene mehr in Eile sind als Jugendliche? Warum ist das so?" Fragen Sie im Anschluss an den „Action!"-Teil: „In welcher Weise verhalten wir uns in der Familie wie Hamster im Rad oder Läufer auf dem Laufband? Was können wir daran ändern?"

Gebet

Gott, hilf uns, nicht wie die Verrückten durchs Leben zu rennen, nur weil alle anderen das machen. Lass uns als Familie das richtige Tempo finden.

Familienzeit 15

Mit vollem Einsatz

Worum geht es?

Die Dinge und die Menschen, für die wir uns am meisten Zeit nehmen, zeigen, was uns wirklich am Herzen liegt.

Was benötigen Sie?

einen selbstgemalten Scheck, Packpapier oder Papierbögen in der Größe A3, Bleistifte, Lineal, Malkreiden und Filzstifte, Haftnotizzettel

---

Zum Aufwärmen

Spielen Sie Ihren Kindern etwas vor: „Wir haben im Lotto gewonnen. Gerade kam jemand vorbei und überreichte mir einen Scheck über 50.000 Euro!" (Halten Sie den selbstgemalten Scheck hoch.) „Was sollen wir mit all dem Geld machen?" (Lassen Sie alle reihum antworten. Falls der Vorschlag, das Haus zu renovieren, nicht genannt wird, bringen Sie diese Idee selbst ein.)

Bibeltext: 5. Mose 6,5

Und du sollst den Herrn, deinen Gott, lieb haben von ganzem Herzen, von ganzer Seele und mit all deiner Kraft. (LÜ)

Familie im Gespräch

❶ Fragen Sie: „Das Herz der Familie ist dort, wo wir uns am liebsten und die meiste Zeit aufhalten. Wo würdet ihr sagen ist das Herz unserer Familie?"

❷ Fragen Sie jeden Einzelnen: „An welchem Platz in unserem Haus (unserer Wohnung) hältst du dich am liebsten auf? Warum?"

Was sagt die Bibel dazu?

❸ Fragen Sie: „Auf welche Art und Weise sollen wir Gott lieben?" (Indem wir ihn mit allem, was wir sind und was uns ausmacht, lieben.)

Was können wir tun?

❹ Fragen Sie: „Wenn wir Gott von ganzem Herzen lieben, wird sich das in unserem Handeln zeigen. Was wird man wohl an einem Menschen beobachten können, der Gott mit ganzem Herzen liebt?" (Ein solcher Mensch singt z. B. gerne Loblieder, will mehr von Gott erfahren, liest in der Bibel, hilft gern anderen Menschen usw.)

Unser Motto heute

Gott zu lieben fordert vollen Einsatz von uns.

Action!

Das Traumhaus

Holen Sie Packpapier oder große Papierbögen (A3), Bleistifte, Lineale sowie Malkreiden oder Filzstifte. Erklären Sie: „Ihr dürft jetzt euer Traumhaus entwerfen. Es kann aussehen, wie ihr es wollt, und ihr habt vier Minuten Zeit, um es zu zeichnen. Also, los!" Wenn die Zeit um ist, sagen Sie: „Ihr habt jetzt jeder eine halbe Minute Zeit, um uns euer Traumhaus vorzustellen."

Anschließend erklären Sie: „Eure Häuser sind toll, aber es sind nur Gebäude. Ein cooles Haus allein macht noch kein Zuhause. Wodurch wird ein Gebäude zu einem Zuhause?" (Schreiben Sie alle Ideen auf ein Blatt, z. B.: Liebe, Geduld, Freundlichkeit, Achtung usw.) Fragen Sie: „Wie können wir diese Dinge bildlich darstellen?" Lassen Sie Ihre Kinder die Ideen auf kleine Haftnotizzettel schreiben oder malen.

Zeichnen Sie zum Schluss einen groben Querschnitt Ihres Wohnhauses oder einen Grundriss Ihrer Wohnung, und kleben Sie dann die Haftnotizen mit all den Ideen, was ein Zuhause wirklich ausmacht, in die einzelnen Räume. (Der Zettel mit dem Stichwort „Geduld" könnte zum Beispiel ins Badezimmer geklebt werden, denn ein Bad miteinander zu teilen erfordert viel Geduld.)

Variationsmöglichkeiten

▶ Jüngere Kinder

Helfen Sie Ihren Kindern, die abstrakten Begriffe „Herz", „Seele" und „Kraft" in dem für diese Einheit angegebenen Bibelvers zu verstehen. (Mit „Herz" ist hier nicht der Muskel in unserem Brustkorb gemeint, der das Blut durch den Körper pumpt, sondern wir denken dabei an unsere Wünsche und Gefühle. Die „Seele" ist der Teil von uns, der Gott liebt und lobt, und die „Kraft" steckt in unserem Körper und wir können damit viel Gutes tun.)

▶ Teenies

Vertiefen Sie das Gespräch durch die Frage: „Wie könnten das Verhalten und die Entscheidungen eines Teenies aussehen, der Gott von ganzem Herzen, von ganzer Seele und mit all seiner Kraft liebt?"

Gebet

Hilf uns, dich von ganzem Herzen, von ganzer Seele und mit all unserer Kraft zu lieben, Herr. Lass uns das in jedem Raum dieses Hauses und in allen Bereichen unseres Lebens tun.

Behüte dein Herz!

Worum geht es?

Wir müssen unser Herz behüten, weil das Herz darüber bestimmt, wie wir uns im Leben entscheiden.

Was benötigen Sie?

ein Einmachglas, walnussgroße Steine, Murmeln, Sand, drei Schüsseln und Klebeband

Zum Aufwärmen

Fragen Sie: „Wenn du jeden Tag drei Stunden mehr zur Verfügung hättest, was würdest du damit anfangen? Nehmen wir einmal an, wir könnten für unsere Familie auf mysteriöse Weise einen 27-Stunden-Tag einführen. Was würden wir mit dieser zusätzlichen Zeit machen?"

Bibeltext: Sprüche 4,23

Behüte dein Herz mit allem Fleiß, denn daraus quillt das Leben. (LÜ)

Action!

Das Zeitglas

Folgende Vorbereitungen sollten Sie vor dieser Familienzeit treffen: Nehmen Sie das Einmachglas, einige Steine (Sie können auch Walnüsse verwenden), Murmeln und Sand (oder Reiskörner). Benutzen Sie das Klebeband oder ein Klebeetikett, um das Glas mit der Aufschrift „24 Stunden" zu versehen. Füllen Sie nun das Glas fast bis zum Rand mit Steinen, fügen Sie Murmeln und Sand hinzu, bis das Glas ganz voll ist. Schütten Sie anschließend den Inhalt wieder aus und verteilen Sie Steine, Murmeln und Sand auf drei Schüsseln.

Wenn es Zeit für die „Action!" ist, erklären Sie Ihren Kindern: „Das ist ein Zeitglas. Es steht für die gesamte Zeit, die wir an einem Tag zur Verfügung haben. Die Steine stehen für die unangenehmen Sachen, die wir erledigen müssen – Hausarbeit, Hausaufgaben, Arbeit, Klarinette üben usw. Die Murmeln stehen für Sachen, die wir regelmäßig machen, die uns aber nicht viel abverlangen – Zähne putzen, Gemüse essen, rechtzeitig ins Bett gehen. Der Sand steht für all die Dinge, die uns Spaß machen, wie Spielen, Fernsehen, Computerspiele, Süßigkeiten naschen usw. Gemeinsam werden wir nun das Zeitglas mit den Dingen füllen." (Lassen Sie im nächsten Schritt die Kinder abwechselnd die von Ihnen genannten Dinge in das Glas füllen, während Sie die Erklärung wie unten geben.)

Erklären Sie: „Wir müssen darauf achten, womit wir unseren Tag füllen, sonst passt am Ende nicht alles hinein. Wenn wir uns erst um die unangenehmen Dinge kümmern (lassen Sie ein Kind die Steine einfüllen), dann haben wir noch Zeit für die anderen wichtigen Dinge (jetzt kommen die Murmeln) und auch für das, was Spaß macht (nun kommt der Sand). Aber wenn wir zuerst mit den Dingen anfangen, die uns entweder Spaß machen oder einfach zu erledigen sind, bekommen wir nicht alles hinein." (Probieren Sie es aus, indem Sie

Ihre Kinder zuerst den Sand und die Murmeln, zum Schluss die Steine einfüllen lassen.)

Familie im Gespräch

❶ Fragen Sie: „Was würde passieren, wenn wir unsere Zeit nur mit Sachen ausfüllen würden, die uns Spaß machen? Warum funktioniert es nicht, wenn wir zuerst das tun, was uns Spaß macht, und erst danach die schwierigen Aufgaben in Angriff nehmen?" (Weil wir dann keine Zeit und vielleicht auch keine Lust mehr haben, die notwendigen Dinge zu erledigen.)

Was sagt die Bibel dazu?

❷ Erklären Sie: „Das Herz mit allem Fleiß behüten' heißt, sorgsam mit einer Sache umzugehen."
Fragen Sie: „Warum sollten wir sorgsam mit unseren Wünschen und Gefühlen umgehen?"

Was können wir tun?

❸ Wiederholen Sie noch einmal die Bedeutung des Bibelverses: „Unser Herz behüten' heißt, auf das zu achten, was wir sehen und tun. Welche Dinge in unserem Umfeld sind eurer Meinung nach für unser Herz nicht gesund?"

Unser Motto heute

Wenn wir auf unser Herz achten, kann unser Leben gelingen.

Variationsmöglichkeiten

▶ Jüngere Kinder
Der Begriff „Herz" ist für Kindergartenkinder zu abstrakt. Erinnern Sie Ihre Kinder – wie schon in der vorigen Einheit –

daran, dass es nicht um das Organ in unserem Körper geht, sondern um den Teil von uns, der Wünsche und Gefühle empfindet. Für kleinere Kinder ist das Herz der Ort der Fantasie und Wünsche.

▶ Teenies

Erweitern Sie den Gesprächsteil mit der Frage: „Wo wird in unserer Gesellschaft das Herz besonders stark betont?" (In Musik, Filmen und im Fernsehen, in Zeitschriften usw.)

Fragen Sie: „Warum interessieren sich gerade junge Leute wie ihr so für ‚Herzensangelegenheiten'?" (Sie wünschen sich Freundschaften und erträumen sich ihre Zukunft.)

Gebet

Lieber himmlischer Vater, hilf uns, unser Herz zu behüten und uns auf die richtigen Dinge – die Dinge, die dir wichtig sind – auszurichten.

Familienzeit 17

Mach mir Mut!

Worum geht es?

In einer intakten Familie muss keiner perfekt sein.

Was benötigen Sie?

ein Maßband, Malerkreppband oder Haftnotizzettel, Tafelkreide, einen Schokoriegel, einen Besenstiel, Musik mit viel Rhythmus, einen CD-Spieler

Zum Aufwärmen

Nehmen Sie das Maßband und fragen Sie eines Ihrer Kinder: „Was denkst du, wie hoch du springen kannst?" Nun soll sich Ihr Kind an die Wand stellen (Fußsohlen auf dem Boden) und eine Hand nach oben strecken. Markieren Sie den Punkt, an dem Ihr Kind mit ausgestrecktem Zeigefinger die Wand berührt, mit Malerkreppband oder einem Haftzettel.

Anschließend reiben Sie die Fingerspitzen Ihres Kindes mit etwas Tafelkreide ein. Fordern Sie es auf: „Spring jetzt, so hoch du kannst, und berühre dann die Wand mit den Fingerspitzen." Messen Sie den Abstand zwischen der ersten Markierung und dem Kreidefleck. Wiederholen Sie anschließend diese Aufgabe auch mit Ihren anderen Familienmitgliedern.

Fordern Sie danach Ihre Familie auf: „Ich möchte, dass ihr 1,30 m hoch springt. Wer das als Erster schafft, bekommt den Schokoriegel!" Lassen Sie es zuerst die Kinder versuchen. Sie werden enttäuscht aufgeben. Fragen Sie sie: „Verlange ich zu viel von euch?"

Teilen Sie den Schokoriegel „brüderlich" auf und lesen Sie danach den Bibeltext.

Bibeltext: Kolosser 3,21

Ihr Väter, behandelt eure Kinder nicht zu streng, damit sie nicht entmutigt werden!

Was sagt die Bibel dazu?

Fragen Sie: „Was bedeutet dieser Bibelvers?" (Dass Eltern nicht zu streng mit ihren Kindern umgehen sollen, indem sie beispielsweise von ihnen erwarten, alles perfekt zu machen.) Sie werden vielleicht erklären müssen, was mit dem Verb „entmutigen" gemeint ist. (Wenn sich ein Kind entmutigt vorkommt, fühlt es sich schlecht und hat keine Lust mehr, eine bestimmte Sache auszuprobieren.)

Action!

Limbo

Erklären Sie: „Jetzt wollen wir mal sehen, wie klein ihr euch machen könnt. Wir tanzen Limbo. Beugt euren Rücken nach hinten und versucht, unter dem Besenstiel hindurchzuschlüpfen, ohne mit den Händen den Boden zu berühren. Wenn ihr es schafft, halten wir den Besenstiel noch etwas tiefer." Für manche Eltern wird diese Aufgabe entmutigend sein (weil sie sich nicht so gut nach hinten beugen können), den Kindern dagegen wird es Spaß machen. Wenn Sie eine passende CD haben, können Sie dazu Reggaemusik oder etwas Ähnliches laufen lassen. Jeder sollte den Limbo mindestens einmal versucht haben.

(Falls jemand in Ihrer Familie Rückenprobleme haben sollte, können Sie auch eine Runde „Memory" spielen. Wandeln Sie dann die beiden ersten der untenstehenden Fragen entsprechend ab.)

Familie im Gespräch

❶ Fragen Sie: „Was hat beim Limbo Spaß gemacht? Was nicht?" (Hinzufallen, sich wehzutun, zu verlieren.)

❷ Fragen Sie: „Was wäre, wenn wir erst im Limbo perfekt sein müssten, bevor wir unseren Nachtisch essen dürften?" (Das wäre unfair und entmutigend.)

Was können wir tun?

❸ Fragen Sie: „Wenn wir von jemandem zu viel verlangen, kann das frustrierend sein, weil es entmutigt. In welchen Bereichen sind eure Eltern manchmal zu streng mit euch?"

❹ Fragen Sie: „Manchmal erwarten Kinder von ihren Eltern, dass sie perfekt sind. Fällt euch ein Beispiel dazu ein?"

Variationsmöglichkeiten

▶ Jüngere Kinder

Kürzen Sie das Gespräch auf zwei Fragen.

▶ Teenies

Erweitern Sie das Gespräch mit der Frage: „Können auch Jugendliche zu streng mit ihren Eltern sein? Fallen euch Beispiele ein?" (Teenies können zum Beispiel streng sein, indem sie zu hohe oder unrealistische Erwartungen an ihre Eltern haben.)

Unser Motto heute

Mut machen statt Hoffnung rauben.

Gebet

Himmlischer Vater, hilf uns, keine übertrieben hohen Erwartungen aneinander zu haben und uns nicht gegenseitig zu entmutigen. Hilf uns vielmehr, einander zu ermutigen und zu unterstützen.

Familienzeit 18

Nicht zu viel und nicht zu wenig

Worum geht es?

Wenn Eltern zu wenig von ihren Kindern erwarten, ist das für die Kinder ebenso entmutigend, als wenn sie zu viel von ihnen verlangen.

Was benötigen Sie?

Holzklötze oder Bücher, Seifenblasenlösung, eine Schüssel, Draht und Pfeifenputzer

Zum Aufwärmen

Halten Sie einen Holzklotz (oder ein Buch) hoch und sagen Sie: „Ich wette, keiner kann diese Holzklötze zu einem 30 cm hohen Turm aufstapeln." Lassen Sie dann eines oder mehrere Kinder demonstrieren, dass sie es doch können. Sagen Sie anschließend: „Oh, da habe ich euch wohl zu wenig zugetraut. Wie habt ihr euch dabei gefühlt?" (Eine Antwort könnte lauten: „Ich war ärgerlich, weil es viel zu leicht war.")

Passen Sie die Höhe des Turms an das Alter Ihrer Kinder an. Wenn sie 8–10 Jahre alt sind, stellen Sie die Aufgabe, einen 1,20 m hohen Turm zu bauen.

Bibeltext: Epheser 6,4

Ihr Väter, behandelt eure Kinder nicht ungerecht! Sonst fordert ihr sie nur zum Widerspruch heraus. Eure Erziehung soll sie vielmehr in Wort und Tat zu Gott, dem Herrn, hinführen. (Hfa)

Was sagt die Bibel dazu?

Erklären Sie: „Für Eltern ist es manchmal nicht leicht, ihre Kinder richtig zu erziehen. Wir wollen euch nicht ungerecht behandeln, sondern dass es euch gut geht. Wir wollen euch Mut machen, neue Dinge auszuprobieren, und euch helfen, dass ihr Gott immer besser kennenlernt. In der heutigen Familienzeit geht es darum, wie wir es als Familie schaffen können, gute Regeln für unser Zusammenleben zu finden."

Action!

In der Seifenblasenschule

Vorbereitung: Besorgen Sie sich eine größere Menge Seifenblasenflüssigkeit. (Sie können die Lösung auch selbst herstellen, indem Sie 225 ml Spülmittel, 3 Liter Wasser und ein Esslöffel Glyzerin miteinander mischen. Warten Sie dann so lange, bis die Flüssigkeit nicht mehr schäumt.) Basteln Sie aus Draht einen winzigen Puste-Ring (ca. 1,5 cm Durchmesser) und aus den Pfeifenputzern einen großen Ring (ca. 17 cm Durchmesser). Besorgen Sie im Vorfeld außerdem für jedes Familienmitglied ein kleines Fläschchen mit Seifenblasenlösung und einem dazugehörigen Puste-Ring, der meist am Deckel befestigt ist.

Erklären Sie zum Anfang: „Willkommen in der Seifenblasenschule. Bevor ihr eure Seifenblasenfläschchen öffnet, wollen wir ein bisschen herumexperimentieren." Bitten Sie einen Freiwilligen, mit dem winzigen Ring Seifenblasen zu machen.

(Es wird, wenn überhaupt, nur mit Mühe gelingen.) Sagen Sie: „Vielleicht ist dieser Ring zu klein, nehmen wir den ganz großen." (Lassen Sie wieder einige Versuche mit dem großen Ring durchführen. Nur wer ganz geschickt ist, wird damit Seifenblasen erzeugen können.)

Zum Schluss des Experiments erläutern Sie: „Die Leute, die die Seifenblasenfläschchen herstellen, wissen genau, welche Größe ein Puste-Ring haben muss, damit die Seifenblasen gelingen." Zeigen Sie, wie gut es mit dem gekauften Puste-Ring funktioniert. Anschließend dürfen alle gemeinsam Seifenblasen machen, so viel sie möchten.

Familie im Gespräch

Erklären Sie: „Eltern sind wie passende Ringe, mit denen man Seifenblasen machen kann. Sie sind weder zu klein noch zu groß, weder zu schwach noch zu stark. Gott hat euch genau die Eltern gegeben, die ihr braucht." Machen Sie Ihren Kindern deutlich, dass sie Anleitung und Korrektur brauchen. Zu wenig von beidem hilft nicht weiter. Zu viel Strenge kann ein Kind entmutigen.

Was können wir tun?

❶ Fragen Sie: „Was würde wohl geschehen, wenn euer Sportlehrer euch nicht zeigt, wie man ein bestimmtes Ballspiel spielt?" (Erklären Sie, dass zu wenig Anleitung meist dazu führt, dass man in einer bestimmten Sache wenig Erfolg hat.)

❷ Fragen Sie: „Könnt ihr ein Beispiel für eine Situation – vielleicht auch in unserer Familie – geben, in der es eurer Meinung nach zu viele Regeln gibt?" (Denken Sie gemeinsam darüber nach, auf welche Weise zu viele Regeln das Miteinander einengen können.)

Variationsmöglichkeiten

▶ Jüngere Kinder

Lassen Sie die Gesprächsfragen weg und erklären Sie statt-dessen: „Gott hat dich in diese Familie hineingeboren, weil du hier genau hineinpasst. Wir sind genau die Richtigen für dich und du bist genau das richtige Kind für uns. So wie dei-ne Schuhe zu deinem Fuß passen, so passt du in unsere Fa-milie."

▶ Teenies

Lesen Sie den Bibeltext noch einmal vor und fragen Sie: „Was bedeutet wohl: ‚Eure Erziehung soll sie vielmehr in Wort und Tat zu Gott, dem Herrn, hinführen'?"

Unser Motto heute

Kinder und Eltern – wir brauchen einander!

Gebet

Lieber himmlischer Vater, danke, dass du uns genau passend füreinander geschaffen hast. Hilf uns, eine Familie zu sein, in der es nicht zu viele, aber auch nicht zu wenige Regeln gibt. Schenke uns ein gutes Miteinander und uns Eltern die Weis-heit, unsere Kinder richtig anzuleiten und ihnen eine gute Stütze zu sein.

Familienzeit 19

Aufmerksam sein

Worum geht es?

Die Entscheidung, worauf ich mein Herz ausrichte, hat Konsequenzen.

Was benötigen Sie?

Verkleidungsutensilien für eine Modenschau, CD-Spieler, Musik-CD, Stift und Papier

Zum Aufwärmen

Fragen Sie: „Habt ihr jemals bei einem Streit versucht, das letzte Wort zu haben? Warum versuchen wir so oft, das letzte Wort zu haben?" (Um den Streit zu gewinnen.) „Im heutigen Bibeltext geht es um *Gottes letztes Wort* im Alten Testament. Hört mal, was er dort sagt."

Bibeltext: Maleachi 3,23–24

Ich sende euch den Propheten Elija, bevor der große und schreckliche Tag kommt, an dem ich, der Herr, Gericht halte. Er wird das Herz der Eltern den Kindern zuwenden und das

Herz der Kinder den Eltern. Er wird beide miteinander versöhnen.

Was sagt die Bibel dazu?

Fragen Sie: „Was bedeutet es, einem anderen Menschen ‚sein Herz zuzuwenden'?" (Ihm zuzuhören, sich um ihn zu kümmern, ihn zu lieben und an ihn zu denken, ihn nicht zu vergessen.)

Action!

Modenschau

Kramen Sie alte Kleidungsstücke, Hüte, Schals, Tücher, Brillen, Modeschmuck, Krawatten und andere Verkleidungsmaterialien aus. Erklären Sie: „Wir werden jetzt eine Modenschau machen. Jeder darf sich vier bis sieben Kleidungsstücke aussuchen und mit diesen Sachen zehn Sekunden lang posieren." Peppen Sie die Modenschau mit passender Musik auf!

Anschließend verlässt das Model das Zimmer, und der Rest versucht, sich zu erinnern (jeder für sich!), was der Verkleidete getragen hat. Jeder soll es dann auf einen Zettel schreiben.

Nachdem jeder das aufgeschrieben hat, woran er sich erinnern konnte, wird das Model wieder hereingeholt. Einer schreibt nun auf, wie viele richtige „Treffer" jeder hatte (ein Punkt pro richtig erinnertes Verkleidungsstück). Wechseln Sie anschließend die Rollen, bis jeder einmal das Model gespielt hat.

Familie im Gespräch

❶ Fragen Sie: „Was hat dir geholfen, dich an die Verkleidungsstücke zu erinnern?"
❷ Dieses Spiel erfordert von allen viel Aufmerksamkeit und

Beobachtungsgabe. Fragen Sie: „Was passiert, wenn wir in unserer Familie nicht mehr aufeinander achten?"

Variationsmöglichkeiten

▶ Jüngere Kinder

Machen Sie deutlich, dass wir fürsorglich miteinander umgehen, wenn wir aufeinander achtgeben. Fragen Sie: „Was hatte ich gestern an?", oder: „Was habe ich dir heute früh aufs Frühstücksbrot geschmiert?"

▶ Teenies

Vertiefen Sie das Gespräch mit der Frage: „Warum sollen Eltern ihren Kindern ihr Herz zuwenden? Warum sollen Kinder ihren Eltern ihr Herz zuwenden?"

Unser Motto heute

Wir geben aufeinander acht, weil auch Gott auf uns achtgibt.

Gebet

Gott, so viele Dinge erfordern unsere Aufmerksamkeit und wollen unser Herz in Beschlag nehmen. Hilf uns, dass wir uns davon nicht so sehr vereinnahmen lassen und dass die Verbundenheit in unserer Familie darunter nicht leidet. Schenke uns dazu deine Gnade.

Das Ziel vor Augen behalten – Filmnacht

Worum geht es?

Wenn wir das richtige Ziel vor Augen haben, werden wir uns durch nichts von unserem Weg abbringen lassen.

Was benötigen Sie?

Zeitungspapier, ein Tuch zum Verbinden der Augen, einen Papierkorb, den Film „Die Stunde des Siegers"

Zum Aufwärmen

Spielen Sie „Papierkorbball": Knüllen Sie die Zeitung zu Bällen zusammen. Erklären Sie: „Jetzt wollen wir einmal sehen, wie viele dieser Papierbälle wir in den Papierkorb bekommen." (Lassen Sie alle gleichzeitig die Bälle in den Papierkorb werfen.) „Und nun wollen wir sehen, wie gut wir treffen, wenn wir nichts sehen können." (Verbinden Sie einem Freiwilligen die Augen.)

Warten Sie das Ergebnis ab und erklären Sie dann: „Wir müssen unsere Augen stets auf das Ziel richten, wenn wir erfolgreich sein wollen. Wenn wir den Blickkontakt zum Ziel verlieren, treffen wir daneben."

Bibeltext: Hebräer 12,1–2

Wie Zuschauer im Stadion die Wettkämpfer anfeuern, so sind diese Zeugen des Glaubens Vorbilder für unseren Kampf. Darum wollen wir alles ablegen, was uns in diesem Kampf behindert, vor allem die Sünde, die uns immer wieder fesseln will. Mit zäher Ausdauer wollen wir auch noch das letzte Stück bis zum Ziel durchhalten. Dabei wollen wir nicht nach links oder rechts schauen, sondern allein auf Jesus. Er hat uns gezeigt, wie man diesen Lauf beginnt und als Sieger ans Ziel gelangt. Weil große Freude auf ihn wartete, erduldete Jesus den schmachvollen Tod am Kreuz. Jetzt hat er als Sieger den Platz an der rechten Seite Gottes eingenommen. (Hfa)

Was sagt die Bibel dazu?

Fragen Sie: „Fallen euch einige Menschen in der Bibel ein, die uns ein Vorbild sein können? Warum?"

Unser Motto heute

Wenn wir das Ziel im Auge behalten, werden wir gewinnen.

Action!

Die Stunde des Siegers
Wenn Ihre Kinder noch keine zwölf Jahre alt sind, reicht ihre Aufmerksamkeit vielleicht nicht für den ganzen Film. Spielen Sie die Szenen vor, in denen Eric Liddell sich entscheiden muss, ob er am Sonntag an einem Rennen teilnehmen will.

Familie im Gespräch

Fragen Sie:

❶ „Was tat Eric, um Jesus im Blick zu behalten?" (Er achtete den Sonntag als Ruhetag; er betete und las in der Bibel.)

❷ „Welcher Herausforderung musste er sich stellen?" (Nicht nachzugeben und keine faulen Kompromisse einzugehen.)

❸ „Was bewunderst du an Eric Liddell? Was gefällt dir an ihm?"

Was können wir tun?

❹ Es kann uns guttun, wenn wir uns Eric als ein starkes und mutiges Vorbild vor Augen halten. Fragen Sie: „Wie könnten wir auf unsere Weise dem Beispiel Erics folgen?"

Variationsmöglichkeiten

▶ Jüngere Kinder

Wählen Sie einen kürzeren Film, der auf Vorschulkinder zugeschnitten ist (z. B. „Bob der Baumeister"). Schauen Sie den Film an und stellen Sie ein paar Fragen dazu. Gehen Sie z. B. darauf ein, wie bestimmte Figuren im Film gelernt haben, nicht aufzugeben, oder warum es gut ist, wenn wir bei schwierigen Sachen (wie Schuhe zubinden) nicht gleich aufgeben.

▶ Teenies

Vertiefen Sie das Gespräch mit der Frage: „In welchen Situationen erlebst du, dass du in die Versuchung gerätst, nachzugeben und faule Kompromisse zu schließen?"

Gebet

Herr, schenke uns den Mut, den Eric besaß, damit wir dich stets als unser Ziel vor Augen haben. Hilf uns, den Mut zu haben, uns – wenn es erforderlich ist – auch gegen den allgemeinen Trend zu stellen, damit wir die Ziellinie erreichen.

Familienzeit 21

Ein Leben, das gelingt

Worum geht es?

Wir müssen lernen, die Autoritäten, die uns Gott in unser Leben stellt, zu achten.

Was benötigen Sie?

einen Park in Ihrer Nähe

Zum Aufwärmen

Fragen Sie: „Gibt es jemanden auf dieser Erde, der keinen Chef mehr über sich hat?" (Vielleicht antworten Ihre Kinder: „Die Bundeskanzlerin oder der Papst.")

Sagen Sie: „Gott ist der oberste Chef aller Menschen. Aber es gibt auch eine Menge anderer Autoritätspersonen, auf die wir hören müssen. Fallen euch welche ein?" (Lehrer, Polizisten, Feuerwehrmänner, Eltern usw.)

Erklären Sie: „Gott hat diese Menschen eingesetzt, und wir sollten tun, was sie uns sagen, weil das für uns und unser Wohlergehen gut ist."

Bibeltext: Epheser 6,1–3

Ihr Kinder, gehorcht euren Eltern! So ist es recht vor dem Herrn. „Du sollst deinen Vater und deine Mutter ehren" ist das erste Gebot, dem eine Zusage folgt: „Dann wird es dir gut gehen, und du wirst lange leben auf dieser Erde."

Was sagt die Bibel dazu?

Erklären Sie: „Gott möchte, dass ihr euren Eltern gehorcht. Und er erwartet von uns Eltern, dass wir gut für euch sorgen."

Familie im Gespräch/Action!

Im Park

Wenn Sie in der Nähe eines Parks wohnen, laufen Sie dorthin. Versuchen Sie, einen Fußgängerüberweg zu benutzen, und machen Sie Ihre Kinder auf die Ampel aufmerksam. Wenn Sie im Park angekommen sind, setzen Sie sich auf eine Bank und fragen Sie:

❶ „Warum haben wir den Fußgängerüberweg benutzt? Warum gehen wir nicht einfach über die Straße, wo es uns gerade passt?" (Weil uns dann ein Auto überfahren könnte.)

❷ In den meisten Parks gibt es eine Tafel mit Verhaltensregeln. Zeigen Sie Ihren Kindern das Schild und fragen Sie: „Warum gibt es in einem Park Regeln?"

Was können wir tun?

❸ Fragen Sie: „Was würde passieren, wenn es im Park keine Regeln gäbe bzw. sich keiner an die Regeln halten würde?" (Die Hunde würden überall ihre Häufchen machen; die Spielgeräte wären kaputt; die Leute würden ihre Autos im Park abstellen usw.) Erklären Sie: „Damit die Menschen

Spaß im Park haben, sind ein paar Regeln notwendig. Und damit unser Leben gelingt, müssen wir Gottes Regeln befolgen und unseren Eltern gehorchen. Als ihr noch ganz klein wart, habe ich euch beispielsweise eingeschärft, nicht auf die Straße zu laufen. Ihr habt damals vielleicht noch nicht verstanden, wofür diese Regel gut ist, aber ihr musstet euch trotzdem daran halten. So ist es auch mit vielen anderen Regeln. Sie sind dazu da, um euch vor unangenehmen oder gefährlichen Dingen zu schützen." Schließen Sie an dieser Stelle das Gebet an und genießen Sie danach gemeinsam die Zeit im Park.

Variationsmöglichkeiten

▶ Jüngere Kinder

Wenn im Park ein Schild mit Verhaltensregeln steht, lesen Sie diese Ihren Kindern vor und erklären Sie die Regeln. Falls es kein Schild mit Regeln gibt, erklären Sie, wie man sich in einem Park verhält. (Z. B.: „Wir dürfen nicht laut herumschreien, damit wir andere nicht stören.")

▶ Teenies

Statt in einen Park zu gehen, könnten Sie die Familienzeit auch in einer Minigolfanlage, auf einem Fußballplatz oder auf einer Kartbahn verbringen. Passen Sie die Fragen entsprechend an.

Unser Motto heute

Gott wird uns ein gutes Leben schenken, wenn wir unseren Eltern gehorchen.

Gebet

Lieber himmlischer Vater, manchmal fällt es uns schwer, unseren Eltern zu gehorchen, aber wir wissen, dass es uns gut gehen wird, wenn wir es tun.

Der gute Hirte versorgt uns

Worum geht es?

Alles, was ich zum Leben brauche, werde ich bekommen, wenn ich dem guten Hirten folge.

Was benötigen Sie?

Wattebausche, Klebeband, Bonbons, eine Handtasche, einen Besenstiel

---

Zum Aufwärmen

Fragen Sie: „Wie wäre es wohl, wenn wir unter einer Autobahnbrücke leben müssten?" (Es wäre zu laut, wir könnten uns gar nicht unterhalten; man könnte dort kaum schlafen usw.)

Erklären Sie: „Wir müssen gemeinsam darauf achten, dass es in unserer Familie nicht ständig zu laut ist, denn dann können wir nicht mehr aufeinander hören. Es ist auch wichtig, dass wir nicht zu viele Dinge auf einmal tun, denn dann bleibt uns keine Zeit mehr zum Ausruhen."

Bibeltext: Psalm 23,1–3

Der Herr ist mein Hirt; darum leide ich keine Not. Er bringt mich auf saftige Weiden, lässt mich ruhen am frischen Wasser und gibt mir neue Kraft. Auf sicheren Wegen leitet er mich, dafür bürgt er mit seinem Namen.

Action!

Eine Schafherde im Haus

Verkleiden Sie alle Familienmitglieder (außer sich selbst) als „Schafe". Kleben Sie dazu jedem je einen Wattebausch an die Nase und an den Po (als Stummelschwänzchen). Benutzen Sie einen Besenstiel als Hirtenstab. Die Handtasche, in der Sie die Bonbons verstecken, hängen Sie sich um die Schulter. Legen Sie sich noch einen Bademantel oder eine Decke um und erklären Sie dann: „Ich bin der Hirte und meine Schafe folgen mir." Die Schafe sollen „Mäh" machen und Ihnen auf allen vieren folgen. Nach einigen Minuten sagen Sie: „Meine Schafe haben alles, was sie brauchen." Führen Sie sie in ein Nebenzimmer, in dem Sie im Voraus bereits einige Bonbons versteckt haben. Lassen Sie die Schafe die Bonbons beim Grasen finden. Sagen Sie nun: „Der Hirte lässt die Schafe ausruhen." Alle Schafe sollen so tun, als ob sie schlafen. Anschließend sagen Sie: „Der Hirte führt seine Schafe zum frischen Wasser." Führen Sie sie ins Badezimmer und lassen Sie Wasser in die Badewanne laufen. Nach einer Weile sagen Sie: „Der Hirte gibt den Schafen Nahrung, damit Sie neue Kraft bekommen." Werfen Sie jedem Schaf ein Bonbon aus Ihrer Tasche zu. Zuletzt sagen Sie: „Der Hirte führt seine Schafe auf sicheren Wegen und bewahrt sie vor allen Gefahren." Stellen Sie sich schützend vor die geöffnete Wohnungstür oder einen Treppenaufgang.

Familie im Gespräch

Was können wir tun?

Fragen Sie:

❶ „Warum ist es wichtig, dass wir dem Hirten bereitwillig folgen?"

❷ „Was macht einen guten Hirten aus?" (Dass er gut führen kann, sich gut um die Schafe kümmert, mutig ist usw.)

❸ „Warum müssen wir uns Ruhe gönnen, um die Gemeinschaft untereinander genießen zu können?" (Weil Beziehungen Zeit brauchen.)

Unser Motto heute

Gott ist mein guter Hirte.

Variationsmöglichkeiten

▶ Jüngere Kinder

Der „Action!"-Teil eignet sich vermutlich gut für Ihre Kinder, aber möglicherweise verstehen sie manche der Ausdrücke im Bibeltext nicht, sodass es gut wäre, wenn Sie sich die Zeit nehmen, diese Begriffe zu erklären.

▶ Teenies

Ihre Teenager werden es möglicherweise zu albern finden, kleine Schäfchen zu spielen. Dann lassen Sie den „Action!"-Teil weg und gehen Sie gleich zum Gespräch über. Fragen Sie, wer die „Hirten" heutiger Jugendlicher sind – die Menschen, denen Jugendliche folgen und denen sie sich verpflichtet fühlen.

Gebet

Lieber himmlischer Vater, danke, dass ich dir vertrauen kann. Du wirst mich sicher führen und mich in allem versorgen, weil du mich liebst. Ich will dir folgen.

Familienzeit 23

Ruhe tut gut (1)

Worum geht es?

Das Gebot, am siebten Tag auszuruhen, war Gottes Idee. Wir sollten uns daran halten.

Was benötigen Sie?

Schuhkartons, Tonpapier, Kleber, alte Zeitschriften, Stoffreste, Scheren

Zum Aufwärmen

Fragen Sie: „An welchem Ort würde Ausruhen richtig Spaß machen? Wo wäre es ziemlich dumm, sich ausruhen zu wollen?" Erklären Sie: „Gott hat uns geschaffen. Er weiß, dass wir Zeit zum Ausruhen brauchen. Wenn wir nicht genug Ruhe bekommen, werden wir grantig und kommen nicht mehr gut miteinander aus."

Bibeltext: 1. Mose 2,2–3

Am siebten Tag hatte Gott sein Werk vollendet und ruhte von aller seiner Arbeit aus. Und Gott segnete den siebten Tag und

erklärte ihn zu einem heiligen Tag, der ihm gehört, denn an diesem Tag ruhte Gott, nachdem er sein Schöpfungswerk vollbracht hatte.

Was sagt die Bibel dazu?

Fragen Sie: „Warum hat Gott sich wohl ausgeruht? Was denkst du? War er müde?" (Nein, er wollte wohl eher uns Menschen ein Vorbild sein.)

Action!

Schuhkarton-Betten

Basteln Sie aus Schuhkartons und Tonpapier kleine Betten. Arbeiten Sie dazu jeweils zu zweit. Schneiden Sie aus dem Tonpapier das Kopf- und Fußende des Betts. Kleben Sie auf den Deckel des Schuhkartons Stofffetzen, sodass er wie eine Decke aussieht, und dekorieren Sie die Innenseiten des Kartons mit aus Zeitschriften ausgeschnittenen Fotos von Menschen, die sich gerade ausruhen oder etwas Entspannendes machen. Jedes Bastelteam schreibt den Bibeltext auf ein Stück Papier und klebt dieses auf die Innenseite des Deckels. Wenn die Betten fertig sind, soll jede Gruppe zeigen, welche Fotos sie sich ausgesucht hat, und begründen, warum.

Fordern Sie Ihre Familie anschließend auf, darüber nachzudenken, auf welche Weise man sich noch ausruhen kann. Diese Ideen können auf kleine Zettel geschrieben werden, die dann in die Schuhkarton-Betten gelegt werden können.

Familie im Gespräch

Was können wir tun?

❶ Fragen Sie die einzelnen Familienmitglieder: „Wann fühlst du dich eigentlich ganz besonders ausgeruht und entspannt? Wann wünschst du dir, du könntest dich noch etwas ausruhen?"

❷ Fragen Sie: „Wie können wir als Familie dafür sorgen, dass wir mindestens einmal pro Woche Zeit haben, um gemeinsam auszuruhen bzw. etwas Entspannendes zu machen?"

Variationsmöglichkeiten

▶ Jüngere Kinder

Helfen Sie Ihren Kindern beim Ausschneiden. Erklären Sie ihnen, dass bei uns der siebte Tag der Woche der Tag ist, an dem wir in den Gottesdienst gehen und uns bewusst machen, wer Gott ist und wie sehr er uns liebt.

▶ Teenies

Veranstalten Sie ein Brainstorming zu der Frage, wie jedes Familienmitglied für sich und die Familie als Ganzes Gelegenheiten zum Ausruhen schaffen kann – „Lebensräume", in denen alle neue Kraft schöpfen und die Beziehungen untereinander pflegen können. Wählen Sie gemeinsam die besten Ideen aus und hängen Sie diese gut sichtbar in Ihrer Wohnung auf. Nehmen Sie sich eine der ausgewählten Ideen für die kommende Woche vor.

Unser Motto heute

Eine ausgeruhte Familie ist eine glückliche Familie.

Gebet

Vater, hilf uns, deinem Beispiel zu folgen und uns Zeit zum Ausruhen zu nehmen. Hilf uns, dass wir uns Zeit nehmen, dich zu loben und anzubeten, und Zeit, um füreinander da zu sein.

Ruhe tut gut (2)

Worum geht es?

Wir sollten uns einen Tag in der Woche Zeit nehmen, um Gott anzubeten und uns auszuruhen.

Was benötigen Sie?

Bindfaden oder Tücher

Zum Aufwärmen

Fragen Sie: „Welchen Wochentag magst du am liebsten? Warum?" (Jeder soll Gelegenheit haben, zu antworten.)

Bibeltext: 2. Mose 20,8–10

Halte den Ruhetag in Ehren, den siebten Tag der Woche! Er ist ein heiliger Tag, der dem Herrn gehört. Sechs Tage sollst du arbeiten und alle deine Tätigkeiten verrichten; aber der siebte Tag ist der Ruhetag des Herrn, deines Gottes. An diesem Tag sollst du nicht arbeiten, auch nicht dein Sohn oder deine Tochter, dein Sklave oder deine Sklavin, dein Vieh oder der Fremde, der bei dir lebt.

Was sagt die Bibel dazu?

Fragen Sie: „Was denkt ihr, ist mit dem Wort ‚heilig' gemeint?"

Unser Motto heute

Wir arbeiten gemeinsam. Wir ruhen gemeinsam aus. Wir loben Gott gemeinsam.

Action!

Tausendfüßler

Alle Familienmitglieder stellen sich hintereinander auf. Binden Sie nun jeweils die Beine des einen mit den Beinen der Person, die vor ihm steht, an den Waden zusammen (das rechte mit dem rechten, das linke mit dem linken). Das Ziel ist, eine Art Tausendfüßler zu bilden, bei dem sich alle Beine im Gleichtakt bewegen. Bewegen Sie sich zusammen langsam vorwärts. (Ein *Sicherheitstipp:* Stellen Sie die jüngsten Kinder jeweils vor eine Person, die sie auffangen kann, falls sie ins Stolpern geraten.)

Familie im Gespräch

Was können wir tun?

❶ Fragen Sie: „Was habt ihr beim Tausendfüßlerspiel gelernt?" (Mir ist aufgefallen, dass wir langsam machen und aufeinander achtgeben mussten; … wir keinen im Stich lassen durften usw.) Lassen Sie die Kinder ihre eigenen Antworten geben; es gibt hier nicht nur eine richtige Antwort.

❷ Erklären Sie: „‚Heilig' bedeutet: ‚ausgesondert, besonders, nicht wie alle anderen'. Wenn wir einen Tag als Ruhetag aussondern und ihn zu etwas Besonderem machen, machen wir an diesem Tag nicht dasselbe wie an den anderen Tagen." Fragen Sie: „Was können wir an unserem heiligen Tag tun, um uns an Gott zu erinnern?"

❸ Erläutern Sie: „Wenn wir zu sehr in Eile sind, versäumen wir, Zeit mit Gott und miteinander zu verbringen. Gott ist es wichtig, dass wir als Familie zusammen sind und ihn loben. Was passiert, wenn wir uns keine Zeit füreinander oder für Gott nehmen?"

Variationsmöglichkeiten

▶ Jüngere Kinder

Dreibein-Laufen: Machen Sie aus dem Tausendfüßler einen oder mehrere „Dreifüßler": Stellen Sie dafür zwei Personen nebeneinander und binden Sie die innenstehenden Beine aneinander. Beide Spieler müssen nun versuchen, sich mit ihrem „Doppelbein" vorwärtszubewegen.

▶ Teenies

Gestalten Sie die Tausendfüßlerstrecke gegebenenfalls schwieriger, indem Sie Hindernisse aufbauen. Vertiefen Sie das Gespräch außerdem durch die Frage: „Was sollten wir in Zukunft nicht mehr tun, damit uns mehr Zeit für Gott und füreinander bleibt? Was könnten wir an unserem Ruhetag gemeinsam machen?"

Gebet

Lieber himmlischer Vater, danke, dass du uns ein Vorbild gegeben hast, wie wir uns Zeit für dich nehmen können. Du bist es wert, dass wir dich loben. Danke, dass du uns gezeigt hast, wie wichtig ein Ruhetag ist – wir brauchen ihn.

Familienzeit 25

Prioritäten setzen

Worum geht es?

Manchmal lenken uns unsere Aufgaben von dem ab, was am wichtigsten ist.

Was benötigen Sie?

einen stabilen Küchenstuhl

Zum Aufwärmen

Fragen Sie: „Stellt euch vor, wir haben Gäste aus Afrika zu Besuch. Was würdet ihr lieber tun: bei den Gästen sitzen oder in der Küche helfen, um ihnen etwas zu kochen? Warum?"

Bibeltext: Lukas 10,38–42

Als Jesus mit seinen Jüngern weiterzog, kam er in ein Dorf. Dort nahm ihn eine Frau namens Marta gastlich auf. Sie hatte eine Schwester mit Namen Maria, die setzte sich zu Füßen des Herrn nieder und hörte ihm zu. Marta dagegen war überbeschäftigt mit der Vorbereitung des Essens. Schließlich trat Marta vor Jesus hin und sagte: „Herr, kümmert es dich nicht,

dass mich meine Schwester die ganze Arbeit allein tun lässt?
Sag ihr doch, dass sie mir helfen soll!" Der Herr antwortete
ihr: „Marta, Marta, du machst dir so viele Sorgen und ver-
lierst dich an vielerlei, aber nur eines ist notwendig. Maria hat
die gute Wahl getroffen; sie hat sich für das unverlierbar Gute
entschieden, das ihr nicht genommen werden kann."

Unser Motto heute

Erst kommen die Menschen, dann die Dinge.

Familie im Gespräch

Was sagt die Bibel dazu?

❶ Fragen Sie: „Denkst du, Maria hat ihrer Schwester Marta
nicht geholfen, weil sie zu faul dazu war?"

❷ Fragen Sie: „Warum hat Jesus Maria nicht gesagt, sie solle
ihrer Schwester helfen?"

Was können wir tun?

❸ Erklären Sie: „Manche Menschen sind eher ,Macher' und
andere eher ,Beziehungstypen'. Marta war eine ,Macherin' –
sie wollte die anstehende Aufgabe erledigen. Maria war ein
,Beziehungstyp' – sie interessierte sich mehr für die Menschen als für die zu erledigende Arbeit." Schließen Sie die
Frage an: „Zu welchem Typ Mensch gehörst du?"

Action!

Sessellift

Erklären Sie: „Manchmal ist es dran, sich zu unterhalten, und
ein andermal ist es dran, die anstehenden Aufgaben zu erledi-

gen. Doch wenn wir uns gegenseitig helfen, werden die Aufgaben leichter, und uns bleibt genug Zeit zum Reden."

Führen Sie nun das Sessellift-Experiment durch: Eine Person setzt sich auf einen Stuhl. Nun soll jeder reihum versuchen, den Stuhl mit der darauf sitzenden Person hochzuheben. Erklären Sie: „Allein ist diese Aufgabe zu schwer, aber wir könnten es gemeinsam versuchen." Heben Sie gemeinsam den Stuhl samt der Person ein paar Zentimeter in die Höhe. Sagen Sie: „Wenn viele Hände mit anpacken, wird die Arbeit leicht."

Variationsmöglichkeiten

▶ Jüngere Kinder

Passen Sie die Frage 3 des Gesprächsteils dem Alter Ihrer Kinder an: „Wen magst du in dieser Geschichte lieber – Marta, die in der Küche arbeitet, oder Maria, die zu Jesu Füßen sitzt?"

Wenn Ihre Kinder zu klein für das „Sessellift-Experiment" sind, lassen Sie sie stattdessen schwere Bücher hochheben.

▶ Teenies

Bauen Sie den Gedanken über die „Macher" und die „Beziehungstypen" weiter aus, indem Sie fragen: „In welchen Situationen braucht man eher eine ‚Macher'-Mentalität? Und welche Situationen eignen sich eher für ‚Beziehungstypen'?"

Gebet

Lieber Vater, hilf uns zu erkennen, wann es dran ist, zu reden und zuzuhören, und wann es an der Zeit ist zuzupacken. Wir wollen eine Familie sein, in der man sich gegenseitig bei schwierigen Aufgaben unterstützt. Danke, dass wir gemeinsam stark sind.

Familienzeit 26

Zeit füreinander haben

Worum geht es?

Wir müssen bereit sein, unsere Arbeit zu unterbrechen, um einander zuzuhören und füreinander da zu sein.

Was benötigen Sie?

einen Eimer, Lappen, Handtücher, warmes Wasser mit etwas Seife, einen Stuhl und Parfüm oder Eau de Cologne

Zum Aufwärmen

Fragen Sie: „Welchen Duft magst du am liebsten? Würdest du dir ein Parfüm mit diesem Duft kaufen?"

Bibeltext: Johannes 12,3

Maria aber nahm eine Flasche mit reinem, kostbarem Narden-öl, goss es Jesus über die Füße und trocknete diese mit ihrem Haar. Das ganze Haus duftete nach dem Öl.

Unser Motto heute

Manchmal sind das Beste, was wir verschenken können, unsere Zeit und unsere Hingabe.

Action!

Was sagt die Bibel dazu?

▶ Fußwaschung

Halten Sie einen Eimer mit warmem Wasser und etwas Seife bereit, außerdem Waschlappen, Handtücher und einen Stuhl. Erklären Sie: „Maria ging über das, was damals üblich war – nämlich, dass man Gästen die Füße wusch –, weit hinaus. Sie setzte sich zu Jesu Füßen und lernte von ihm. Dann nahm sie ein sehr teures Duftöl – es hatte ein ganzes Jahresgehalt gekostet – und goß es Jesus über die Füße. Zu Jesu Zeiten trugen die Leute Sandalen und die Füße wurden durch den Straßenstaub sehr schmutzig. Es gab ja noch keine Autos. Heute wollen wir uns auch einmal gegenseitig die Füße waschen."

Waschen Sie sich nun gegenseitig die Füße. Nachdem Sie sie abgetrocknet haben, benetzen Sie sie mit etwas Parfüm.

Familie im Gespräch

Was können wir tun?

Fragen Sie:

❶ „Wie habt ihr euch gefühlt, als euch von einem anderen die Füße gewaschen wurden?"
❷ „Was hattet ihr lieber – anderen die Füße zu waschen oder euch die Füße waschen zu lassen?"
❸ „Fußwaschungen waren zu Jesu Zeiten sehr beliebt, weil die Leute vom vielen Laufen ständig dreckige und mü-

de Füße bekamen. Heute haben wir andere Bedürfnisse, aber es ist immer noch wichtig, dass wir einander dienen. Manchmal gehört dazu einfach, seine Arbeit zu unterbrechen und dem anderen zuzuhören. Würde euch das leicht- oder schwerfallen? Warum?"

Variationsmöglichkeiten

▶ Jüngere Kinder

Halten Sie sich nicht zu lange mit dem „Action!"-Teil auf, sonst könnten Ihre Kinder auf die Idee kommen, mit dem Wasser zu spielen. Leeren Sie den Eimer vor dem Gespräch aus.

▶ Teenies

Vertiefen Sie das Gespräch mit der Frage: „In den Augen der anderen war es verschwenderisch, ja sogar skandalös, dass Maria das Duftöl auf Jesu Füße goss, weil ‚anständige' Frauen die Füße von Männern nicht auf diese Weise berühren durften. Warum tat es Maria trotzdem und riskierte damit ihren guten Ruf? Was wollte sie damit ausdrücken?"

Gebet

Herr, hilf uns, füreinander Zeit zu haben und Wege zu finden, wie wir einander dienen können.

Familienzeit 27

„Dich wollen wir hier nicht" – Filmnacht

Zum Aufwärmen

Versammeln Sie Ihre Familie um zwei Schüsseln Popcorn und erklären Sie: „Wir werden uns heute einen Film anschauen und Popcorn essen, aber wir haben leider nur Popcorn für zwei – für mich (nehmen Sie eine Schüssel) und für einen von euch (halten Sie die Schüssel hoch). Nun, wer soll die zweite Schüssel bekommen?" Jetzt gibt es vermutlich einen kleinen Tumult. Warten Sie einen Moment ab, wählen Sie dann eine Person aus, die das Popcorn bekommen soll, und fragen Sie die anderen: „Wie findet ihr das?" (Unfair, Lieblingskind usw.)

Erklären Sie: „Ich habe gerade lediglich versucht, euch etwas deutlich zu machen. Ihr bekommt natürlich alle Popcorn, jeder eine Schüssel. Wir wollen uns heute darüber Gedanken machen, wie es ist, wenn einer ausgeschlossen wird und wir nicht fair miteinander umgehen."

109

Bibeltext: Jakobus 3,16–17

Wo Neid und Streitsucht herrschen, da gerät alles in Unordnung; da wird jeder Gemeinheit Tür und Tor geöffnet. Die Weisheit aber, die von Gott kommt, ist vor allem aufrichtig; außerdem sucht sie den Frieden, sie ist freundlich, bereit nachzugeben und lässt sich etwas sagen. Sie hat Mitleid mit anderen und bewirkt Gutes; sie ist unparteiisch, ohne Vorurteile und ohne alle Heuchelei. (HfA)

Was sagt die Bibel dazu?

Fragen Sie: „Was passiert, wenn wir neidisch und streitsüchtig sind? Wenn wir besser dastehen wollen als andere?" (Es kommt zu Konflikten.)

Unser Motto heute

Ehrlich und fair zu sein ist clever.

Action!

Toy Story

Machen Sie es sich mit dem Popcorn vor dem Fernseher gemütlich. Auf Sie warten ein Film und jede Menge Spaß. Nehmen Sie sich im Anschluss ein paar Minuten Zeit, um über den Film zu sprechen.

Familie im Gespräch

❶ Fragen Sie: „Wer hat gesagt: ‚Sie werden schon sehen. Ich bin immer noch Andys Lieblingsspielzeug.' Was war passiert?"

Was können wir tun?

Fragen Sie:

❷ „Was passiert, wenn jemand einen Menschen bevorzugt behandelt? Wie kam es im Film zu dieser Situation?"

❸ „Was hat am Ende geholfen, die Dinge wieder in Ordnung zu bringen?"

❹ „Was können wir aus dem Film lernen?"

Variationsmöglichkeiten

▶ Jüngere Kinder

Wenn Ihre Kinder zu müde oder zu unruhig werden, teilen Sie den Film auf zwei Abende auf.

▶ Teenies

Erweitern Sie das Gespräch mit der Frage: „Wo erlebt ihr in der Schule, dass einzelne Mitschüler von Klassenkameraden oder Lehrern vorgezogen werden? Wie passiert das beispielsweise im Sportunterricht oder in eurem Freundeskreis?"

Gebet

Lieber Gott, hilf uns, in unserem Freundeskreis und innerhalb der Familie fair miteinander umzugehen und keinen zu bevorzugen oder zu benachteiligen.

Danken schützt vor Neid

Zum Aufwärmen

Fragen Sie: „Worüber beklagt ihr euch sehr schnell?" (Schreiben Sie diese Dinge auf ein großes Blatt Papier.)

Bibeltext: Jakobus 3,13–16

Hält sich jemand von euch für klug und weise? Dann soll das an seinem ganzen Leben abzulesen sein, an seiner Freundlichkeit und Güte. Sie sind Kennzeichen der wahren Weisheit. Seid ihr aber voller Neid und Streitsucht, dann braucht ihr euch auf eure angebliche Weisheit nichts einzubilden. In Wirklichkeit verdreht ihr so die Wahrheit. Eine solche Weisheit kann niemals von Gott kommen. Sie ist irdisch, ungeistlich, ja teuflisch. Wo Neid und Streitsucht herrschen, da ge-

rät alles in Unordnung; da wird jeder Gemeinheit Tür und Tor geöffnet. (Hfa)

Was sagt die Bibel dazu?

Fragen Sie: „Nützt es irgendetwas – fühlt ihr euch irgendwie besser –, wenn ihr euch über das beklagt, was ihr nicht habt?" (Nein.) „Was können wir gegen das ständige Klagen tun? Um diese Frage geht es heute."

Unser Motto heute

Man kann sich dazu entschließen, zufrieden zu sein.

Familie im Gespräch

❶ Fragen Sie: „Warum kommt es zu Problemen, wenn wir etwas haben wollen, was ein anderer besitzt?" (Neid beeinträchtigt die Beziehung zu meinem Mitmenschen und kann manchmal sogar bis zum Diebstahl führen.)

Was können wir tun?

❷ Fragen Sie: „Welche Probleme entstehen, wenn man egoistisch ist und nicht mit anderen teilen will?"

Action!

Die Kette der Dankbarkeit

Heute wollen wir mithilfe von Tonpapier, Klebeband und Filzstiften eine Kette basteln, auf deren Kettengliedern Dinge oder Menschen stehen, für die wir dankbar sind. Das ist ein gutes Rezept gegen den Neid. Jedes Familienmitglied soll mindestens fünf Dinge oder Menschen auf einen Streifen Tonpapier schreiben oder malen. Kleben Sie diese Streifen anschließend so zusammen, dass sie eine Kette bilden. Wechseln Sie dabei die Streifen der einzelnen Familienmitglieder ab. Wenn Sie möchten, können Sie auch noch jeweils den Namen dazuschreiben oder jedem Familienmitglied eine andere Papierfarbe geben; dann findet später jeder seine Kettenglieder wieder und kann sich noch einmal bewusst machen, was ihm bei dieser Aufgabe wichtig war. Versuchen Sie, eine mindestens zwei Meter lange Kette zu basteln, die Sie anschließend gut sichtbar in Ihrer Wohnung aufhängen.

Variationsmöglichkeiten

▶ Jüngere Kinder
Jedes Kind soll nur drei Kettenglieder basteln.

▶ Teenies
Vertiefen Sie das Gespräch mit der Frage: „Inwieweit führen Neid, Egoismus und Streitsucht zu Ungerechtigkeiten?" Suchen Sie gemeinsam nach Beispielen, die auf Jugendliche zutreffen.

Gebet

Herr, wir sind dir für die vielen Dinge und Menschen, die du uns gegeben hast, dankbar – für unser Zuhause, unsere Gesundheit, unsere Familie. Aber vor allem danken wir dir für deinen Sohn Jesus und das neue Leben, das wir durch ihn haben. Hilf uns, mit diesen wunderbaren Geschenken deiner Gnade zufrieden zu sein.

Familienzeit 29

Eine Familie mit Vision (1)

Zum Aufwärmen

Fragen Sie: „Wie findest du es, wenn Schüler vor ihren Mitschülern mit ihren guten Noten angeben? Wie findest du es, wenn Fußballer nach einem geschossenen Tor übers ganze Feld laufen und Siegeszeichen machen?"

Bibeltext: Matthäus 6,1–4

Hütet euch davor, nur deshalb Gutes zu tun, damit die Leute euch bewundern. Sonst könnt ihr von eurem Vater im Himmel keinen Lohn mehr erwarten. Wenn du einem Armen etwas gibst, dann posaune es nicht hinaus wie die Heuchler. Sie reden davon in den Synagogen und an jeder Straßenecke, um von allen gelobt zu werden. Das sage ich euch: Diese Leute haben sich ihren Lohn schon selber ausbezahlt. Wenn du jemandem hilfst, dann soll deine linke Hand nicht wissen, was die rechte tut; niemand soll davon erfahren. Dein Vater, der auch das Verborgene sieht, wird dich dafür belohnen. (Hfa)

Was sagt die Bibel dazu?

Fragen Sie: „Warum macht es den Heuchlern, denen es nicht wirklich um Gott geht, Spaß, mit ihren guten Taten anzugeben?" (Sie wollen andere beeindrucken.)

Unser Motto heute

Wir wollen nur einem gefallen – Gott.

Action!

Was können wir tun?

▶ Tarnkappenmission

Überlegen Sie, wer in Ihrer Gemeinde oder in Ihrem Wohnort Hilfe brauchen könnte. Das kann jemand sein, der keine Wohnung oder keine Arbeit hat; das kann jemand sein, der mutlos oder traurig ist, weil er einen nahestehenden Menschen verloren hat oder weil er schwer krank ist. Fragen Sie Ihre Kinder: „Was könnten wir tun, um dieser Person zu helfen?" (Bereiten Sie z. B. eine Brotzeit für einen Obdachlosen zu, schicken Sie jemandem einen Gutschein für Lebensmittel, backen Sie einen Kuchen, oder besuchen Sie jemanden, dem etwas Gesellschaft guttäte.) Beschließen Sie gemeinsam, was Sie machen wollen, aber halten Sie Ihre Mission auf jeden Fall geheim! Lesen Sie den Bibeltext noch einmal vor.

Familie im Gespräch

Sie werden diese Einheit wahrscheinlich auf zwei Tage aufteilen. Der Gesprächsteil ist für die Zeit nach dem „praktischen Einsatz" gedacht. Fragen Sie:

❶ „Wie fandest du die Idee mit der ‚Tarnkappenmission', bevor wir sie in die Tat umgesetzt haben?"

❷ „Was hat sich daran geändert, seit wir die Mission beendet haben?" („Ich mache mir mehr Gedanken um andere Menschen.")

❸ „Warum fordert Jesus von uns, die Aufmerksamkeit nicht auf uns zu lenken, wenn wir anderen Gutes tun?" (Weil dann der einzige Lohn darin besteht, von anderen gesehen zu werden.)

Variationsmöglichkeiten

▶ Jüngere Kinder

Ändern Sie die Einstiegsfrage ab: „Was ist falsch daran, wenn wir petzen?" (Wir versuchen, selbst besser dazustehen, indem wir einen anderen in Schwierigkeiten bringen.) Außerdem sollten Sie das Motto erklären: „Gott sieht alles, was wir tun. Uns sollte wichtiger sein, was er darüber denkt, als das, was andere dazu sagen."

▶ Teenies

Führen Sie ein gemeinsames Brainstorming zu der Frage durch, wie Sie anderen Gutes tun könnten. Schreiben Sie die Ideen auf und wählen Sie eine aus. (Die übrigen Ideen können Sie zu einem späteren Zeitpunkt verwirklichen.) Dass es sich um eine Tarnkappenmission handelt, wird Ihren Teenagern gefallen. Vertiefen Sie außerdem das Gespräch mit der Frage: „Könntet ihr euch vorstellen, laut herauszuposaunen, wenn ihr etwas Gutes tut?"

Gebet

Lieber himmlischer Vater, hilf uns, anderen Gutes zu tun, ohne eine Gegenleistung oder Anerkennung zu erwarten. Lehre uns, unseren Lohn allein von dir zu erwarten.

Familienzeit 30

Eine Familie mit Vision (2)

Worum geht es?

Jeder Mensch braucht Zeit, um neue Kraft zu tanken.

Was benötigen Sie?

ein batteriebetriebenes Spielzeug oder Werkzeug, Müsliriegel und Getränke für unterwegs

Zum Aufwärmen

Halten Sie ein batteriebetriebenes Spielzeug oder Werkzeug hoch. Schalten Sie es ein und fragen Sie: „Was passiert, wenn ich dieses Ding sehr lange laufen lasse, beispielsweise über Nacht?" (Dann sind die Batterien leer.)

Erklären Sie: „Heute werden wir sehen, dass auch wir unsere ‚Batterie' wieder aufladen müssen, genauso wie das bei dieser wiederaufladbaren Batterie hier nötig ist."

Bibeltext: Lukas 5,15–16

Darauf verbreitete sich die Nachricht von Jesus noch mehr. Scharenweise kamen die Menschen, um ihn zu hören und sich

von ihren Krankheiten heilen zu lassen. Aber Jesus zog sich zurück und hielt sich in einsamen Gegenden auf, um zu beten.

Was sagt die Bibel dazu?

Fragen Sie: „Warum zog sich Jesus manchmal von der Menschenmenge zurück?"

Unser Motto heute

Auch wir müssen uns Zeit nehmen, um aufzutanken.

Familie im Gespräch

❶ Fragen Sie: „Was führt dazu, dass ihr euch ausgelaugt und müde fühlt?"

Was können wir tun?

Fragen Sie:

❷ „Was hilft dir, neue Energie zu tanken und deine Kräfte zurückzugewinnen?" (Ruhepausen, Mittagsschlaf usw.)

❸ „Gott möchte, dass wir jede Woche neu auftanken, indem wir seinen Ruhetag einhalten und ihn an diesem Tag loben, statt zu arbeiten. Warum ist das so wichtig?" (Damit wir ihn im Blick behalten, unsere Beziehungen pflegen und ausruhen.)

❹ „Jesus tat nicht immer, was die Masse von ihm wollte. Er brauchte Zeit für sich, um zu beten und neu zu Kräften zu kommen. In welcher Weise gibt das Gebet uns Kraft?"

Action!

Wandern und Rasten

Packen Sie für jeden einen Müsliriegel und ein Getränk ein. Ziehen Sie sich bequeme Laufschuhe an und machen Sie eine kleine Wanderung. Passen Sie die Länge und den Schwierigkeitsgrad der Wanderung dem Alter Ihres jüngsten Kindes an. Machen Sie auf halber Strecke eine Rast, um den Müsliriegel und das Getränk zu sich zu nehmen. Fragen Sie anschließend: „Hat euch das neue Kraft gegeben? Was hat euch mehr Energie gegeben: der Müsliriegel oder das Getränk?" Sammeln Sie ein paar Antworten und erklären Sie dann: „Pausen tun gut. Wir müssen uns auch im Alltag regelmäßig Pausen gönnen, um uns auszuruhen, und Gott für das, was er uns schenkt, zu loben." Setzen Sie Ihre Wanderung fort.

Variationsmöglichkeiten

▶ Jüngere Kinder

Fragen Sie: „Was passiert, wenn du kein Mittagsschläfchen machen kannst?" Machen Sie nur einen kurzen Spaziergang von etwa 20 Minuten.

▶ Teenies

Vertiefen Sie das Gespräch mit der Frage: „Denkt einmal an Sportarten, denen ihr in letzter Zeit nachgegangen seid oder die ihr euch im Fernsehen angeschaut habt. Was tun Sportler, um wieder zu Kräften zu kommen?"

Gebet

Danke, Gott, für den Körper, den du uns gegeben hast, und auch für die Ruhezeit, in der du uns täglich neue Kraft schenkst.

Eine Familie mit Vision (3)

Worum geht es?

Wir wollen Gottes Reich vorantreiben, nicht unsere eigenen Interessen.

Was benötigen Sie?

Bonbons, eine Grillzange, eine große Schüssel, eine Augenbinde

Zum Aufwärmen

Fragen Sie: „Warum müssen sich Fußball- oder Handballtrainer das Spiel ihrer Mannschaft anschauen? Könnten sie nicht auch in der Kabine auf die Spieler warten?" (Nein, denn sie müssen das Spiel beobachten, um den Spielern zu sagen, wie sie künftig noch besser spielen können.)

Erklären Sie: „Gott ist wie ein guter Trainer. Wenn wir richtig leben wollen, müssen wir auf seine liebevollen Anweisungen hören."

Bibeltext: Matthäus 6,9–11

Unser Vater im Himmel! Mach deinen Namen groß in der Welt. Komm und richte deine Herrschaft auf. Verschaff deinem Willen Geltung, auf der Erde genauso wie im Himmel. Gib uns, was wir heute zum Leben brauchen.

Was sagt die Bibel dazu?
Fragen Sie: „Was versteht ihr unter ‚Herrschaft'?"

Unser Motto heute

Gott und nicht unsere Interessen sollen unser Leben regieren.

Action!

Wo sind die Bonbons?

Legen Sie Bonbons, eine Grillzange, eine große Plastikschüssel und eine Augenbinde zurecht. Setzen Sie sich im Kreis auf den Teppich. Verteilen Sie zehn Bonbons wahllos auf dem Boden. Verbinden Sie einem Kind die Augen und erklären Sie ihm: „Du hast eine halbe Minute Zeit, um so viele Bonbons wie möglich in die Schüssel zu legen, aber du darfst sie nur mit der Grillzange aufheben und musst dabei die andere Hand auf den Rücken legen. Die Bonbons in der Schüssel darfst du anschließend behalten. Und nun los!" Lassen Sie die anderen langsam bis dreißig zählen. Das Kind wird vermutlich nur ein paar Bonbons einsammeln können. Wenn die Zeit um ist, erklären Sie: „Versuch es noch einmal mit Unterstützung. Du bekommst einen Blindenführer, der dir die Richtung sagt." (Ein Kind darf den Blindenführer spielen.) Wiederholen Sie das Spiel, diesmal mit „Blindenführer", wechseln Sie dann die Rollen, damit jeder etwas von den Bonbons bekommt.

Familie im Gespräch

Was können wir tun?

❶ Erklären Sie: „Wenn wir Gott über unser Leben bestimmen lassen, helfen wir mit, dass sich seine Herrschaft weiter ausbreitet. Oft wissen wir zunächst gar nicht, wie wir Gott unser Leben unterstellen sollen. Aber wir wachsen da hinein, indem wir ihm einzelne Bereiche unseres Lebens ausliefern, damit er dort das tun kann, was sein Wille für uns ist.“

❷ Fragen Sie: „Wieso war die Aufgabe vorhin mithilfe des ‚Blindenführers‘ besser zu bewältigen als ohne?“

❸ Fragen Sie: „Hat es mit dem ‚Blindenführer‘ mehr Spaß gemacht?“

❹ Fragen Sie: „Gott ist der, der uns durch das Leben führt. Wir müssen auf ihn hören, selbst wenn es nicht ganz dem entspricht, wie wir es gerne hätten. Doch Gott sieht Dinge, die wir nicht sehen. Könnt ihr mir dafür ein Beispiel geben?“

Variationsmöglichkeiten

▶ Jüngere Kinder

Verteilen Sie die Bonbons nicht zu weit auseinander. Falls Ihre Kinder es nicht schaffen, erlauben Sie ihnen, die zweite Hand zu Hilfe zu nehmen, um die Bonbons zu finden.

▶ Teenies

Mischen Sie einige Ein-Euro- oder Fünfzig-Cent-Stücke unter die Bonbons, bevor Sie Ihrem Teenager die Augen verbinden. So ist der Anreiz größer. Vertiefen Sie außerdem das Gespräch mit der Frage: „Gottes Willen zu tun ist vielleicht nicht immer das, was man als Jugendlicher gern möchte. Fallen euch dazu ein paar Beispiele ein?“ („Zu tun, was meine Eltern verlangen, obwohl ich es blöd finde“, usw.)

Gebet

Hilf mir, Gott, dir zu vertrauen und dir die Herrschaft über mein Leben zu überlassen, besonders in den Situationen, in denen ich lieber mein eigener Boss wäre.

Familienzeit 32

Kann ich dir etwas Gutes tun?

Zum Aufwärmen

Lassen Sie jeden erzählen, wann er schon einmal einem anderen Menschen ein Geschenk gemacht hat und diese Person sich so richtig darüber gefreut hat.

Bibeltext: Apostelgeschichte 20,35

Überhaupt habe ich euch mit meiner Lebensführung gezeigt, dass wir hart arbeiten müssen, um auch den Bedürftigen etwas abgeben zu können. Wir sollen uns immer an das erinnern, was Jesus, der Herr, darüber gesagt hat. Von ihm stammt das Wort: „Auf dem Geben liegt mehr Segen als auf dem Nehmen."

Was sagt die Bibel dazu?

Fragen Sie: „Warum macht es uns glücklich, wenn wir anderen etwas geben?"

Unser Motto heute

Wahre Lebensfreude liegt im Geben.

Action!

Schnäppchenjagd

Bereiten Sie Loszettel mit den Namen aller Familienmitglieder vor. Geben Sie dann jedem einen Euro. Gehen Sie gemeinsam in ein Geschäft, in dem es Schnäppchen für einen Euro gibt. Erklären Sie: „Jeder von uns wird ein kleines Geschenk für ein anderes Familienmitglied besorgen. Einfach so zum Spaß!" (Lassen Sie nun jeden einen Namen ziehen.) „Findet etwas, das genau zu der Person passt, deren Namen ihr gezogen habt – egal, ob nützlich, unsinnig oder einfach nur lustig. Ihr habt eine Viertelstunde Zeit, dann treffen wir uns wieder hier vor dem Geschäft. Einpacken können wir die Geschenke zu Hause. Aber verratet keinem, was ihr besorgt habt!"

Familie im Gespräch

Nachdem Sie wieder zu Hause sind und jeder sein Geschenk bekommen hat:

❶ Fragen Sie: „Hat dir das Einkaufen Spaß gemacht?"
❷ Lesen Sie den Bibeltext noch einmal vor und fragen Sie: „Was bedeutet ‚Segen'? Warum liegt im Geben mehr Segen als im Nehmen (d. h. im Bekommen)?"

❸ Fragen Sie: „Wie ging es dir, als der, den du beschenkt hast, sein Geschenk ausgepackt hat?"

Variationsmöglichkeiten

▶ Jüngere Kinder

Kleinere Kinder sollten von älteren Kindern oder einem Erwachsenen begleitet werden. Wenn Sie mehrere kleine Kinder haben, gehen Sie mit einem Kind nach dem anderen auf Schnäppchenjagd. Helfen Sie Ihren Vorschulkindern bei der Auswahl des Geschenks und beim Einpacken. Aber erinnern Sie sie daran, dass es ein Geheimnis ist.

▶ Teenies

Erweitern Sie den Gesprächsteil mit der Frage: „Welche Geschenke – die man nicht kaufen muss – können wir uns gegenseitig machen?" Bitten Sie Ihre Teenager außerdem, wenn nötig, ein jüngeres Kind beim Einkaufen zu begleiten.

Gebet

Lehre uns, Vater, dass auf dem Geben mehr Segen liegt als auf dem Nehmen. Hilf uns zu erkennen, wie wir dies in unserem täglichen Miteinander umsetzen können.

Familienzeit 33

Teilen beginnt mit dem Loslassen

Worum geht es?

Alles, was wir besitzen, kann kaputtgehen, verloren gehen oder gestohlen werden.

Was benötigen Sie?

Zeichenpapier, Filzstifte oder Wachsmalkreiden, einen Schuhkarton oder einen anderen kleineren Karton, braunes und schwarzes Tonpapier, Kleber, Schnur, Kleinigkeiten aus dem Haus; optional: dünne Streifen Balsaholz

Zum Aufwärmen

Fragen Sie: „Was ist für dich das Kostbarste, was du besitzt? Was ist dir auf der ganzen Welt am liebsten?"

Bibeltext: Matthäus 6,19–21

Sammelt keine Schätze hier auf der Erde! Denn ihr müsst damit rechnen, dass Motten und Rost sie zerfressen oder Einbrecher sie stehlen. Sammelt lieber Schätze bei Gott. Dort werden sie nicht von Motten und Rost zerfressen und können auch

nicht von Einbrechern gestohlen werden. Denn euer Herz wird immer dort sein, wo ihr eure Schätze habt.

Was sagt die Bibel dazu?

Fragen Sie: „Was ist ein Schatz?" (Etwas, das viel Geld wert ist oder uns viel bedeutet, z. B. wegen der Erinnerungen, die wir damit verbinden. An unsere Schätze denken wir immer wieder, weil sie uns wichtig sind.)

Unser Motto heute

Euer Schatz ist das, was euch am Herzen liegt.

Action!

Die Schatztruhe

Basteln Sie eine Schatztruhe, indem Sie einen Karton mit braunem und schwarzem Tonpapier bekleben. (Sie können auch dünne Streifen Balsaholz verwenden.) Füllen Sie die Kiste mit allerhand Schnickschnack, den Sie im Haus haben (Metallgegenstände, Schnur, Armreife usw.). Lassen Sie jedes Kind zwei oder drei Bilder von den Dingen malen, die ihm am liebsten sind (Spielzeug, Kleidungsstücke, Nahrungsmittel usw.), und legen Sie diese Bilder in die Truhe.

Erklären Sie: „Wir müssen unsere Schatztruhe an einem sicheren Ort verstecken. Ihr wartet hier, während ich das erledige. Und spioniert mir bitte nicht heimlich nach, ja?" Verstecken Sie die Truhe an einem Ort, an dem sie nicht leicht zu finden ist, an dem Ihre Kinder sie jedoch entdecken können. Nun sollen die Kinder die Truhe suchen. Wenn Sie genügend Zeit haben, könnten Sie die Suche wiederholen – wer die Truhe findet, darf sie an einem neuen Ort verstecken.

Familie im Gespräch

Was können wir tun?

Fragen Sie:

❶ „Selbst wenn wir unsere Schätze verstecken würden, könnten sie von Rost oder Motten zerfressen werden, oder ein Dieb könnte sie stehlen. Wie würdest du dich fühlen, wenn dir das gestohlen würde, das dir am meisten bedeutet?"

❷ „Wenn wir die meiste Zeit unseres Lebens damit beschäftigt sind, das zu tun, was Gott Freude macht, bleibt uns nicht so viel Zeit, um Schätze zu sammeln, die kaputtgehen, gestohlen werden oder verloren gehen. Gottes Lohn ist mottensicher, absolut rostfrei und kann nicht gestohlen werden. Worüber freut sich Gott denn?"

❸ „Wenn wir immer nur an irgendwelche Dinge denken, die man besitzen kann, ist das ein Zeichen dafür, dass unser Schatz aus Dingen besteht. Aber wenn wir Liebe, Freundlichkeit, Teilen und Dankbarkeit in unserem Leben sichtbar werden lassen, besitzen wir bleibende Schätze. Warum sind diese Dinge so wertvoll?"

Variationsmöglichkeiten

▶ Jüngere Kinder

Diese Einheit ist recht abstrakt, daher sollten Sie die Begriffe auf eine Ebene herunterholen, die Ihre Kinder verstehen können. Erklären Sie z. B.: „Euer Schatz ist das, was euch am liebsten ist. Das kann ein Spielzeug sein, eine Puppe, euer Lieblingskleid, euer Roller oder etwas Ähnliches." Achten Sie darauf, dass Sie für die Truhe kein zu hohes oder schwieriges Versteck auswählen.

▶ Teenies

Helfen Sie Ihrem Teenager, sich von der allgemeinen Aufregung um materielle Güter frei zu machen. Erweitern Sie das

Gespräch mit der Frage: „Ist euch bewusst, dass alles, was ihr besitzt, anfällig ist für Verfall, Zerstörung oder Diebstahl? Wenn das so ist, wie sollte dann unsere Einstellung zu diesen Dingen sein?" (Nicht zu verkrampft an materiellen Dingen festhalten; wissen, dass alles, was wir haben, letztlich Gott gehört und er es uns nur geliehen hat.)

Gebet

Lieber himmlischer Vater, hilf uns, unseren Blick auf die Dinge zu richten, die zu deiner Herrschaft gehören. Hilf uns, über den Wunsch nach den Dingen, die zu dieser Welt gehören, hinauszuwachsen und uns nach den wahren Schätzen zu sehnen.

Familienzeit 34

Liebe sieht ins Herz – Filmnacht

Worum geht es?

Wahre Liebe achtet nicht nur auf das Äußere.

Was benötigen Sie?

Popcorn oder Knabberzeug, den Film „Shrek 2", alte Zeitschriften und Scheren

Zum Aufwärmen

Schneiden Sie aus Zeitschriften Bilder von ganz unterschiedlichen Menschen aus: starke, gut aussehende, glückliche, traurige, wütende usw.

Zeigen Sie die Bilder nacheinander Ihren Kindern und fragen Sie: „Was denkt ihr über diese Person? Was für ein Mensch ist das wohl? In welcher Stimmung befindet er sich? Wärt ihr gerne mit dieser Person befreundet?"

Bibeltext: 1. Samuel 16,7

Doch der Herr sagte zu Samuel: „Lass dich nicht davon beeindrucken, dass er groß und stattlich ist. Er ist nicht der Er-

133

wählte. Ich urteile anders als die Menschen. Ein Mensch sieht, was in die Augen fällt; ich aber sehe ins Herz."

Was sagt die Bibel dazu?

Fragen Sie: „Was bedeutet es, über einen anderen Menschen zu urteilen?" (Zu entscheiden, ob er gut oder böse ist, indem man lediglich sein Äußeres betrachtet.)

Unser Motto heute

Die Liebe blickt tiefer.

Action!

Shrek 2
Setzen Sie sich mit etwas Popcorn oder Knabberzeug gemeinsam vor den Fernseher und freuen Sie sich auf einen tollen Film für die ganze Familie.

Familie im Gespräch

Was können wir tun?

Fragen Sie:

❶ „Wie hat Shrek gezeigt, dass wahre Liebe nicht nur auf Äußerlichkeiten schaut?"
❷ „Welche Eigenschaften (z. B. Mut, Treue, Humor) haben euch an Shrek gefallen?"
❸ „Wie können wir anderen echte Liebe zeigen?"

Variationsmöglichkeiten

▶ Jüngere Kinder

Zeigen Sie den Film, wenn möglich, an einem Samstag- oder Sonntagnachmittag, damit Ihre Kinder nicht zu spät ins Bett kommen. Falls dies nicht möglich ist, können Sie ihn auf zwei Abende aufteilen.

▶ Teenies

„Shrek" ist erfahrungsgemäß einer der Filme, den sich auch Jugendliche gerne mehrmals anschauen. Erweitern Sie das Gespräch um die Frage: „Welche Themen rund um Liebe und Verliebtsein kamen in diesem Film vor? Was war an der Liebe dieser beiden Figuren so außergewöhnlich?"

Gebet

Vater im Himmel, danke, dass deine Liebe echt ist und über reine Äußerlichkeiten hinwegsieht. Wir preisen dich dafür, dass du uns selbst dann noch liebst, wenn wir gar nicht mehr so liebenswert sind.

Wir loben Gott, weil er für uns sorgt

Worum geht es?

Unser ganzes Leben besteht darin, Gott zu lieben und dankbar zu sein.

Was benötigen Sie?

einen dicken Stift, Papier, Einkaufstüten oder Stoffbeutel, durchsichtige, selbstklebende Folie aus dem Bastelbedarf, Wachsmal- oder Buntstifte, Scheren und Naturmaterialien, die man auf einem Spaziergang sammeln kann (Blätter, kleine Zweige, Blüten usw.)

Zum Aufwärmen

Fragen Sie: „Wofür bist du Gott dankbar?"

Bibeltext: Matthäus 6,32–33

Euer Vater im Himmel weiß, dass ihr all das [Nahrung und Kleidung] *braucht. Sorgt euch zuerst darum, dass ihr euch seiner Herrschaft unterstellt und tut, was er verlangt, dann wird er euch schon mit all dem anderen versorgen.*

Was sagt die Bibel dazu?

Fragen Sie: „Was wird Gott, unser Vater im Himmel, uns geben?" (Alles, was wir zum Leben brauchen. Aber er wird uns nicht alles geben, was wir gerne hätten.)

Unser Motto heute

Wir loben Gott, weil er für uns sorgt.

Familie im Gespräch

Was können wir tun?

Fragen Sie:

➊ „Was gehört zu unseren grundlegenden Bedürfnissen?" (Essen, Kleidung, Geborgenheit in der Familie usw. Schreiben Sie die Stichpunkte auf ein Blatt Papier.)
➋ „Wie antwortet Gott auf diese Grundbedürfnisse?"
➌ „Wenn du dir anschaust, wie schön Gottes Schöpfung ist, wofür bist du dann dankbar?" (Himmel, Bäume, Meer usw. Sammeln Sie die Ideen und schreiben Sie sie auf ein weiteres Blatt.)

Action!

Lobpreisausflug

Gehen Sie raus in die Natur. Nehmen Sie die Liste der Dinge, die Sie zum Leben brauchen, und die Liste der Dinge, für die Sie dankbar sind, mit; außerdem für jeden eine Tragetasche. Fordern Sie Ihre Familie auf, (möglichst flache) Dinge zu sammeln, die daran erinnern sollen, wie schön Gott die Welt geschaffen hat und wie gut er für uns sorgt. Nehmen Sie sich für die Sammelaktion zehn Minuten Zeit, und setzen Sie sich anschließend an einen Picknicktisch oder kehren Sie nach Hause zurück, um „Lobpreis-Tischsets" zu basteln. Verwenden Sie dafür Ihre gesammelten Materialien, und lassen Sie jeden außerdem ein Bild malen, das zeigt, wie gut Gott uns versorgt oder was ihm an Gottes Schöpfung gefällt.

Schneiden Sie anschließend für jedes Set zwei Stücke (jeweils 30 x 45 cm) von der Klebefolie ab. Dekorieren Sie die Naturmaterialien und das Bild auf das eine Stück Folie und decken Sie das „Gesamtkunstwerk" anschließend mit dem zweiten Stück Folie ab. Sie können auch den Bibeltext, das Motto dieser Einheit oder ein anderes Motto („Nimm jeden Augenblick als ein Geschenk Gottes" o. ä.) auf Ihre Lobpreis-Sets schreiben.

Variationsmöglichkeiten

▶ Jüngere Kinder

Helfen Sie Ihren Kindern beim Sammeln der Naturmaterialien. Schneiden Sie die Folienstücke im Voraus zurecht, und helfen Sie den Kindern, die Fundsachen und Bilder auf der klebrigen Folie zu platzieren und sie mit der zweiten Folie abzudecken.

▶ Teenies

Schlagen Sie Ihrem Teenager vor, ihr „Lobpreis-Set" unter ein bestimmtes Thema – z. B. eine bestimmte Eigenschaft Gottes – zu stellen (Gott ist Gnade, Licht, unbeschreiblich groß, treu, usw.) und die Materialien dafür (Naturmaterial, Papiere, Fotos usw.) dementsprechend auszuwählen.

Gebet

Lieber himmlischer Vater, hilf uns, dich in unserem Leben zu erkennen – in unserer Familie, unter unseren Freunden, in der Schule, in unserem Umfeld und in der Schönheit der Natur. Es gibt so vieles, für das wir dich preisen können! Ehre sei deinem Namen!

Familienzeit 36

Was du anfängst, das bring auch zu Ende

Zum Aufwärmen

Fragen Sie: „Stell dir vor, du schläfst eine Nacht in der Garage. Bist du deswegen ein Auto? Oder du schläfst eine Nacht auf einer Feuerwache – bist du dann schon ein Feuerwehrmann? Warum nicht?" (Ein bestimmter Ort oder bestimmte Umstände machen uns noch nicht zu einem anderen Menschen. Wenn wir uns verändern oder eine bestimmte Sache lernen wollen, brauchen wir einen festen Vorsatz, viel Übung und Geduld – beispielsweise wenn es darum geht, Fahrradfahren zu lernen.)

Bibeltext: 2. Korinther 8,11

Bringt das Begonnene jetzt zum guten Ende, damit die Ausführung nicht hinter dem Vorsatz zurückbleibt. Natürlich immer entsprechend dem, was ihr habt!

Was sagt die Bibel dazu?

Ermutigen Sie Ihre Kinder: „Habt ihr schon mal erlebt, dass euch eine Sache zuerst schwergefallen ist, aber dann habt ihr sie doch erfolgreich zu Ende gebracht? Wie war das?"

Unser Motto heute

Erfolge erreicht man nicht zufällig.

Action!

Ein Rummelplatz in der Küche

Beschriften Sie mithilfe kleiner Abschnitte des Abdeckbandes die Mulden einer Muffinbackform mit den Zahlen 1–12. Markieren Sie anschließend mit dem Abdeckband eine Linie auf dem Küchenboden. Geben Sie jedem Kind zehn Zehn-Cent-Stücke. Erklären Sie: „Willkommen auf dem Rummelplatz. Hier gibt es ein tolles Wurfspiel. Werft eure Geldstücke in die Mulden der Muffinform und sammelt möglichst viele Punkte. Die Punktzahl entspricht jeweils der angegebenen Nummer in der Vertiefung. Stellt euch zum Werfen hinter diese Linie. Aber zunächst zeige ich euch, wie es geht."

Werfen Sie alle Geldstücke – ohne genau zu zielen – auf einmal in Richtung Muffinform. Ihre Kinder werden vermutlich lachen. Fragen Sie: „He, warum funktioniert das denn nicht?" (Antwort: „Du musst zielen, nicht einfach drauflos werfen. Du musst ein Geldstück nach dem anderen werfen, nicht alle auf einmal.") Antworten Sie: „Genau. Wenn wir erfolgreich sein wollen, müssen wir das Ziel ins Auge fassen – zunächst ein Ziel und nicht gleich mehrere – und genau zielen."

Lassen Sie nun Ihre Kinder nacheinander werfen und notieren Sie die erreichten Punkte. Erklären Sie abschließend: „Jeder bekommt einen Preis." Schenken Sie jedem einen Muffin oder einen Schokoriegel und geben Sie dem Kind mit der höchsten Punktzahl einen zweiten dazu.

Familie im Gespräch

Was können wir tun?

❶ Erklären und fragen Sie: „„Wie isst man einen Elefanten?' Antwort: ‚Stück für Stück.' Diese Scherzfrage macht deutlich, dass es manchmal wichtig ist, ein großes Vorhaben in kleinere Abschnitte zu unterteilen (z. B. den Urlaub oder eine Party vorbereiten, das Zimmer gründlich aufräumen usw.). Warum erreichen wir eine höhere Punktzahl, wenn wir die Geldstücke nacheinander werfen? Warum kommen wir eher zum Ziel, wenn wir nicht alles gleichzeitig machen wollen?"

❷ Fragen Sie: „Was ist eine Gewohnheit? Ist das etwas Gutes oder etwas Schlechtes?" (Es kann beides sein.) „Reicht es, wenn ihr bloß *sagt,* dass ihr dieses oder jenes erledigen werdet?" (Nein, ihr müsst es dann auch tun.)

Variationsmöglichkeiten

▶ Jüngere Kinder
Verringern Sie den Abstand zwischen Wurflinie und Muffinform auf etwa 90 cm.

▶ Teenies
Vergrößern Sie den Wurfabstand. Wenn Sie Kinder in unterschiedlichem Alter haben, dann ziehen Sie zwei Wurflinien

(für ältere Kinder 1,20–1,50 m; für Jugendliche etwa 1,80 m Abstand).

Erweitern Sie das Gespräch mit der Frage: „Welche Gewohnheiten helfen euch, erfolgreich zu sein?"

Gebet

Herr, hilf uns, die Dinge, die wir als wichtig erkannt haben, zu Ende zu bringen. Hilf uns, dass wir nicht aufgeben, sondern dranbleiben.

Familienzeit 37

Lass die Sorgen los

Worum geht es?

Stress entsteht, wenn man das Gefühl hat, die Dinge nicht mehr unter Kontrolle zu haben. Frieden zu haben bedeutet zu erkennen, dass Gott die Dinge unter Kontrolle hat.

Was benötigen Sie?

zwei kleine Gefrierbeutel mit „Ziploc"; einen Kleiderbügel (am besten eignet sich ein Bügel mit zwei Haken zum Aufhängen von Röcken), Abdeckband, Stifte, ca. 40 Fünfzig-Cent-Münzen

Zum Aufwärmen

Fragen Sie: „Wann hattest du zum letzten Mal Stress oder Sorgen?"

Bibeltexte: Johannes 14,27 und 1. Petrus 5,7

Zum Abschied gebe ich euch den Frieden, meinen Frieden, nicht den Frieden, den die Welt gibt. Erschreckt nicht, habt keine Angst!

Alle eure Sorgen werft auf ihn, denn er sorgt für euch.

Was sagt die Bibel dazu?

Fragen Sie: „Wo finden wir Frieden? Bei wem können wir unsere Sorgen abladen?"

Unser Motto heute

Ich kann ruhig bleiben, weil ich weiß, dass Gott die Dinge unter Kontrolle hat.

Action!

Mit Gott im Gleichgewicht bleiben: Die Anti-Sorgen-Waage

Beschriften Sie einen der Plastikbeutel mit den Worten „Stress und Sorgen", den anderen mit „In Gottes Hand geborgen". Legen Sie danach in jeden Beutel ein Geldstück, und hängen Sie die Beutel so an den Kleiderbügel, dass sie sich die Waage halten. (Falls Sie keinen Bügel mit Haken besitzen, können Sie auch einen gewöhnlichen Bügel nehmen und zur Befestigung der Beutel Wäscheklammern oder Klebeband verwenden.) Hängen Sie den Bügel dann an den Finger eines Freiwilligen.

❶ Fordern Sie Ihre Kinder auf: „Schreibt die Dinge, über die ihr euch Sorgen macht, auf das Abdeckband und klebt das Band dann um ein Geldstück. Das legt ihr anschließend in den Beutel ‚Stress und Sorgen'."

❷ Bitten Sie Ihre Kinder danach: „Schreibt nun etwas auf, das euch daran erinnert, dass Gott alle Dinge in der Hand hat. Klebt das beschriftete Band dann wieder um ein Geldstück und legt es anschließend in den Beutel ‚In Gottes Hand geborgen'."

❸ Lassen Sie nun jedes Kind noch (je drei) weitere Sorgen sowie weitere Zeichen für Gottes Frieden aufschreiben und in die entsprechenden Beutel werfen. Erklären Sie anschließend: „Gottes Frieden wiegt unseren Stress und unsere Sorgen auf, weil dieser Frieden uns klarmacht, dass Gott alles, was uns im Leben zustößt, in der Hand hat."

Familie im Gespräch

Was können wir tun?

Fragen Sie:

❶ „Machen sich alle Menschen Sorgen?" (Ja, auch Erwachsene.)
❷ „Warum ist es so wichtig, dass wir für uns Frieden finden?" (Weil wir ohne Frieden immer mehr in Stress geraten.)
❸ „Warum brauchen wir Frieden für unsere Familie?" (Damit wir gemeinsam zur Ruhe kommen und mit unseren Problemen fertig werden können.)

Variationsmöglichkeiten

▶ Jüngere Kinder
Sie werden Ihren Kindern helfen müssen, ihre Sorgen zu benennen. Geben Sie ihnen außerdem Beispiele für Gottes Frieden (dass Gott liebevoll ist, dass er überall ist usw.). Helfen Sie Ihren Kindern, diese Dinge bildlich darzustellen, oder schreiben Sie die Wörter für sie auf.

▶ Teenies
Wenn Ihre Familie mehr „Sorgenmünzen" als „Friedensmünzen" in den entsprechenden Beutel gelegt hat, kann es sein, dass der Beutel „Stress und Sorgen" vom Bügel fällt und die Waage somit aus dem Gleichgewicht gerät. Kleben Sie den Beutel mit Klebeband wieder fest. Erweitern Sie das Gespräch

mit der Frage: „Wie können wir uns immer wieder bewusst machen, dass Gott die Dinge in seiner Hand hat?" (In Gottes Wort lesen, einen Bibelkreis besuchen, Gott loben und anbeten, Musik hören, die von Gott erzählt, Tagebuch führen, beten, Gemeinschaft mit anderen Christen suchen usw.)

Gebet

Vater im Himmel, hilf uns, deinen Frieden zu erleben – diesen Frieden, der unser Verstehen übersteigt und der unser sorgenvolles Herz beruhigen kann.

Familienzeit 38

Ehrlich miteinander umgehen

Zum Aufwärmen

Fragen Sie: „Damit Beziehungen fest und stark werden, müssen wir ehrlich und wahrhaftig miteinander umgehen. Probleme entstehen, wenn jemand Dinge für wahr hält, die nicht wahr sind. Fallen dir Märchen ein, in denen Menschen Dinge geglaubt haben, die nicht wahr waren? Welche Probleme ergaben sich daraus?" (Beispiele: „Des Kaisers neue Kleider": Der König glaubte, dass er bekleidet war, obwohl er gar nichts anhatte; „Aschenputtel": Aschenputtel glaubte lange, nichts wert zu sein, weil die böse Stiefmutter ihr das immer wieder sagte.)

Bibeltext: Epheser 4,15

Vielmehr stehen wir fest zu der Wahrheit, die Gott uns bekannt gemacht hat, und halten in Liebe zusammen. So wachsen wir in allem zu Christus empor, der unser Haupt ist.

Was sagt die Bibel dazu?

Fragen Sie: „Wir sollen die Wahrheit sagen, weil das richtig ist und zeigt, dass wir den anderen respektieren. Wie würdest du dich fühlen, wenn jemand Lügen über dich erzählen würde?"

Unser Motto heute

Wir wollen uns die Wahrheit in Liebe sagen.

Action!

Das Lügennetz

Erklären Sie, dass Lügen wie ein Spinnennetz wirken: Je mehr man lügt, umso dichter wird das Netz – und umso schlimmer verstrickt man sich darin.

Suchen Sie einen Freiwilligen, der sich auf einen Stuhl setzt. Flüstern Sie ihm zu: „Jetzt hast du die Gelegenheit, einmal die Unwahrheit zu sagen. Wir werden dir Fragen stellen und du sollst bei jeder deiner Antworten lügen."

Lassen Sie nun die anderen einfache Fragen stellen: „Wie alt bist du?" oder: „Wo wohnst du?" usw. Nehmen Sie eine Rolle Schnur und wickeln Sie nach jeder Lügenantwort ein Stück mehr davon um den Freiwilligen und den Stuhl. Schneiden Sie die Schnur erst am Schluss ab. (Achten Sie darauf, dass die Schnur dem Kind nicht die Blutzirkulation abschnürt.)

Wenn der Freiwillige komplett in seinem Netz gefangen ist, erklären Sie den anderen, dass Sie ihn gebeten haben zu lügen und dass wir uns durch die Unwahrheit in einem Netz von Täuschungen verstricken.

Fahren Sie dann mit dem Gesprächsteil fort. (Vergessen Sie nicht, Ihren „Gefangenen" wieder zu befreien!)

Familie im Gespräch

Was können wir tun?

❶ Fragen Sie: „Wie fandet ihr das Spiel mit dem Lügennetz?"

❷ Richten Sie an den freiwilligen „Lügner" die Frage: „Wie hast du dich beim Lügen gefühlt?"

❸ Richten Sie an alle die Frage: „Was würde aus unserer Familie werden, wenn wir wirklich ständig so viele Lügen erzählen würden?"

Variationsmöglichkeiten

▶ Jüngere Kinder

Sie sollten Ihren Kindern vielleicht ein oder zwei Märchen erklären. Möglicherweise erkennen sie den Bezug zwischen Märchen und Wirklichkeit nicht gleich.

▶ Teenies

Vertiefen Sie das Gespräch, indem Sie auf das Thema „Mythen" eingehen und erklären, dass Mythen Überzeugungen sind, die weit verbreitet sind, aber nicht hundertprozentig zutreffen. Sie *erscheinen* wahr, sind es aber nicht. Sie sind eine weitverbreitete Form der Täuschung. Fragen Sie: „Was kann uns von Mythen und Täuschungen frei machen?" (Die Wahrheit.) Fragen Sie Ihre Teenager nach Dingen, die vollkommen wahr sind. Bei jeder Sache, die genannt wird, schneiden Sie ein Stück von der Schnur des „Lügennetzes" um Ihren Freiwilligen ab. Erklären Sie: „Die Wahrheit macht frei."

Gebet

Danke, Gott, dass du der wahre Gott bist und dass an dir nichts Falsches ist. Wir können dir vertrauen, weil du die Wahrheit bist. Durch deine Wahrheit sind wir frei.

Familienzeit 39

Eine positive Lebenseinstellung

Worum geht es?

Im Danken liegt Kraft.

Was benötigen Sie?

leere Dosen, Tonpapier in zwei Farben, dicke Filzstifte, Scheren, Geschenkpapier und Klebeband (Achtung: Entfernen Sie die Deckel vollständig von den Dosen, und achten Sie darauf, dass keine scharfen Kanten zurückbleiben!)

Zum Aufwärmen

Fragen Sie: „Warum bekommen wir durch eine positive Einstellung zum Leben Kraft? Warum führt ständige schlechte Laune dazu, dass wir uns irgendwann völlig ausgepowert fühlen?"

Bibeltexte: Sprüche 17,22 und Philipper 4,13

Fröhlichkeit ist gut für die Gesundheit, Mutlosigkeit raubt einem die letzte Kraft.

Alles kann ich durch Christus, der mir Kraft und Stärke gibt.
(Hfa)

Was sagt die Bibel dazu?
Fragen Sie: „Warum ist Fröhlichkeit gut für die Gesundheit?"
(Weil wir uns durch Lachen und Fröhlichkeit besser fühlen.)

Unser Motto heute

Eine positive Einstellung macht uns fröhlicher und mutiger.

Familie im Gespräch

Fragen Sie:

❶ „Wann hat dich das letzte Mal jemand aufgemuntert, sodass du dich danach besser gefühlt hast?"
❷ „Was passiert, wenn jemand ständig schlechte Laune hat?"
(Die schlechte Laune überträgt sich auf andere.)
❸ „Wo könntest du in der kommenden Woche eine Extrapor-
tion Kraft gebrauchen?"

Action!

Die Mutmach-Dose
Sie brauchen nun die leeren Obst- oder Gemüsedosen (im
Idealfall eine pro Person) sowie die anderen Materialien.
  Erklären Sie: „Wir werden heute etwas basteln, um uns
an Dinge zu erinnern, für die wir dankbar sind – Dinge, die
wir bereits haben. Nehmt euch ein Blatt von dem (gelb- oder
beigefarbenen), Tonpapier und schneidet die Dinge, für die ihr
dankbar seid, aus oder malt sie auf ein kleines Stück Tonpa-

pier. Steckt diese Dinge anschließend in eure Dose. Aus dem andersfarbigen Tonpapier schneidet ihr dann zwei oder drei Dinge aus, die symbolisieren sollen, bei welchen Tätigkeiten ihr in nächster Zeit viel Kraft braucht (Hausaufgaben, Arbeit, Prüfung, Sport usw.). Ihr könnt sie aber auch aufmalen, wenn ihr möchtet. Schreibt auf die Rückseite dieser Tonpapierkärtchen die Bibelworte für heute und werft sie anschließend ebenfalls in eure Dose.

Ihr könnt die Dose dann außen mit Geschenkpapier verzieren und als ‚Mutmach-Dose' z. B. auf euren Schreibtisch stellen."

Variationsmöglichkeiten

▶ Jüngere Kinder

Helfen Sie Ihren Kindern bei der Ideenfindung – und dabei, die entsprechenden Dinge auszuschneiden oder zu malen. Helfen Sie ihnen auch, die Bereiche in ihrem Leben zu entdecken, in denen sie Kraft brauchen könnten: z. B. Dreiradfahren, ohne Angst Schwimmen zu lernen, beim Turnen im Kindergarten mutig zu sein usw.

▶ Teenies

Vertiefen Sie das Gespräch mit der Frage: „Die ‚Mutmach-Dose' soll uns immer wieder an die Dinge erinnern, für die wir dankbar sind, und an die Bereiche, in denen wir Gottes Kraft besonders brauchen. Fallen euch noch andere Möglichkeiten ein, die uns davor schützen können, miesepetrig und mutlos durch die Gegend zu laufen?"

Suchen Sie gemeinsam nach Ideen, wie Sie die Mutmach-Dosen in Ihren Familienalltag „einbauen" können.

Gebet

Danke, großer Gott, dass wir durch dich alles erreichen können. Wir wollen auch anderen Mut machen, in dir stark zu
sein.

Familienzeit 40

Eine Familie von Helden – Filmnacht

Zum Aufwärmen

Fragen Sie: „Was können wir nur gemeinsam und nicht im Alleingang erreichen?"

Bibeltext: Josua 1,7

Halte dich mutig und entschlossen an das, was mein Diener Mose gesagt hat! Befolge mein Gesetz, das er dir übergeben hat, und lass nicht das Geringste davon außer Acht; dann wird dir alles gelingen, was du unternimmst.

Was sagt die Bibel dazu?

Fragen Sie: „Was hältst du von dem Versprechen ‚Dann wird dir alles gelingen, was du unternimmst'?"

Unser Motto heute

Die Hoffnung lässt uns zu Helden werden – auch in der Familie.

Action!

Die Unglaublichen
Setzen Sie sich mit Popcorn oder Knabberzeug vor den Fernseher und genießen Sie den Film. Lassen Sie sich anschließend noch genügend Zeit für das Gespräch.

Familie im Gespräch

Fragen Sie:

❶ „Inwieweit ist die Familie Parr anders als unsere Familie?" (Sie besitzt übernatürliche Kräfte.)
❷ „Violet und Dash wollten zu Anfang ein ganz normales Leben führen und möglichst wenig auffallen, doch gegen Ende des Films, bei ihrer Fahrt in der Limousine, sagt Dash: ‚Ich liebe unsere Familie.' Was hat ihre Einstellung verändert?" (Sie haben entdeckt, wie sie ihre Kräfte zum Guten einsetzen können und welchen Auftrag ihre Familie hat. Sie haben Zusammenhalt erlebt.)

Was können wir tun?
Fragen Sie:

❸ „Wie könnten wir den Auftrag, den *unsere* Familie besitzt, beschreiben?"

Variationsmöglichkeiten

▶ Jüngere Kinder

Schauen Sie sich den Film früh genug am Tag an, damit Ihre Kinder nicht einschlafen, oder teilen Sie ihn auf zwei Tage auf. Wenn Sie eine illustrierte Kinderbibel besitzen, zeigen Sie Ihren Kindern daraus Illustrationen zu Geschichten aus dem Alten Testament, in denen das Volk Gottes besonders stark und mutig sein musste (z. B. David und Goliat, Daniel in der Löwengrube usw.).

▶ Teenies

Falls Ihre Teenager nicht den ganzen Film anschauen möchten, suchen Sie eine etwa zehnminütige Passage heraus, die Sie gemeinsam anschauen. Erweitern Sie das Gespräch mit der Frage: „In welchen Situationen müssen Jugendliche besonders stark sein?" (Stellen Sie den Bezug zum Bibeltext her.) „Wie können Jugendliche zeigen, dass sie Mut besitzen?"

Gebet

Danke, Gott, für unsere Familie. Danke, dass wir zusammenhalten und dem Bösen widerstehen und uns für das Gute einsetzen können, so wie die Familie in dem Film. Hilf uns zusammenzuhalten, selbst dann, wenn um uns herum die ganze Welt auseinanderzubrechen scheint.

Werte: Was uns als Familie wichtig ist

Worum geht es?

In den wichtigen Fragen müssen wir eindeutig und konsequent sein.

Was benötigen Sie?

Papier, Stift, Tonpapier, Fotokarton, dicke Filzstifte, Scheren, Klebeband und Kleber; alternativ: Leder und Stoffreste, Holz oder Ton

Zum Aufwärmen

Fragen Sie: „Welche Regel ist in unserer Familie besonders wichtig? Warum ist das so? Was würde passieren, wenn wir diese Regel nur montags, mittwochs und freitags befolgen würden?"

Bibeltext: Psalm 78,5–7

Er hat mit Israel einen Bund geschlossen, den Nachkommen Jakobs seine Weisungen gegeben. Er hat unseren Vorfahren befohlen, ihren Kindern davon zu erzählen, damit auch die

folgende Generation es erfährt, die Kinder, die noch geboren werden. Und wenn sie selbst Eltern geworden sind, sollen sie es weitergeben an ihre Kinder. Sie sollen auf Gott vertrauen, seine Taten nie vergessen und seine Gebote treu befolgen.

Was sagt die Bibel dazu?
Fragen Sie: „Was willst du, wenn du einmal groß bist, deinen Enkelkindern beibringen?"

Unser Motto heute

Wir wollen uns an die guten Regeln Gottes halten.

Familie im Gespräch

❶ Gehen Sie gemeinsam der Frage nach: „Welche Dinge und welche Werte werden in unserer Familie von Generation zu Generation weitergegeben? Was habt ihr von euren Großeltern und euren Eltern gelernt?" (Z. B. dass harte Arbeit viel wert ist; das Rezept für das selbstgemachte Pfirsicheis usw.)

❷ Sammeln Sie Ideen: „Was ist uns als Familie wichtig?" (Gott, ehrlich miteinander umzugehen, einander zu helfen, unsere Familienzeit usw.) Schreiben Sie die Gedanken auf ein Blatt Papier.

❸ Schauen Sie sich noch einmal die Bibelstelle an und fragen Sie: „Was soll hier von einer Generation an die nächste weitergegeben werden?" (Die Berichte über das, was Gott getan hat, und seine Gebote.)

Action!

Unser Familienwappen

Entwerfen Sie Ihr ganz persönliches Familienwappen. Nehmen Sie Ihre Werte-Liste, und versuchen Sie, die Dinge, die Ihnen als Familie wichtig sind, symbolisch auf dem Wappen darzustellen. Unterteilen Sie dazu das Wappen in vier Felder. Falls Sie genügend Zeit haben, können Sie auch ein persönliches Leitmotto – den Auftrag, den Ihre Familie von Gott bekommen hat – formulieren. Diesen „Missionsauftrag" könnten Sie auch auf Ihr Wappen schreiben. Hängen Sie Ihr fertiges Familienwappen anschließend an einen gut sichtbaren Ort.

Alternativ zu Tonpapier und Fotokarton können Sie das Wappen auch aus Leder und Stoffresten gestalten, aus Holz basteln oder aus Ton modellieren.

Variationsmöglichkeiten

▶ Jüngere Kinder

Beschränken Sie sich bei Ihrem Gespräch auf die Frage: „Was machst du mit Papa oder Mama am liebsten?" (Wenn möglich, bauen Sie die genannten Dinge in Ihre Familienzeit ein oder planen Sie im Anschluss an die Andacht Zeit dafür ein.) Machen Sie deutlich, dass wir uns für die Dinge, die uns am wichtigsten sind, Zeit nehmen müssen.

▶ Teenies

Lassen Sie Ihre Teenager den „Missionsauftrag" Ihrer Familie formulieren. Sorgen Sie dafür, dass er kurz und präzise formuliert, zeitlos gültig und sehr einprägsam ist. Fragen Sie während des Gesprächs auch: „Wie könnt ihr aus den Geschichten der Bibel Hoffnung schöpfen?"

Gebet

Wir danken dir, Gott, dass du uns als Familie den Auftrag gegeben hast ... [nennen Sie an dieser Stelle Ihren persönlichen
Auftrag und das, was Ihnen wichtig ist]. Durch deine Gnade
und Kraft werden wir die Familie sein, die du dir wünschst.

Familienzeit 42

Mut tut gut

Worum geht es?

Seid nicht ängstlich, sondern mutig.

Was benötigen Sie?

eventuell: eine DVD über eine Extremsportart, für die man Mut braucht (Klettern, Skateboardfahren, Motorsport, Paragliding oder Wellenreiten)

Zum Aufwärmen

Fragen Sie: „Welche Extremsportart, für die man Mut braucht, würdest du gerne einmal ausprobieren?"

Bibeltext: 2. Timotheus 1,7

Denn Gott hat uns nicht einen Geist der Feigheit gegeben, sondern den Geist der Kraft und der Liebe und der Besonnenheit.

Was sagt die Bibel dazu?

Fragen Sie: „In welcher Situation, in der du dich gefürchtet hast, hat Gott dir Mut geschenkt?"

163

Action!

Extremsport

Suchen Sie einen geeigneten Film aus, in dem es um eine Extremsportart geht, z. B. „Feuer und Eis" oder „Movie Night of Extreme Sports". Tipp: Unter www.funsporting.de kann man Filme über verschiedene Extremsportarten gratis herunterladen.

Familie im Gespräch

Fragen Sie:

❶ „Was ist Mut?"
❷ „Wie haben die Leute in dem Film ihren Mut gezeigt?"

Was können wir tun?

❸ „Wie hilft Gott uns, wenn wir Angst haben und Mut brauchen?"

Unser Motto heute

Mit Gott an der Seite brauche ich keine Angst zu haben.

Variationsmöglichkeiten

▶ Jüngere Kinder

Schauen Sie keinen ganzen Film an, sondern nur einige Action-Szenen.

▶ Teenies

Wählen Sie eine DVD, die Teenager gefällt, z. B. den actionreichen Film „Extreme Days" über eine Reise von vier Jungen und einem Mädchen, die nach Mexiko zum Surfen, nach

Mammoth zum Snowboarden und nach Pismo Dunes zum Motocross fahren.

Statt sich ein Video anzuschauen, können Sie auch Achterbahn fahren gehen, einen Ausflug in einen Kletterpark machen oder sich in einer Turn- oder Kletterhalle an einer Kletterwand versuchen (eine gute Übersicht gibt es unter www.kletterwaende.de.). Passen Sie die Gesprächsfragen Ihrer „Action!" entsprechend an.

Gebet

Gewaltiger Gott, du hältst dieses Universum in deinen Händen. Nichts geschieht, von dem du nichts wüsstest. Hilf uns, dass wir unser Vertrauen in dich setzen und nie den Mut verlieren.

Teil 2

Besondere Anlässe

Zum Schuljahresbeginn

Worum geht es?

Lernen und Spaß gehören zusammen.

Was benötigen Sie?

Zeit für einen Museumsbesuch, alternativ eine interessante Wissens-DVD

Zum Aufwärmen

Fragen Sie: „Was tut ein Menschen, der klug ist?" (Er hört nicht auf zu lernen; er ist bereit, etwas dazuzulernen.)

Fragen Sie: „Nehmen wir einmal an, wir sind mit dem Auto unterwegs und haben uns verfahren. Was sollten wir dann tun?" (Jemanden, der sich in der Gegend auskennt, nach dem Weg fragen.)

Bibeltexte: Hiob 36,22 und Sprüche 10,17

Besinne dich auf Gottes große Macht! Er ist der beste Lehrer, den wir kennen.

Wenn du dich willig ermahnen lässt, gehst du den Weg zum Leben; wenn du keine Warnung hören willst, gehst du in die Irre.

Was sagt die Bibel dazu?

Fragen Sie: „Warum ist Gott deiner Meinung nach der beste Lehrer? Was will er uns beibringen? Was bedeutet der ‚Weg zum Leben‘?"

Action!

Ein Besuch im Museum

Lernen kann Spaß machen – und genau darum geht es heute. Bereiten Sie Ihre Kinder auf das neue Schuljahr vor, indem Sie sich gemeinsam von dem faszinieren lassen, was andere entdeckt, erfunden oder geschaffen haben (Gemälde, Autos, Musik, Technik usw.). Dieser Ausflug wird mehr als die üblichen 30 Minuten in Anspruch nehmen, aber er ist eine willkommene Verschnaufpause in all den Vorbereitungen zum Schuljahresbeginn – und er verdeutlicht Ihren Kindern den eigentlichen Sinn von Schule: das Lernen.

Wenn es in der Nähe Ihres Wohnortes kein Museum gibt, könnten Sie sich stattdessen eine interessante Wissens-DVD anschauen. Passen Sie die Gesprächsfragen entsprechend an.

Familie im Gespräch

Sie könnten etwas zu essen und zu trinken einpacken. In manchen Museen gibt es Bereiche, in denen man etwas essen darf. Während der Essenspause oder nach dem Museumsbesuch fragen Sie:

❶ „Was hat dich am meisten beeindruckt?"

❷ „An welchem Ausstellungsstück konnte man besonders gut erkennen, dass der, der es gemacht hat, viel Arbeit und Mühe hineingesteckt hat?"

Was können wir tun?

❸ Fragen Sie: „Wie können wir es schaffen, immer wieder Neues dazuzulernen?" (Indem wir den Gottesdienst besuchen, in der Bibel lesen, andere Bücher lesen, Neues ausprobieren, Erfahrungen austauschen usw.)

Unser Motto heute

Wer klug ist, hört nie auf zu lernen.

Variationsmöglichkeiten

▶ Jüngere Kinder

Bleiben Sie nicht zu lange im Museum (etwa eine Stunde), und wählen Sie ein Museum aus, in dem Kinder viel selbst machen, erleben oder anfassen können. Versuchen Sie es mit einer Ausstellung speziell für Kinder.

▶ Teenies

Schlagen Sie drei oder mehr Museen vor, und lassen Sie Ihre Teenager entscheiden, wohin die Familie geht. Vielleicht ist die Wahl auf ein Oldtimer-Museum oder ein Museum über Mode gefallen – aber auch wenn es Sie persönlich nicht so brennend interessiert: Gehen Sie trotzdem mit! Erweitern Sie das Gespräch mit der Frage: „Warum macht es Freude, etwas Neues zu entdecken, auszuprobieren oder zu erschaffen?"

Gebet

Unser Gott und Schöpfer, wir danken dir, dass du uns diese wunderbare Welt geschenkt hast, damit wir uns daran freuen können. Der blaue Himmel, die funkelnden Sterne, die gewaltigen Ozeane sind Zeichen deiner Schöpferkunst. Lass uns unsere Dankbarkeit dir gegenüber ausdrücken, indem wir uns immer wieder neu vom Lernen begeistern lassen.

Erntedank

Worum geht es?

Wir danken Gott, denn er ist gut.

Was benötigen Sie?

für jedes Familienmitglied eine Kopie des untenstehenden Bibeltextes, ein Vierkantholz von 100 cm Länge und ca. 2 cm Durchmesser, Tonpapier, einen Schlüsselring, Schere, Schnur, dicke Filzstifte, Klebeband oder Kleber, einen Bohrer (2-3 mm Durchmesser)

Zum Aufwärmen

Fragen Sie: „Wir können uns heute, zum Erntedankfest, vieles in Erinnerung rufen, für das wir dankbar sein können. Was fällt euch ganz spontan ein?"

Bibeltext: Psalm 136,1–5.25

Lesen Sie die Psalmverse im Wechsel, das heißt, einer liest die nicht eingerückten, alle anderen jeweils die eingerückten Zeilen.

Dankt dem Herrn, denn er ist gut zu uns!
  Seine Liebe hört niemals auf!
Dankt ihm, dem allerhöchsten Gott!
  Seine Liebe hört niemals auf!
Dankt ihm, dem mächtigsten aller Herren!
  Seine Liebe hört niemals auf!
Er allein tut große Wunder.
  Seine Liebe hört niemals auf!
Kunstvoll hat er den Himmel gewölbt.
  Seine Liebe hört niemals auf!
Allen Geschöpfen gibt er zu essen.
  Seine Liebe hört niemals auf!

Was sagt die Bibel dazu?

Fragen Sie: „Warum sollen wir Gott danken?"

Action!

Dank am laufenden Meter

Vorbereitung: Bohren Sie in beide Enden des Vierkantholzes (jeweils ca. 3 cm vom Ende entfernt) ein Loch. Fädeln Sie eine Schnur von ca. 1,80 m Länge durch das eine Loch und befestigen Sie das Fadenende mit einem Knoten. Fädeln Sie nun das andere Ende erst durch einen Schlüsselring (dient später zum Aufhängen) und anschließend durch das Loch am anderen Ende des Holzes. Befestigen Sie auch dieses Fadenende mit einem Knoten. Zeichnen Sie nun an der vorderen Kante des Vierkantholzes jeweils in Abständen von jeweils 3 Zentimetern kleine Striche. Nun haben Sie das Grundgerüst für Ihr Mobile.

Erklären Sie: „Wir werden jetzt ein ‚Dank-Mobile' bauen, das uns daran erinnern soll, dass Gottes Liebe niemals aufhört. Auf dem Holz sind 33 Striche aufgezeichnet. Wir können uns jetzt 33 Dinge einfallen lassen, für die wir dankbar sind. Wir sind in unserer Familie ... Personen, also kann jeder ... [33 geteilt durch die Zahl der Personen] Anhänger für unser Mobile basteln. Benutzt dafür das Tonpapier und malt oder schreibt darauf, wofür ihr dankbar seid. Die Anhänger befestigen wir dann mit einem Faden jeweils an einer der Markierungen."

Alternativ: Die Markierungen auf dem Holz können auch als eine Art „Zeitleiste" dienen. Die ersten Striche sind dann für die Eltern reserviert, an denen sie ihre Dankesanhänger befestigen können: Zeit des Kennenlernens, Hochzeit, erstes Kind usw. Danach sind die Kinder mit ihrem Dank an der Reihe.

Familie im Gespräch

Was können wir tun?

❶ Fangen Sie beim ersten Anhänger an und fragen Sie, was der Betreffende dargestellt hat und warum ihm dieser Dank wichtig ist.

❷ Nachdem Sie über alle Anhänger gesprochen haben, erklären Sie: „Ganz offensichtlich gibt es in unserer Familie viele Dinge, für die wir dankbar sein können – in Vergangenheit, Gegenwart und Zukunft." Suchen Sie gemeinsam eine geeignete Stelle zum Aufhängen des Mobiles.

Unser Motto heute

Gottes Liebe hört niemals auf!

Variationsmöglichkeiten

▶ Jüngere Kinder

Helfen Sie Ihren Kindern beim Ausschneiden und Kleben. Fragen Sie sie, wofür sie dankbar sind, und helfen Sie ihnen, diese Dinge bildlich darzustellen.

▶ Teenies

Peppen Sie die Materialien auf, indem Sie Rahmen, Fotos und Ausschnitte aus Zeitschriften, Zackenscheren und Muster-schablonen bereitlegen.

Gebet

Wir danken dir, Vater, für deine Güte, die an unserem Mobile sichtbar wird. Hilf uns, nie zu vergessen, dass deine Liebe und Treue niemals aufhören.

Adventszeit

Worum geht es?

Bereiten Sie sich als Familie auf ein Weihnachtsfest vor, bei dem Jesus im Mittelpunkt steht.

Was benötigen Sie?

einen großen Korb oder Pappkarton, Papier und Stift

Zum Aufwärmen

Setzen Sie sich Anfang Dezember zusammen und erklären Sie Ihren Kindern: „Wir wollen dieses Jahr an Weihnachten unseren Blick ganz auf Jesus richten. Eine gute Übung dafür ist, uns einmal zu fragen, wie wir anderen helfen können – wie wir *geben* können, anstatt nur zu *nehmen*. Keine Sorge, es wird trotzdem noch Geschenke geben. Wir wollen nur lernen, dass der Weihnachtsrummel nicht alles ist. Jesus an die erste Stelle zu setzen und andere wichtiger zu nehmen als uns selbst – wie kann das praktisch aussehen?" (Schreiben Sie die genannten Vorschläge auf.)

Erklären Sie: „Wenn wir andere wichtig nehmen, machen wir ihnen damit ein großes Geschenk."

Bibeltext: Apostelgeschichte 20,35

Überhaupt habe ich euch mit meiner Lebensführung gezeigt, dass wir hart arbeiten müssen, um auch den Bedürftigen etwas abgeben zu können. Wir sollen uns immer an das erinnern, was Jesus, der Herr, darüber gesagt hat. Von ihm stammt das Wort: „Auf dem Geben liegt mehr Segen als auf dem Nehmen."

Was sagt die Bibel dazu?

Fragen Sie: „Alle Weihnachtsgeschenke sollen uns daran erinnern, dass Christus uns zuerst beschenkt hat, indem er als Mensch in diese Welt kam. Welche weihnachtliche Dekoration erinnert dich am stärksten an Jesu Geburt?" (Die Krippe, Engel, Sterne usw.)

Action!

Der Weihnachtskorb

Diese Einheit hat Einfluss auf die Lebensmitteleinkäufe Ihrer Familie. Legen Sie im Dezember einmal pro Woche einen Suppentag ein. Essen Sie statt eines teuren Essens eine einfache Suppe. Mit dem Geld, das Sie auf diese Weise einsparen, kaufen Sie Lebensmittel, die Sie in Ihren Weihnachtskorb legen. Stellen Sie den Korb an einen gut sichtbaren Platz und füllen Sie ihn mit Dosen, Süßigkeiten, haltbaren Backwaren, einer Flasche Wein und „festlichen" Nahrungsmitteln. Dekorieren Sie den Korb mit Servietten, Schleifen usw. Wenn die Festtage näher rücken, beten Sie gemeinsam darum, welcher Familie in Not Sie Ihren Weihnachtskorb schenken könnten. Je nachdem, in welcher Beziehung Sie zu dieser Familie stehen, können Sie der Familie einen Besuch abstatten oder den Korb einfach als Überraschung vor die Wohnungstür stellen.

Familie im Gespräch

Was können wir tun?

Kommen Sie bei jedem Suppenessen in der Adventszeit auf Ihren Korb zu sprechen. Fragen Sie: „Wie geht es euch bei der Vorstellung, dass ihr heute ein besseres Essen gegen eine einfache Suppe eingetauscht habt? Der Korb wird immer voller, je näher Weihnachten rückt. Wie fühlt ihr euch dabei? Haben eure Freunde den Korb schon entdeckt? Was sagen sie dazu?"

Unser Motto heute

Auf dem Geben liegt mehr Segen als auf dem Nehmen.

Variationsmöglichkeiten

▶ Jüngere Kinder

Lassen Sie Ihre Kinder beim Füllen und Dekorieren des Korbs helfen, und erklären Sie ihnen, dass Gott uns gebraucht, um anderen zu helfen. Sie könnten sich überlegen, ob Sie in Ihren Weihnachtskorb auch eine Musik-CD oder eine DVD für die ganze Familie legen. Fragen Sie in diesem Fall: „Was werden die Kinder wohl sagen, wenn sie den Film (die CD) in unserem Korb entdecken?"

▶ Teenies

Überlegen Sie sich, wie Sie sich als Familie Ihre Zeit so einteilen können, dass Sie nicht in Hektik geraten. Erinnern Sie immer wieder daran: „Wir wollen an diesem Weihnachtsfest Jesus in den Mittelpunkt stellen und uns außerdem Zeit füreinander nehmen. Was wäre eurer Meinung nach an einem solchen Weihnachtsfest am wichtigsten?" Sammeln Sie die Ideen und planen Sie Ihr Weihnachtsfest so, dass die genannten Dinge im Festtagstrubel nicht untergehen. Sprechen Sie im

Anschluss an Ihre nächste Familienzeit über die weitere Planung und Umsetzung. Vielleicht wollen Ihre Teenager ja dieses Weihnachten keine Weihnachtslieder mehr singen, sondern stattdessen in einer Suppenküche helfen?

Gebet

Himmlischer Vater, du hast uns deinen Sohn gegeben. Wir feiern bald Weihnachten und danken dir, dass du uns genau das richtige Geschenk bereitet hast – das ewige Leben mit dir.

Advents- und Weihnachtszeit

> Tipp: Die Vorschläge in dieser Familienzeit sind für die Tage kurz vor Weihnachten sowie für Heiligabend gedacht.
>
> *Worum geht es?*
>
> Weihnachten bedeutet: Gott wollte uns nahe sein, darum sandte er uns sein Kostbarstes – seinen Sohn Jesus.
>
> *Was benötigen Sie?*
>
> eine Kerze, Streichhölzer, einen Schuhkarton, Geschenkpapier, Geschenkband, Weihnachtskarten von Freunden und Angehörigen; optional: Geburtstagstorte und Kerzen

Zum Aufwärmen

Erklären Sie: „An Weihnachten geht es auch darum, mit den Menschen, die uns wichtig sind, Gemeinschaft zu haben. Aber wir können nicht bei allen sein, die wir lieb haben, deshalb verschicken wir Weihnachtsgrüße. Damit zeigen wir dem anderen, dass er uns etwas bedeutet. Gottes Weihnachtsgruß an uns ist Jesus. Könnt ihr euch vorstellen, was Gott uns auf seine ‚Weihnachtskarte' geschrieben hat?" (Mögliche Antworten:

„Ich habe dich lieb", „Ich will dir nahe sein", „Ich möchte dein Leben hell machen" usw.)

Bibeltext: Johannes 8,12

Jesus sprach weiter zu den Leuten: „Ich bin das Licht für die Welt. Wer mir folgt, tappt nicht mehr im Dunkeln, sondern hat das Licht und mit ihm das Leben."

Action!

Gebetsbox

Gestalten Sie eine Weihnachtspost-Gebetsbox (siehe Variationsmöglichkeiten für jüngere Kinder) und stellen Sie diese auf Ihren Esstisch. Stecken Sie alle Weihnachtskarten, die Sie im Dezember bekommen, hochkant in die Gebetsbox. Wenn Sie vor dem Essen beten, nehmen Sie eine Karte aus der Box und beten für die Familie, von der Sie die Karte bekommen haben. Denken Sie in Ihrem Gebet auch an das, was Ihnen auf der Weihnachtskarte mitgeteilt wurde, z. B.: „Danke, Herr, für die Familie Meier. Wir bitten dich für ihren Papa, der gerade erst aus dem Krankenhaus entlassen wurde. Mach ihn gesund und schenke ihnen allen ein fröhliches Weihnachtsfest. Hab Dank für dieses Essen. Amen."

Abwandlungsmöglichkeit: Sie können auch selbst „Gebetskarten" basteln – auf denen die Namen Ihrer Angehörigen, Ihrer Freunde und der Freunde Ihrer Kinder stehen und Fotos von Ihren Lieben aufgeklebt sind.

Familie im Gespräch

Was können wir tun?

❶ Nachdem Sie für die Familie, deren Karte Sie aus der Box genommen haben, gebetet haben, fragen Sie: „Was wisst ihr über die Familie? Erinnert ihr euch noch daran, wann wir sie das letzte Mal gesehen haben?"

❷ Feiern Sie an Heiligabend, dass Jesus gekommen ist, indem Sie den folgenden Text – Ihre „Festtagsliturgie" – gemeinsam lesen:

Eltern: Jesus ist gekommen! Er ist unser Retter, der gute Hirte, der uns Frieden bringt, Gottes Liebesgeschenk: das Baby, über das sich die ganze Welt freuen darf.

Kind (zündet die Kerze an): Warum zünden wir heute Abend diese Kerze an?

Eltern: Weil Jesus das Licht der Welt ist und Licht und Freude in die Dunkelheit bringt.

Kind: Was ist so besonders an Jesus?

Eltern: Er ist der König der Könige und der Herr aller Herren in Ewigkeit.

Kind: Jesus ist der Herr!

Eltern: Wir müssen nicht länger im Dunkeln umhertappen. Jesus weist uns den Weg, denn:

Alle: Jesus ist das Licht der Welt! Herzlichen Glückwunsch zum Geburtstag, Jesus!

❸ Sprechen Sie zum Abschluss Ihrer *Heiligabend-Familienzeit* über Geburtstage und andere festliche Gelegenheiten, bei denen man Kerzen anzündet.

Alternativ als Vorbereitung einer Heiligabend-Familienzeit: Backen Sie Jesus einen Geburtstagskuchen, verzieren Sie ihn mit Kerzen und servieren Sie ihn zum Abschluss der Familienzeit.

Unser Motto heute

Jesus ist das Licht der Welt.

Variationsmöglichkeiten

▶ Jüngere Kinder
Lassen Sie Ihr jüngstes Kind die Schuhkarton-Gebetsbox mit Geschenkpapier bekleben oder bemalen. Beim Schneiden und Kleben müssen Sie vielleicht ein wenig helfen, aber lassen Sie Ihr Kind so viel wie möglich selbst machen. Schneiden Sie entweder einen Schlitz in den Deckel oder nehmen Sie den Deckel ganz ab.

▶ Teenies
Fragen Sie: „Wie sieht das aus, wenn Menschen, die ohne Gott leben, im Dunkeln tappen? Auf welche Weise können wir ein Licht für sie sein?"

Gebet

Himmlischer Vater, danke, dass du deinen Sohn Jesus für uns zum Opfer gesandt hast. Wir wissen, dass du das aus Liebe zu uns getan hast. Du möchtest, dass wir mit dir leben. Hilf uns an diesem Weihnachtsfest, dich mehr und mehr kennen- und lieben zu lernen.

Silvester

Worum geht es?

Gott sorgt für uns. Er schenkt uns ein neues Jahr, und wir wollen ihm für alles danken, was er im vergangenen Jahr für uns getan hat.

Was benötigen Sie?

Zutaten für ein festliches Essen, Kerzen, Apfelsaftschorle, Sektkelche aus Plastik, Goldband, silberne Siegelaufkleber, Papier in Pergamentoptik

Zum Aufwärmen

Genießen Sie ein gemeinsames Essen bei Kerzenschein. Lesen Sie während des Essens den Bibeltext vor und fragen Sie: „Wo haben wir im vergangenen Jahr Gottes Handeln erlebt? Wir wollen diesen Segen nicht vergessen. Was können wir tun, damit wir immer wieder daran erinnert werden?"

Bibeltext: 5. Mose 8,10–14

Wenn ihr euch dann satt essen könnt, sollt ihr dem Herrn, eurem Gott, aus vollem Herzen danken für das gute Land, das er euch gegeben hat. Vergesst nicht den Herrn, euren Gott! Missachtet nicht seine Weisungen, Gebote und Rechtsbestimmungen, die ich euch heute verkünde! Werdet nicht übermütig, wenn es euch gut geht, wenn ihr reichlich zu essen habt und in schönen Häusern wohnt, wenn eure Viehherden wachsen, euer Gold und Silber und all euer Besitz sich vermehrt. Vergesst dann nicht den Herrn, euren Gott!

Action!

Silvesterparty

Basteln Sie im Vorfeld für jedes Kind eine Urkunde, auf die Sie schreiben, was Ihr Kind besonders auszeichnet (positive Eigenschaften und gute Dinge, mit denen es sich im vergangenen Jahr besonders hervorgetan hat). Gestalten Sie die Urkunden gegebenenfalls mithilfe des Computers – schreiben Sie den Namen des Kindes in einer besonderen Schriftart und drucken Sie die Urkunde auf ein Blatt Papier in Pergamentoptik. Auf der Urkunde könnte z. B. stehen: „.... hat lesen gelernt“, „.... ist ein toller Freund“, „.... hat die hohe Kunst des Radfahrens erlernt“, „.... zeigt Mitgefühl mit anderen Menschen“, „.... gewann mit seiner Mannschaft das Handballturnier“ usw. Damit die Urkunde „offiziell“ und besonders edel aussieht, können Sie sie mit einem Goldband und einem Siegelaufkleber versehen. (Alle Materialien bekommen Sie im Schreibwarenhandel.)

Wenn das neue Jahr beginnt, stoßen Sie mit Apfelsaftschorle, den Sie in Sektkelchen servieren, auf jedes Kind an und überreichen Sie ihm seine Urkunde.

Familie im Gespräch

Was sagt die Bibel dazu?

Fragen Sie:

❶ „Was sollen wir laut Bibeltext nicht vergessen, wenn es uns so richtig gut geht?"

❷ „Was haltet ihr von euren Urkunden?"

❸ „Das neue Jahr birgt viele Gelegenheiten, neue Ziele zu erreichen und sich weiterzuentwickeln. Worauf freut ihr euch besonders? Was erhofft ihr euch? Was wird wohl in diesem neuen Jahr passieren?" (Sie können Ihre Pläne, Ziele, Hoffnungen und Wünsche auch schriftlich festhalten und für Ihren Jahresrückblick im nächsten Jahr verwenden. Auf den Folgeseiten finden Sie dafür viel Raum.)

Unser Motto heute

Gott hat uns Zeit und die Gemeinschaft miteinander geschenkt.

Variationsmöglichkeiten

▶ Jüngere Kinder

Überreichen Sie die Urkunden früher am Abend. Gestalten Sie die Urkunde mithilfe von Bildern oder Clip-Art-Symbolen, die die Errungenschaften Ihrer Kinder illustrieren. Vielleicht finden Sie auch ein Foto, das die Leistungen Ihres Kindes dokumentiert (z. B. Ihr Kind beim Fahrradfahren).

▶ Teenies

Ihr Jugendlicher findet Ihre Urkunde vielleicht „spießig", doch er wird sie trotzdem als Beweis Ihrer Liebe zu ihm aufbewahren. Betonen Sie, wenn möglich, mehr das charakterliche Wachstum und nicht so sehr die schulischen oder sportli-

> *Gebet*
>
> Himmlischer Vater, wir danken dir für die Zeit, die du uns ge-
> geben hast, und für das Vorrecht, dich in den vielen guten
> Dingen und Erlebnissen, die du uns im vergangenen Jahr ge-
> schenkt hast, zu erkennen. Wir freuen uns auf das neue Jahr,
> das nun beginnt. Die Zeit, die vor uns liegt, und uns selbst ver-
> trauen wir dir jetzt an.

chen Leistungen.

✎ Unsere Wünsche für das neue Jahr ...

✎ Unsere Wünsche für das neue Jahr ...

Valentinstag

Worum geht es?

In der Familie lernen wir, was Liebe und Treue bedeuten.

Was benötigen Sie?

rotes oder weißes Geschenkpapier, eine Pappschachtel mit Deckel, 5–6 m Geschenkband (je nach Größe der Familie), ein
kleines verpacktes Geschenk pro Familienmitglied, rotes oder
weißes Tonpapier, dicke Filzstifte und Klebeband

Zum Aufwärmen

Schneiden Sie aus dem Tonpapier etwa 5–8 cm große Herzen
aus und lassen Sie jedes Familienmitglied jeweils auf ein Herz
etwas Positives über ein anderes Familienmitglied schreiben:
„An ... [Name] mag ich besonders ...“ Sorgen Sie dafür, dass
am Ende jeder mindestens zwei oder drei Herzen bekommt.
Sie können die Herzen bereits ein oder zwei Tage vor dem Valentinstag auslegen, sodass sich alle schon im Vorfeld ihre Gedanken machen können.

Bibeltext: Johannes 15,13–15

Niemand liebt mehr als einer, der sein Leben für seine Freunde opfert. Ihr seid meine Freunde, wenn ihr mein Gebot befolgt. Ich nenne euch nicht mehr Diener; denn ein Diener weiß nicht, was sein Herr tut. Vielmehr nenne ich euch Freunde; denn ich habe euch alles gesagt, was ich von meinem Vater gehört habe.

Action!

Ein Festmahl zum Valentinstag

Kaufen und verpacken Sie bereits im Vorfeld die Geschenke. Befestigen Sie an jedes Geschenk ein Band. Legen Sie die Geschenke in eine Schachtel bzw. einen kleinen Karton und führen Sie das Band eines jeden Geschenkes an den Platz des jeweiligen Familienmitgliedes und klemmen Sie es dort unter den Teller. Setzen Sie zum Schluss den Deckel wieder auf die Schachtel und legen Sie die beschrifteten Tonpapier-Herzen darauf.

Servieren Sie ein zum Valentinstag passendes Gericht: herzförmige Waffeln, Kirschsaft, Erdbeeren oder Gebäck in Herzform. Nehmen Sie nach dem Essen den Deckel von der Schachtel, und lassen Sie nacheinander jeden vorsichtig an seinem Band ziehen, um sich sein Geschenk zu holen.

Familie im Gespräch

Was können wir tun?

Fragen Sie:

❶ „Was sagt uns der Bibeltext – worin zeigt sich die größte Liebe?"

❷ „Was ist für euch ein echtes Opfer für andere? Wie könnt ihr eurer Familie, euren Mitschülern oder eurer Mannschaft ein Opfer bringen?"

Unser Motto heute

In der Familie können wir lernen, was Liebe ist.

Variationsmöglichkeiten

▶ Jüngere Kinder
Helfen Sie Ihrem Kind beim Beschriften bzw. beim Bemalen der Herzen. Ihr Kind kann Ihnen auch sagen, was auf dem Herzen stehen soll. Schreiben Sie es auf ein Blatt vor, sodass es die Buchstaben abschreiben und das Herz anschließend bunt anmalen kann. Helfen Sie Ihren Jüngsten anhand von Beispielen zu verstehen, was mit Liebe und Treue gemeint ist.

▶ Teenies
Überlegen Sie sich eine Überraschung für Ihre Teenager – die lang ersehnte CD, einen Gutschein fürs Kino oder ihre Lieblingsnascherei. Erweitern Sie das Gespräch mit den Fragen: 1. „Was ist der Unterschied zwischen einem Diener und einem Freund?" (Die Beziehung zwischen Freunden beruht auf Liebe und nicht auf einem Machtverhältnis und bestimmten Interessen.) 2. „Was sind weitere Kennzeichen von Freundschaft?"

Gebet

Lieber himmlischer Vater, hilf uns zu lernen, wie wir in unserer Familie liebevoll und in Treue miteinander umgehen können, sodass auch andere deine Liebe an uns erkennen können.

Palmsonntag

Worum geht es?

Wir feiern Jesus, Gottes Sohn.

Was benötigen Sie?

Palmwedel oder Schnittblumen, Orangensaft, Zitronenlimonade und Saftgläser

Zum Aufwärmen

Fragen Sie: „Ihr habt im Fernsehen doch bestimmt schon gesehen, wie die großen Stars in feinen Kleidern in einer Limousine zu einer Preisverleihung vorfahren und dann auf einem roten Teppich entlangschreiten. Welchen Sinn haben der rote Teppich und all das Drumherum?" (Damit soll jemand geehrt werden, der wichtig oder berühmt ist.) „Stellt euch vor, eine berühmte Persönlichkeit würde uns besuchen. Was würdet ihr tun, um diese Person willkommen zu heißen?"

Bibeltext: Matthäus 21,7–9
(Lesen Sie den Text zum Frühstück vor.)

[Die Jünger] *brachten die Eselin und ihr Junges und legten ihre Kleider darüber und Jesus setzte sich darauf. Viele Menschen aus der Menge breiteten ihre Kleider als Teppich auf die Straße, andere rissen Zweige von den Bäumen und legten sie auf den Weg. Die Menschenmenge, die Jesus vorauslief und ihm folgte, rief immer wieder: „Gepriesen sei der Sohn Davids! Heil dem, der im Auftrag des Herrn kommt! Gepriesen sei Gott in der Höhe!"*

Was sagt die Bibel dazu?

Fragen Sie: „Warum haben die Leute ihre Kleider oder Palmzweige ausgebreitet?" (Weil sie Jesus die Ehre erweisen wollten, aber damals noch keinen roten Teppich hatten.)

Action!

Ein Festzug mit Palmwedeln

Wenn Sie in einer Gegend wohnen, in der Sie Palmwedel oder palmähnliche Zweige bekommen können (erhältlich in vielen Blumengeschäften), besorgen Sie für jedes Familienmitglied einen solchen Palmwedel. Falls Sie keine Palmwedel bekommen, können Sie auch einen großen Strauß nicht zu teure Schnittblumen kaufen. Am Samstagabend vor Palmsonntag oder am Palmsonntag frühmorgens legen Sie die Palmwedel im Flur oder zur Küche hin aus. (Wenn Sie Blumen haben, markieren Sie mit den Blüten die Wegränder.) Bereiten Sie für Ihre Feier am Palmsonntag einen Cocktail aus Orangensaft und Zitronenlimonade zu. Halten Sie nach dem Frühstück gemeinsam Ihren Festzug ab und rufen Sie dabei laut: „Gepriesen sei Gott! Heil dem, der im Auftrag des Herrn kommt!"

Familie im Gespräch

Fragen Sie:

① „Warum ritt Jesus auf einer Eselin in die Stadt und nicht auf einem schmucken Pferd?" (Das Pferd war ein Herrschersymbol. Jesus wollte nicht als Herrscher daherkommen, sondern den Menschen dienen. Und er tat es, um eine Prophezeiung im Alten Testament zu erfüllen – vgl. Sacharja 9,9.)

② „Warum wedelten die Leute mit Palmzweigen, als Jesus auf der Eselin angeritten kam?" (So erwies man damals Königen Ehre. In gewisser Weise grüßten sie ihn damit als „Prinzen", denn sie nannten ihn ja auch den „Sohn Davids".)

③ „Wie zeigen wir heute Jesus, dass wir ihn achten und ehren?" (Indem wir ihm die erste Stelle in unserem Leben einräumen; indem wir uns in wichtigen Situationen fragen, wie Jesus jetzt handeln würde.)

Unser Motto heute

Halleluja! Jesus ist Herr!

Variationsmöglichkeiten

▶ Jüngere Kinder

Vorschulkindern wird der Festzug Spaß machen, vor allem wenn Sie dazu noch eine passende Musik laufen lassen.

▶ Teenies

Ihre Teenager wird der Festzug wohl weniger begeistern. Vermutlich lassen sie erst mal die Rollläden herunter, damit sie auch ja keiner sieht. Nehmen Sie's gelassen, und ärgern Sie sich nicht, wenn sie mit ihren Palmwedeln um ihre kleinen Geschwister herumwedeln. Wenn Sie ausschließlich ältere Kinder und Jugendliche haben, könnten Sie den Festzug auch ganz weglassen. Fragen Sie stattdessen: „Was hast du gedacht, als du heute Morgen die Blumen und Palmwedel auf dem Boden gesehen hast?" (Rechnen Sie mit der Antwort: „Ich habe mir gedacht, dass ihr jetzt wohl völlig übergeschnappt seid.")

Lassen Sie sich statt eines Festzuges eine andere Aktivität einfallen, die zum Thema passt – vielleicht haben auch Ihre Teenager eine gute Idee.

Gebet

Lieber Jesus, du hast unser Lob verdient. Du bist unser Erlöser, Gottes Sohn, der Friedefürst, der ewige Herrscher. Wir feiern dich.

Familienzeit 50

Ostern

Zum Aufwärmen

Erklären Sie: „Heute wollen wir feiern, dass Jesus den Tod besiegt hat. Weil er Gottes Sohn ist, hatte er mehr Macht als der Tod. Die ersten Christen feierten Ostern, indem sie riefen: ‚Christus ist gestorben. Christus ist auferstanden. Christus wird wiederkommen!' Diese Sätze wollen wir jetzt gemeinsam im Wechsel rufen. Ich spreche die einzelnen Sätze vor und ihr sprecht sie nach." Wiederholen Sie dies noch zweimal.

Bibeltext: Matthäus 28,1–7

Am Abend, als der Sabbat vorüber und der Sonntag eben angebrochen war, kamen Maria aus Magdala und die andere Ma-

ria, um nach dem Grab zu sehen. Da bebte plötzlich die Erde, denn der Engel des Herrn kam vom Himmel herab, trat an das Grab, rollte den Stein weg und setzte sich darauf. Er leuchtete wie ein Blitz, und sein Gewand war schneeweiß. Als die Wächter ihn sahen, zitterten sie vor Angst und fielen wie tot zu Boden. Der Engel sagte zu den Frauen: „Ihr braucht keine Angst zu haben! Ich weiß, ihr sucht Jesus, der ans Kreuz genagelt wurde. Er ist nicht hier, er ist auferweckt worden, so wie er es angekündigt hat. Kommt her und seht die Stelle, wo er gelegen hat! Und jetzt geht schnell zu seinen Jüngern und sagt ihnen: ‚Gott hat ihn vom Tod auferweckt! Er geht euch voraus nach Galiläa, dort werdet ihr ihn sehen.' Ihr könnt euch auf mein Wort verlassen."

Action!

Ein Stein kommt ins Rollen

❶ Erklären Sie: „Mit Ostern verbinden wir Osterglocken, Ostereier, Osterhasen, bunte Farben – aber was ist eigentlich mit den Steinen? Schließlich gehörte zum ersten Osterfest ein riesiger Stein, den der Engel von der Grabhöhle wegrollte. Und deshalb soll es bei uns heute auch um Steine gehen. Wir wollen Steine so gestalten, dass sie uns an das Auferstehungswunder erinnern."

❷ Fragen Sie: „Kennt ihr Wunder, die Jesus vollbracht hat?"

❸ Erklären Sie: „Wir wollen diese Berichte über Wunder nun auf den Steinen festhalten." Geben Sie jedem einen der großen Steine und lassen Sie diese mit den Filzstiften bemalen. Tipp: Sie können auch Symbole für Gottes Macht und seinen Sieg (Krone, Kreuz, Siegeskranz, Hand Gottes usw.) auf die Steine schreiben. Schreiben Sie außerdem einen Satz aus dem heutigen Bibeltext auf einen Stein, der Sie an die Auferstehung erinnern soll, z. B.: „Keine Angst! Er ist nicht hier. Er ist auferweckt worden!"

Familie im Gespräch

Was sagt die Bibel dazu?

❶ Fragen Sie: „Warum sandte Gott einen Engel, um den Stein wegzurollen?" (Damit die Leute sehen konnten, dass Jesus auferweckt wurde.)

Was können wir tun?

❷ Fragen Sie: „So wie Gott den Stein vom Grab gerollt hat, möchte er uns helfen, die Dinge aus dem Weg zu räumen, die uns von Jesus trennen. Was hindert uns daran, ganz nah bei Jesus zu sein?" (Dass wir zu wenig Zeit haben; dass wir vergessen, zu beten; dass wir nicht an Jesus denken, wenn wir im Gottesdienst sitzen, usw.)

Unser Motto heute

Jesus ist auferstanden – er ist wahrhaftig auferstanden!
    Oder: Jesus bringt was ins Rollen!

Variationsmöglichkeiten

▶ Jüngere Kinder

Nehmen Sie kleinere Steine aus dem Fluss. Helfen Sie Ihren Kindern, in der Bibel Berichte über Wunder zu finden und die Steine entsprechend zu bemalen. Zeigen Sie ihnen, wie sie die Geschichten symbolisch darstellen können. (Beispiel: Jesus ernährte tausend Menschen mit der Brotzeit eines kleinen Jungen – malen Sie ein Pausenbrot und einen Apfel.)

▶ Teenies

Bitten Sie Ihre Teenager, die Verse 12 bis 20 aus dem 15. Kapitel des 1. Korintherbriefes zu lesen. Fragen Sie anschließend: „Was würde geschehen, wenn Ostern nur eine erfundene Geschichte und Jesus nie von den Toten auferstanden wäre?"

(Wir hätten keine Hoffnung, es würde keinen Sinn machen, Christ zu sein.)

Gebet

Lieber Gott, heute feiern wir, dass Jesus von den Toten auferstanden ist und uns neues Leben geschenkt hat. Wir feiern,
dass du in deiner Macht auch heute noch Wunder tust, so wie
damals. Hilf uns, mit deiner Kraft in unserem Leben zu rechnen.

Familienzeit 51

Muttertag

Worum geht es?

Mütter sind unsere Helden im Alltag.

Was benötigen Sie?

Zutaten für das Lieblingsgericht oder -frühstück der Mama, Blumen, Luftballons, Schnur, Luftschlangen, CD-Spieler und Musik, Plakate, dicke Filzstifte, Klebeband und Tonpapier

---

Zum Aufwärmen

Erklären und fragen Sie: „Heute wollen wir die Mama hochleben lassen. Wir wollen, dass sie sich von uns geliebt und wertgeschätzt fühlt. Habt ihr ein paar Ideen, wie wir ihr das zeigen können?"

Bibeltext: Sprüche 31,28–29

Ihre Kinder sind stolz auf sie und ihr Mann lobt sie. „Es gibt viele tüchtige Frauen", sagt er, „aber du bist die allerbeste!"

Was sagt die Bibel dazu?

Fragen Sie: „Wie können wir der Mama zeigen, dass wir stolz auf sie sind?" (Indem wir etwas Nettes über sie sagen; indem wir sie achten usw.)

Action!

Eine Demo für Mama

Mütter tun so viele Dinge, die unbemerkt bleiben. Heute soll sie unsere Heldin sein! Bringen Sie ihr Kaffee oder Tee ans Bett (falls Sie sie zum Frühstück überraschen wollen), dazu etwas frisches Obst und ein Croissant oder knackige Brötchen. Wenn Sie sie mit einem guten Essen überraschen wollen, schicken Sie sie in ein anderes Zimmer, während Sie kochen. Lassen Sie die Kinder helfen und den Tisch festlich mit Blumen und Kerzen decken. Dekorieren Sie den Raum mit Luftballons und Luftschlangen.

Fertigen Sie mit den Kindern mehrere aufmunternde Plakate an, auf denen z. B. steht: „Mama ist unsere Nr. 1", „Mama, du bist klasse!" oder „Mama – unsere größte Heldin!". Basteln Sie aus zylinderförmig zusammengerolltem Tonpapier Megafone, die jedes Kind mit Dingen bemalt oder beschriftet, die es an seiner Mama schätzt. Wenn alles fertig ist, schalten Sie die Musik an. Ein Kind soll Mama hereinholen. Nun können die Kinder laut durch ihr Megafon rufen: „Mama ist die Beste!" und anderes.

Vor dem Essen kann jedes Kind ein kurzes Gebet sprechen, in dem es Gott sagt, was es an seiner Mama mag. Lassen Sie während des Essens jedes Kind erklären, was es auf sein Megafon gemalt oder geschrieben hat, und es dieses dann der Mama zum Geschenk machen. Den Abschluss macht Papa oder das älteste Kind. Natürlich räumen heute die Kinder die Küche auf!

Unser Motto heute

Mama ist die Beste!

Variationsmöglichkeiten

▶ Jüngere Kinder
Helfen Sie den Kindern beim Basteln der Megafone, und zeigen Sie ihnen, wie sie das, was sie an ihrer Mama mögen, bildlich darstellen können.

▶ Teenies
Lassen Sie die Teenager ihre eigenen Ideen, wie sie Mama zum Muttertag eine Überraschung bereiten können, umsetzen.

Gebet

Lieber Gott, wir freuen uns über die Mama, die du uns gegeben hast. Danke für ihre Liebe, ihre Treue und für all die Mühe, die sie sich für unsere Familie macht. Gib, dass sie sich heute wirklich geehrt fühlt.

Vatertag

Anmerkung: Während der Vatertag in den USA am dritten Sonntag im Juni gefeiert wird und als offizieller Feiertag gilt, ist das Datum des Vater- oder Männertags in Deutschland regional sehr unterschiedlich, in der Regel wird der Tag aber an Christi Himmelfahrt begangen. Führen Sie doch mit dieser Familienzeit Ihre eigene Tradition ein, gemeinsam den Vatertag zu feiern – vielleicht auch an einem anderen Datum, etwa dem Sonntag nach Papas Geburtstag.

Worum geht es?

Ein Vater, der nach Gottes Willen lebt, hat Achtung verdient.

Was benötigen Sie?

zwölf kleine Geschenke für Papa, Packpapier oder alte Zeitungen, Klebeband, Filzstifte, Stift, Bleistift und Zutaten für ein Grillfest oder Eis für eine Eisparty

Zum Aufwärmen

Nehmen Sie in der Woche vor dem Vatertag die Kinder beiseite und erkundigen Sie sich: „Was würde eurem Papa wohl am Vatertag zeigen, wie sehr ihr ihn liebt?"

Überlegen Sie dann, wie Sie einige der Vorschläge in diese Einheit einbauen können.

Bibeltext: Epheser 6,1–3

Ihr Kinder, gehorcht euren Eltern! So ist es recht vor dem Herrn. „Du sollst deinen Vater und deine Mutter ehren" ist das erste Gebot, dem eine Zusage folgt: „Dann wird es dir gut gehen, und du wirst lange leben auf dieser Erde."

Was sagt die Bibel dazu?

Fragen Sie: „Was bedeutet ‚Vater und Mutter ehren'?" (Zu tun, was sie uns sagen, und uns an die Regeln zu halten, die sie uns geben.)

Action!

Jäger und Sammler

Männer jagen und sammeln gerne (zumindest war das ganz früher mal so ...). Bereiten Sie mit Ihren Kindern für den Papa einen tollen Tag vor, denn er soll am Vatertag auf die „Jagd" gehen. Kaufen Sie mindestens ein Dutzend kleine Geschenke, die dem betreffenden Vater gefallen (z. B. einen Gutschein für den Baumarkt, Rasierklingen, Aftershave, die Lieblingsnascherei, eine DVD usw.). Wickeln Sie die Geschenke in Zeitungspapier oder Packpapier ein. Nummerieren Sie sie und verstecken Sie sie im Garten oder in einem Park in Ihrer Nähe. Merken Sie sich, wo Sie die Geschenke versteckt haben. Sagen Sie Papa, dass Sie an diesem Vatertag mit ihm auf die Jagd gehen wollen und er sich entsprechend anziehen soll. (Vielleicht besitzt er ja sogar etwas Tarnfarbenes.) Nehmen Sie auch eine Tasche mit, in der er seine erbeuteten „Jagdtrophäen" sammeln kann.

Beenden Sie die Aktivität dann mit einem Grillfest oder einer kleinen Eisparty.

Familie im Gespräch

Was können wir tun?
Fragen Sie:

❶ „Was hat euch an der ‚Jagen und Sammeln'-Aktion am besten gefallen?"
❷ „Was passiert, wenn Kinder ihren Papa nicht achten?"
❸ „Wofür bist du deinem Papa dankbar?"

Unser Motto heute

Papa ist der beste Papa auf der Welt.

Variationsmöglichkeiten

▶ Jüngere Kinder
Lassen Sie Ihre Kinder einige der Geschenke für Papa verstecken, dann können sie ihn anschließend mit den Worten „kalt", „warm" oder „heiß" zu den Geschenken dirigieren. („Kalt", wenn Papa ganz weit von den Geschenken weg ist; „warm", wenn er einem Geschenk näher kommt; und „heiß", wenn er ganz nah dran ist.)

▶ Teenies
Lassen Sie die Teenager eigene Aktivitäten zum Vatertag planen. Erweitern Sie das Gespräch mit der Frage: „Welche Beziehung besteht zwischen der Aussage, dass wir Vater und Mutter ehren sollen, und der Verheißung eines langen Lebens? Wieso besteht zwischen beiden eine Verbindung?"

Gebet

Vater im Himmel, wir danken dir für unseren Papa. An seiner Lebensführung und an seiner Liebe zu uns erkennen wir dich, unseren himmlischen Vater. Hilf uns, ihn wertzuschätzen und auf ihn zu hören und ihm die Achtung zukommen zu lassen, die er verdient hat.

Materialverzeichnis
für eine Grundausstattung

Der folgende Tipp stammt von einer der Familien, die die Anregungen in diesem Buch für uns getestet haben: Besorgen Sie sich einen größeren Karton, bekleben oder bemalen Sie ihn bunt und schreiben Sie auf den Deckel „Familienzeit". In diesem Karton können Sie Ihr Material aufbewahren. So haben Sie das meiste, das Sie für die einzelnen Einheiten benötigen, bereits griffbereit, und müssen nur noch die Dinge besorgen, die Sie speziell für die jeweilige Einheit benötigen. Zu Ihrer Grundausstattung gehören:

- Tonpapier und stärkerer Fotokarton in unterschiedlichen Farben
- weißes Zeichenpapier in den Größen A3 und A4
- selbstklebende Notizzettel
- Packpapier
- Geschenkpapier
- alte Zeitschriften zum Ausschneiden
- Scheren
- Klebestifte, flüssigen Kleber
- durchsichtiges Klebeband
- Bunt- und Filzstifte, Wachsmalstifte
- dicke Filzstifte (Edding)
- wasserfeste Stifte
- Schnur
- dünnes Garn
- Bleistifte
- Kerzen

- Luftballons, Luftschlangen
- Popcorn
- Bonbons und kleinere Süßigkeiten wie Schokoriegel

Unsere Familienzeit

⋯❯ Geschichten für jeden Tag.

Silvia Renz:

Ich nehm dich mit in meinen Tag

366 Geschichten für
die ganze Familie.

Gebunden, 420 Seiten
Best.-Nr. 815 894

Dieses Buch enthält für jeden Tag des Jahres eine interessante Geschichte über Kinder. Die meisten von ihnen leben in richtigen Familien mit Mutter und Vater; einige haben nur ein Elternteil und Uli muss sogar ganz ohne Eltern auskommen. Das ist nicht leicht. Und doch erleben alle, Kinder wie Eltern, dass sie niemals ganz allein und verlassen sind: Gott, der das unendlich große Universum schuf, hat ein offenes Ohr für alle Menschen. Kinder liebt er ganz besonders. Und er hat immer Zeit für sie.

Die Geschichten eignen sich zum Vorlesen in der Familie, aber auch zum Selberlesen. Und sie sind hervorragend geeignet als Gedankenanstoß für Gruppenstunden, Religionsunterricht, als Vorlesebuch für Freizeiten und viele andere Gelegenheiten!

Für Kinder ab 6 Jahren.

Dennis Betzholz

MIT DIR WIRD ALLES ANDERS, Baby!

Briefe eines werdenden Vaters
an sein Kind

KNAUR★

Das Leben der Eltern ist das Buch,
in dem die Kinder lesen.
Aurelius Augustinus

Inhalt

Über die Briefe
der nächsten Wochen

Liebes Kind!

Das erste Mal, als ich über dich nachgedacht habe, warst du eine Zeichnung in einem Aufklärungsbuch. Es hieß *Peter, Ida und Minimum. Familie Lindström bekommt ein Baby.* Ich legte es tagelang nicht aus der Hand, erforschte die nackten Körper, die sich im Bett rekelten, ohne zu verstehen, was sie taten. Sie sahen glücklich dabei aus. Es musste wohl schön sein, ein Baby zu bekommen.

Beim zweiten Mal warst du eine kindlich-naive Idee vom Leben. Wie ich mir die Zukunft vorstelle, fragte mich das Freundschaftsbuch eines Schulkameraden. Ich trug mit meinem Füller ein: Abitur machen, studieren, eine Familie gründen. Dein Papa war schon mit neun ein elender Spießer.

Beim dritten Mal warst du die Drohung meines Vaters, der mir mit 18 vorsichtshalber ein Kondom zusteckte. Es war ein Werbegeschenk, das er von einer Dienstreise mitbrachte. »Wir freuen uns, wenn Sie kommen«, stand darauf. Darunter die Adresse eines Kfz-Betriebs. Na ja. Als ich das Verhüterli eines Tages endlich hätte gebrauchen können, war es längst abgelaufen.

Beim vierten Mal warst du eine Zahl. Ich war gerade ein paar Monate mit deiner Mama zusammen, da fragte sie mich: »Wie viele Kinder willst du eigentlich mal haben?« Diese Frage klingt zwar unschuldig, aber sie kann, im schlimmsten

Fall, über die Zukunft einer Partnerschaft entscheiden. Ich überlegte daher kurz, aber gewissenhaft. Und antwortete taktisch: dass wir doch am besten mit dem ersten Kind anfangen sollten.

Beim fünften Mal warst du schließlich ein fester Plan. Wir wollten ein Kind. Aber zunächst wollten wir heiraten. Meine Freunde nannten diese Abfolge ganz schön konservativ, meine Eltern alternativlos, und mein Opa fragte, wie es denn sein könne, dass wir, ohne verheiratet gewesen zu sein, überhaupt zusammenwohnten.

Und nun, beim sechsten Mal, bist du ein Zeitpunkt. Noch ein Jahr, bis du kommst. Ob ich ein Hellseher bin, fragst du dich? Nein, nein. Lass mich dir das genauer erklären.

Es war ein warmer Samstagvormittag im August, als mir klar wurde, dass du unser Leben auf den Kopf stellen wirst und ich mich schleunigst darauf vorbereiten muss. Gute Freunde hatten ihre Liebsten zu einem Brunch in ein ländliches Café auf einem ehemaligen Bauernhof eingeladen. Sie waren vor gut einem Jahr Eltern geworden. Ob sie nun die Geburt feierten oder das Leben an sich oder das Glück, trotz des Kindes noch ein paar Hundert Euro für einen Brunch übrig zu haben, erschloss sich mir aus der Einladung nicht.

Ich ging trotzdem hin, allerdings ohne deine Mama, die ihren Chef auf eine Segelregatta nach Dänemark begleiten musste. Zuvor aber hatte sie noch eine Karte besorgt, auf der stand: Leben bedeutet, Dinge von der To-do-Liste auf die Scheiß-egal-Liste zu verschieben. Wir hatten keinen blassen Schimmer, wie unpassend diese Granatenweisheit für junge Eltern ist. Aber dazu gleich.

Zunächst solltest du wissen, dass sich die Spezies Eltern

notgedrungen mit ihresgleichen umgibt. Schwangerschafts-vorbereitung, Kreißsaal, Rückbildungsgymnastik, PEKiP-Kurse, Spielplätze, Kita-Anmeldung, überall lauern hormon-überschüssige Gleichgesinnte, die ebenfalls Menschen suchen, mit denen sie sich austauschen können. Gerne auch bei einem Ingwertee und veganem Kuchen. Unsere Freunde zogen diese Menschen offenbar magisch an. Zu ihrem Unter-freiem-Himmel-Brunch kamen 40 Erwachsene und 20 Kleinkinder. Eine Armada an Kinderwagen reihte sich zwischen den Holz-tischen auf. Plastikbagger und Förmchen lagen wie Tretminen auf dem Rasen. Auf den Tischen stapelten sich, je nach Alter des Kindes, Spucktücher oder Bilderbücher. Ich saß an einem Bilderbuchtisch.

Neben mir nahmen junge Eltern Platz. Er trug Sonnen-brille und Dreitagebart, sie ein blumiges Sommerkleid und Sohn Jonathan auf dem rechten Arm. Ein Paar wie vom Cover der *Nido*. Dachte ich.

»Kannst du bitte mal Jonathan eincremen?«, fragte Jona-than-Mama Jonathan-Papa.

»Ich mache das doch schon unter der Woche vor der Kita«, nörgelte der zurück.

Jonathan-Mama zog eine Schnute. Wäre sie jetzt allein mit ihm zu Hause, so verriet ihr Blick, würde sie ihm nun auf-zählen, was sie so den ganzen Tag als Vollzeitmutti leistet und dass er ja wohl auch das Kind haben wollte. Stattdessen kramte sie wortlos die Tube aus einem Jutebeutel und rieb Jonathan derart viel mit Sonnenmilch ein, dass er aussah wie Michael Jackson in seinen blassesten Tagen.

Um Eltern kennenzulernen, muss man nur einem einzigen Gebot folgen: Sei aufmerksam! Eltern füttern ihr Kind, wech-seln seine Windeln, lesen ihm vor, suchen es, rennen ihm hinterher, gehen mit ihm spazieren, ziehen ihm eine Mütze auf, ziehen sie wieder ab, trösten es, erklären ihm die Welt, säubern seine Kleidung, verjagen Wespen, legen es schlafen, ein Leben wie eine nicht enden wollende To-do-Liste, doch irgendwo dazwischen wenden sie sich für einen winzigen Augenblick von ihrem Kind ab und den Tischnachbarn zu. Und genau das ist der Moment, in dem man sie ansprechen sollte.

»Habt ihr eigentlich viele Erziehungsratgeber gelesen?«, fragte ich interessiert in die Runde. Die Alphadaddys winkten belustigt, fast schon trotzig ab, als hätte ich wissen wollen, ob sie seit der Schwangerschaft Viagra benötigen. Außer Jonathan-Papa. Dem rutschte einen Tick zu schnell heraus: »Nur zwei Bücher.« Noch im selben Moment bereute er seine Ehrlichkeit und lächelte verlegen bis grenzdebil. »Aber nicht bis zum Ende«, schob er entschuldigend hinterher. Man musste jedoch kein Verhaltensforscher sein, um zu erkennen, dass er damit unter den Männern am Tisch in der Nahrungskette auf das Niveau einer Ameise zurückgefallen war.

Der Brunch war in vollem Gange, da gesellte sich auch die Gastgeberin an unseren Tisch. Sie arbeitete bei einem großen deutschen Handelsunternehmen. Ihr Vertrag war auf 15 Monate befristet, ihr Mann arbeitete ebenfalls Vollzeit. Das Kind brachten sie mit zwölf Monaten in die Kita. Unsere Freundin haderte mit der Doppelbelastung und dass sie ihr Kind unter der Woche nur für die Gutenachtgeschichte sehe. Ihr Mann, der früher Feierabend hat, betreue das Kind. Und dann sei da ja noch das Grundstück, das sie gekauft haben und für das sie noch ein Fertighaus auswählen müssten. »Aber dafür finden wir seit Monaten keine Zeit. Mit Kind«, sagte sie, »hat man nie Zeit!«

Mit diesen Eindrücken fuhr ich zurück nach Hamburg. Ich

dachte dabei an dich. Ich fragte mich, ob du für uns auch eine Belastung sein wirst, eine nicht enden wollende To-do-Liste, von der nichts, aber auch rein gar nichts auf die Scheiß-egal-Liste zu verschieben ist. Und ob deine Mama und ich uns auch deinetwegen ankeifen werden? Ich war in meinem Leben viel zu oft ein Zauderer. Ich wägte so lange die Vorteile und Nachteile einer Idee ab, bis die Chance vorüber war. Typisch Generation Y. In dieser Sache aber nicht. Diesmal habe ich keinen Zweifel: Ich will dein Vater werden. Ich will dich kennenlernen, so bald wie möglich.

Doch eines habe ich an diesem Tag begriffen: dass ich auf dieses erste Treffen vorbereitet sein will. Bevor sich mein Leben verändert und ich mich womöglich mit ihm und der Alltag zwischen Windelnwechseln und Karriere die guten Vorsätze frisst. Wenn du mich fragst, worauf es ankommt im Leben (und das wirst du täglich tun, ohne es auszusprechen), will ich dir eine gute Antwort geben. Doch dafür brauche ich Zeit. Zeit, um dir Gefühle zu beschreiben und dir die Welt zu erklären. Zeit, dich an einen bestimmten Ort zu führen oder zu einem bestimmten Menschen. Zeit, dir von mir und anderen zu erzählen, von früher, heute oder morgen. Wenn es stimmt, was die anderen sagen, werde ich diese Zeit nicht mehr haben, wenn du da bist. Deshalb will ich dir vorab Briefe schreiben. Sie sollen mir und dir als Grundpfeiler dienen, als Inspiration, als Erinnerung an das, was ich vor deiner Geburt gefühlt habe, die Ängste eines werdenden Vaters ebenso wie dessen unbändige Vorfreude.

Das hat noch einen weiteren Vorteil. Denn bist du erst bei mir, werde ich in dir nicht mehr den Menschen sehen, der du sein wirst. Ich werde dich dann zu lieb haben. Ich werde mich, falls du Fußball spielst, mit deinem Trainer anlegen, wenn er dich wieder nicht eingewechselt hat, obwohl jeder andere sieht, dass du – wie ich früher – aus fünf Metern Entfernung einen abgestellten Umzugswagen verfehlst. Ich hingegen sehe nur deine Enttäuschung, wie du dein nicht verschwitztes Trikot in die Sporttasche stopfst und auf dem Heimweg wortlos aus dem Autofenster starrst.

Ich werde dir Vorschriften machen, die keinen Sinn ergeben, und sauer werden, wenn du dich ihnen widersetzt. Ich werde Sätze sagen, wie »Solange du deine Füße unter meinen Tisch stellst … «, und mir insgeheim wünschen, dass du niemals ausziehst.

Ich werde Angst um dich haben. Und meine Angst wird mich die Dinge enger sehen lassen, meine Perspektiven werden dich beschränken wie einen Goldfisch in einem viel zu kleinen Aquarium. Dabei sollst du den Ozean kennenlernen, seine Farbenpracht, seine Weite, seine Artenvielfalt, seine Stille, das Getriebenwerden und Treibenlassen, aber auch seine Gefahren, seine Dunkelheit, seine Verletzlichkeit.

Ich will dir ein guter Vater sein. Ich will das wirklich gut machen. Aber was ist das eigentlich: ein guter Vater? Und wie rüsten gute Eltern ihr Kind für die Welt, die da draußen lauert? Was will ich dir beibringen? Was kann ich dir überhaupt beibringen?

Nach dem Brunch machte ich noch einen Abstecher über die Mönckebergstraße, Hamburgs berühmte Einkaufsmeile. An jeder Ecke buhlen dort Kleinkünstler um die Aufmerksamkeit und das Kleingeld der Passanten. Vor Starbucks stand diesmal ein Mittzwanziger mit verwegenen Locken und Gitarre. Er sang *Father and Son* von Cat Stevens. Hunderte Male hatte ich dieses Lied in meinem Leben bereits gehört. Es zählte zu meinen Lieblingsliedern. Doch diesmal bewegte es mich mehr denn je. Ich blieb stehen und hörte ihm zu, während zwei junge Frauen, die bei einem Junggesellinnenabschied mitmachten, dazu tanzten. Cat Stevens schrieb das Lied ursprünglich für ein Musical, in dem es um die Russische Revolution ging: Der Sohn beschloss gegen den Willen seines Vaters, sich an der Revolte zu beteiligen. Doch Stevens erkrankte an Tuberkulose, das Musical wurde verschoben. Stevens veröffentlichte das Lied trotzdem. Es hat nun keinen Bezug mehr zu Russland oder zur Revolution, sondern beschreibt den Generationenkonflikt zwischen Vater und Sohn. »You're still young, that's your fault, there's so much you have to know«, sagt der Vater. Und der Sohn antwortet: »Now there's a way, and I know that I have to go away.« Und ich verweilte und spürte, dass die Liedzeilen zu meiner Situation passten: Es gab so viel, was ich noch lernen musste. Und doch war es Zeit. Zeit, loszugehen. Auf eine Reise, die Fragen und Antworten bereithält und die geradewegs zu dir führt.

Dein Papa

Über das Warten

Mein liebes Kind,

mein erster Brief liegt jetzt schon mehrere Wochen zurück, um ehrlich zu sein, sind es schon mehrere Monate, und mir wird erst jetzt klar, wie arrogant ich war, als ich ihn schrieb. Ich hatte einfach vorausgesetzt, dass es dich geben wird. Niemand käme je auf die Idee, davon auszugehen, dass im nächsten Moment das Glück um die Ecke tänzelt und einem direkt in die Arme. Warum erwarte ich das ausgerechnet vom größten Glück meines Lebens? Von der kleinsten großen Liebe?

Ich dachte, wenn ich es mir nur allzu sehr wünsche, wird es schon wahr. Im Nachmittagsfernsehen funktioniert das doch auch, selbst bei Teenagern: Justin verliebt sich in Chantal, und schon in der nächsten Einblendung ist sie schwanger. Auch im Freundeskreis schien es, als kämen die Kinder vom Lieferando-Kurier: aussuchen, Datum und Uhrzeit wählen, fertig.

Dabei hätte ich es besser wissen müssen. Es heißt, wenn du nicht danach suchst, wirst du ihn finden, diesen einen Menschen, der keine Hände braucht, um dich zu berühren, und keine Augen, um dein wahres Ich zu sehen. Diese eine Person, bei der es ausreicht, du selbst zu sein, weil das die beste Version von dir ist, das Original. Und bei der du an den nächsten Morgen denkst, nicht an die bevorstehende Nacht, weil du dir nichts sehnlicher wünschst, als ihr Lächeln zu sehen, noch bevor du dir den Schlaf aus den Augen reibst.

Doch was taten wir als junge Burschen: Wir suchten.

Unsere ganze Jugend haben wir damit verbracht, uns einzureden, dass wir nur wegen der Kumpels abends rausgehen, für den Rausch und die Musik. Für den Geruch von Trockeneis, der uns die Sinne benebelte, und den Geschmack von Bier, der uns spätestens nach Mitternacht fahl auf der Zunge lag. Wir quetschen uns die Pickel aus, schmierten Gel in die Haare und rasierten den Flaum über der Oberlippe ab. Wir kramten die beste Unterhose aus dem Schrank, man weiß ja nie. Stunden später zappelten wir in der Hip-Hop-Area, weil da die schnieken Mädels feierten, dabei hassten wir Hip-Hop. Aber welches Mädchen stand schon auf Typen, die auf die Backstreet Boys abgingen? *Möge doch bitte endlich das Glück um die Ecke tänzeln!* Und so zogen wir durch die Klubs – und die Nächte wie nicht eingelöste Versprechen an uns vorbei. Woche für Woche. Monat für Monat. Bis ein Teenagerleben später deine Mama vor mir stand. Und ich dieses Lächeln sah, ein leicht alkoholisiertes, und ich nichts mehr wollte, als am nächsten Morgen neben ihr und ihrem Kater aufzuwachen.

»Woher kennst du derart hübsche Frauen?«, fragte ich meinen Vermieter, der mich an den kantigen Türstehern vorbei in diese Kleinstadtdisco schleppte. Noch vor der Garderobe war ihm diese atemberaubend schöne Frau um den Hals gefallen: Ihr grazilier Körper steckte in High Heels, einer Leggins mit Blumenmuster und einem hautfarbenen Shirt, das sie wenig später wegwarf, weil es damals schon kaputt war. Die braunen, schulterlangen Haare hatte sie zum Dutt frisiert.

Christoph, dessen Eltern die 20-Personen-WG gehörte, in der ich wohnte und der selbst dort lebte, gab mir eine Antwort, die mich nicht überraschte: »Die sieht nicht nur super aus, die ist sogar wahnsinnig nett!« Attraktive Frauen stehen aus unerklärlichen Gründen immer unter Verdacht, hochnäsige Zicken zu sein. Nach der flüchtigen Begegnung an der Garderobe schloss ich das für sie aber aus. Sieben Stunden später verließen sie und ich den Tanztempel, spazierten am Rheinufer entlang und schauten in den Nachthimmel, in dem die Sterne nur für uns zu leuchten schienen. So fing sie an, die Geschichte unserer zukünftigen kleinen Familie, deine Geschichte.

Das Warten auf ein Kind lässt sich, wie ich in meinem Freundeskreis feststellte, in verschiedene Phasen unterteilen:

Mein Kumpel Lukas, den wir alle nur Lou nennen, war in Phase eins. Er hatte gerade geheiratet. Nun sollte ein Baby her. »Das Schönste am Kinderkriegen ist das freie Training«, gackerte Lou und stieß mir mit seinem Ellenbogen jovial in die Seite.

Mein Freund Lars war in Phase zwei. Er steckte seit zwölf Wochen im freien Training fest. Als wir Teenager waren, haben wir auch das Warten auf das richtige Mädchen gemeinsam durchgemacht, doch irgendwie schien er mir damals entspannter: Nun erzählte er mir, dass er sich gerade im Internet darüber informiert habe, wie man die fruchtbaren Tage errechnet. Sollte ich auch mal machen, sagte er. Seine Frau glaube auch zu wissen, dass die Wärme des Laptops seine Samenzellen abtöte. Seit sie das gelesen hat, dürfe er seinen Laptop nicht mehr auf seinen Schoß stellen, während er im Internet surft. Einen Essensplan habe er von ihr auch bekommen. Einen Essensplan, fragte ich irritiert. Ich hörte durchs Telefon, wie sich Lars mit einem sanften Altersstöhnen aus seiner Liegeposition hochwand, als wollte er einen Vortrag halten: Um schwanger zu werden, erklärte er mir, brauche es vor allem B-Vitamine, Betacarotin, die Vitamine C und E sowie Selen und Zink. Das fördere die Sexualhormone und unterstütze die Ei- und Samenzellen dabei zu reifen. Außerdem brauche es eine ausreichende Jodversorgung.

Meine Freundin Larissa und ihr Mann Timo befanden sich in Phase drei. Timo wollte neulich beim Frühstück von ihr wissen, welche Lebensmittel viel Jod enthalten. Ich fragte, ob Timo zufällig meinen Kumpel Lars kenne. Larissa sah mich nur verdutzt an. Ich winkte ab. Gestern habe ihr Mann nun auch noch den Vorschlag gemacht, zusammen in ein Romantikhotel zu fahren. Was soll das bringen, fragte ich. Na ja, Fußballer fahren ja vor der Saison auch in ein Trainingslager, um sich nur auf sich und das große Ziel zu fokussieren, soll er gesagt haben. Ich fand das einleuchtend und erkundigte mich, ob Timo vielleicht zufällig meinen Kumpel Lou kenne, und winkte diesmal schon vor ihrer Antwort ab.

Sollte ich Phase vier jemals erreichen, würde ich Lou für seinen blöden Spruch einen positiven Schwangerschaftstest per Post schicken. Anonym, versteht sich. Ich werde, um sicherzugehen, einen kleinen Zettel beilegen: »Wegen des Unterhalts melde ich mich dann. Kuss G.«

Von Phase fünf habe ich vor ein paar Monaten im *Spiegel* gelesen. Dort stand, dass jedes siebte Paar in Deutschland ungewollt kinderlos ist. Das sind etwa eine Million Paare. EINE MILLION! Ich konnte die Zahl kaum glauben.

Die Kinderwunschzentren platzen deshalb aus allen Nähten, im Schnitt sitzt dem Magazin zufolge in jeder Schulklasse ein Kind, das sein Leben der Reproduktionsmedizin zu verdanken hat. Dabei ist auch das Geschäft der Babymacher kein Garantieschein: Die Wahrscheinlichkeit, nach dem Sex mit dem zeugungsfähigen Partner schwanger zu werden, liegt in der Natur bei rund 21 Prozent, im Kinderwunschzentrum bei rund 39 Prozent. Etwa bei der Hälfte kommt am Ende ein Baby zur Welt. Die Chance lassen sich die Paare pro künstlichem Befruchtungsversuch 2500 Euro kosten, die gleiche Summe übernimmt bei den ersten drei Versuchen die Krankenkasse.

Natürlich wärst auch du mir das Geld wert. Kein Auto, kein Urlaub, kein Schmuck könnte je diese Gier in mir auslösen. Diese Gier nach Zukunft, die Gier nach dir, nicht obwohl, sondern weil ich weiß, dass du nicht mir, sondern nur dir selbst gehörst und dich eines Tages aus dem Staub machst. Du sollst nur wissen: Wunder geschehen nicht auf Knopfdruck, man kann sie nicht erzwingen. Sie geschehen, wenn die Zeit reif ist. Wann das so weit ist, fragst du? Ich finde, Albert Einstein hat darauf mal eine treffende Antwort gegeben: »Es gibt nur zwei Arten zu leben. Entweder so, als wäre nichts ein Wunder, oder so, als wäre alles ein Wunder.«

Natürlich haben auch wir uns unsere Gedanken gemacht. Doch angesichts des Leids so vieler Menschen, von dem ich vorher nichts ahnte, schäme ich mich für jeden Zweifel, der in letzter Zeit über mich gekommen ist. Das Problem ist nur: Man weiß nie, zu welcher Gruppe man gehört, zu den Ungeduldigen oder den Unfruchtbaren. Aber will man das wirklich wissen? Gehört es nicht dazu, überrascht zu sein, wenn das Glück plötzlich um die Ecke biegt?

Wir haben uns dazu entschieden, uns nicht kirre zu machen. Wir warten weiter aufs Happy End. Ob die Story wieder so gut ausgeht wie damals, mit der Frau und dem leicht alkoholisierten Lächeln? Ob auch du eines Tages Hip-Hop tanzt?

Dein Papa

Über die Liebe

Liebes Kind,

ich schreibe dir aus einem Romantikhotel im Harz, in das Mama und ich vorgestern gefahren sind. Den Frühstücksraum teilen wir uns hier ausschließlich mit Menschen, die dem Sterben näher sind als dem Gebären. Aber was erwartet man auch vom Harz? Nun wandern wir auf den Brocken, flanieren durch Quedlinburg, besuchen Glasbläsereien und sehen uns an bezaubernden Fachwerkhäusern blind. Wir haben beschlossen, Larissa und Timo keine Postkarte zu schicken.

Ich bin gestern 33 Jahre alt geworden, und damit ging ein Jahr zu Ende, das wahnsinnig aufregend war. Der beste Tag des Jahres: Ich habe deine Mama geheiratet. Viele behaupten, das sei der schönste Tag im Leben. Aber wie soll das gehen, wenn du noch gar nicht da warst?

Du wirst dir nur schwer vorstellen können, dass es eine Zeit gab, in der Mama und ich keinen Ehering trugen, sondern nur Flausen im Kopf hatten. Dabei waren wir doch gerade selbst noch Kinder. Verantwortung übernehmen hieß eben noch, das Tamagotchi zu füttern, bevor es verhungert. Ich kaufte mir nach Schulschluss saure Pommes und Fußballsammelkarten am Kiosk, und es war mir egal, wenn ich dadurch den Bus verpasste. Warten war okay. Ich hatte das ganze Leben ja noch vor mir. Ich trug eine Helly-Hanson-Jacke, hörte die Backstreet Boys, spielte Gameboy und trank Ahoi-Brause. Ja, die Neunziger waren trashig, aber es waren unsere Neunziger, so wie die 2020er deine Zwanziger sein werden. Nur ohne »I've been looking for freedom« und Wolfang Petrys längster Single der Welt.

Aber was mache ich mich eigentlich so verrückt? Seit 200 000 Jahren zeugen die Menschen Kinder und ziehen sie groß. Selbst Adam und Eva haben das hinbekommen, und ich schätze, dass es da noch keine Erziehungsratgeber gab. Was vielleicht aber auch dazu führte, dass ihr Sohn Kain seinen jüngeren Bruder Abel erschlagen hat. Da haben wir es schon: Wie erziehe ich dich, was erzähle ich dir, was lebe ich dir vor, damit du nicht irgendwann deine Geschwister umbringst?

Ich frage bei Gelegenheit mal deinen Opa. Der hat mir vor nicht allzu langer Zeit selbst noch gesagt, wo es langgeht. Nein, keine Taschengelderhöhung! Kleb den Popel nicht unter die Esstischplatte! Und wehe, du schaust noch einmal heimlich *Eis am Stiel!* Vermutlich wird er sagen: Wenn du dein Kind liebst, geht der Rest von allein. Natürlich werde ich dich mit Liebe überschütten, mit dir kuscheln, dir den Rücken kraulen, dir zuhören und dir die Hand halten, wenn deine Zähne zu wachsen beginnen. Als wäre das eine Frage. Aber wird das ausreichen? Ist Liebe der Generalschlüssel?

Mit der Liebe ist es ja ein wenig kompliziert. Mit acht Jahren dachte ich, dass ich krank wäre, weil es in meinem Bauch kribbelte und mein Herz lauter klopfte als sonst, nur weil SIE da war. Wir ließen in meinem Kinderzimmer die Rollläden herunter und knipsten das Licht aus. Wir tasteten nacheinander, berührten unsere Gesichter, hielten uns wie zufällig an der Hand und taten so, als hätten wir uns versehentlich den Lippen des anderen genähert. Wir kicherten, verstummten – und kicherten weiter. Der erste Kuss war eine verschämte Berührung. Natürlich ohne Zunge! Die Zunge hatten wir damals nur, um sie anderen herauszustrecken. Wir waren Kinder. Ich verbrachte viel Zeit mit ihr. Nur samstags nicht. Da liefen *Knight Rider* und *Das A-Team*. Ich träumte von ihr, aber noch mehr davon, eines Tages ein sprechendes Auto zu haben oder zumindest einen Freund wie Hannibal. Liebe, das war das, was wir für unsere Eltern empfanden.

Und dann war er da, der Drang, sich abzunabeln, zu lieben und geliebt zu werden. Als ich eines Tages zu wissen glaubte, was Liebe ist, sagte deine Uroma zu mir: »Von einem schönen Teller allein wird man nicht satt.« Ich war Mitte 20 und wohnte mit einer Frau zusammen, die zwar gut aussah, mir aber nicht guttat – so zumindest sehe ich das heute. Sie verdrehte die Augen, wenn ich ihr von meinen Träumen erzählte. Ich glaube, dass sie mir meine Flausen austreiben wollte, dass sie »Ich liebe dich« sagte und eigentlich »Ich liebe dich, wenn du dich änderst« meinte. Deine Uroma hatte dafür ein Gespür. Sie war eine kleine Frau mit lockigen grauen Haaren, die Zeit ihres Lebens kochte, backte, nähte, putzte und Opas Rente zusammenhielt, eine moderne Frau der 60er-Jahre. Ich verbrachte die Vormittage meiner Kindheit bei ihr und Opa, weil meine Eltern arbeiteten. Und obwohl die Zechensiedlung einer Ruhrgebietsstadt nicht die Heimat der Sorglosen war, sah ich meine Oma nie weinen. Bis zu diesem Tag, als sie mich mit der Schöne-Teller-Metapher wachrütteln wollte. So richtig half es nicht.

Ein halbes Jahr später starb sie. Sie hinterließ mir ein Ausfüllbuch, das ich ihr mal geschenkt hatte und in dem sie aus ihrem Leben erzählen konnte. Sie schrieb die letzten Seiten noch im Sterbebett voll. Ja, so war sie: erst die Familie, dann die anderen. Selbst dann, wenn der Tod der Fremde war, der vor der Tür stand. Ein paar Tage später blätterte ich in dem Buch. Auf einer der hintersten Seiten wurde sie vom Buch aufgefordert, eine Weisheit niederzuschreiben, die sie ihrem Enkel mit auf den Lebensweg geben will. Du ahnst, welche sie dort nannte. Sie war ihr Vermächtnis an mich.

Ich habe mich nach dem Lesen gefragt, was eigentlich der Unterschied zwischen Liebe und Gewohnheit ist. Bleibe ich wegen der gemeinsamen Wohnung bei meiner Freundin, weil es bequemer ist, als neu anzufangen und mich irgendwann wieder neu erklären zu müssen, warum ich meine Träume nicht ignorieren will wie einen leichten Husten? Oder bleibe ich, weil ich mir keinen anderen Ort vorstellen kann, an dem ich lieber wäre als bei ihr? Ich dachte mehrere Wochen darüber nach. Dann zog ich aus.

Auch ohne Omas Rat wäre ich heute wahrscheinlich nicht mehr mit der Frau zusammen. Aber wäre ich womöglich noch länger geblieben? Ich wäre dann sicher nicht ins Rheinland gezogen. Ich wäre nicht an diesem Freitag im Mai in die Diskothek gegangen. Ich hätte dort nicht deine Mama getroffen. Ich wäre heute nicht mit ihr verheiratet. Und du stündest nicht in den Startlöchern. Tust du doch, oder?

Ich bedaure sehr, dass du deine Uroma nicht mehr kennenlernen wirst. Aber du wirst sie spüren, ohne es zu merken. Sie ist in dir. In mir. Und du – ich sowieso – wirst instinktiv darauf achtgeben, nie auf schöne Teller hereinzufallen!

Und sollte es doch mal geschehen, sei bitte fair zu dir selbst. Man lernt nie aus. Selbst Papas lernen täglich dazu. Du wirst auch meinen Blick auf die Liebe verändern, sanft und unaufhörlich. Du wirst zunächst mein Herz erobern, es zu deinem Territorium erklären und dich darin breitmachen. Du wirst Pflöcke einschlagen, anfangs für jedes zahnlose Lachen einen, später mit jedem Bild, das du malst, und jedem Satz, den du sagst. Und eines Tages wirst du einen Teil meines Herzens wieder freigeben und ein weiteres erobern, jedenfalls dann, wenn dein Glück um die Ecke tänzelt. Die Spuren, die du in meinem hinterlässt, bleiben. Denn Liebe ist kein Land, das man ausrauben kann und geplündert zurücklässt. Liebe ist eine Reise an den schönsten Ort der Welt, der mit jedem Reisenden, der ihn erreicht, immer schöner wird.

Ich ende an dieser Stelle. Deine Mama meint, die Wirkung des Romantikhotels sei nicht zu überlesen. In diesem Sinne: Auf die Romantik! Auf die Liebe! Auf den Tag, an dem du mich eroberst!

Dein Papa

Über die Stadt und das Land

Mein liebes Kind,

wir sind wieder zurück aus dem Harz, zurück in unserer Hamburger Wohnung, die sich mit ihren 65 Quadratmetern und der sechsspurigen Hauptstraße davor noch beengter anfühlt als vor den Tagen. Der Harz ist so etwas wie die Schallplatte: Die war auch mal total hip, dann völlig out und wird nun von ein paar Liebhabern wiederentdeckt. Wenn der Harz also eine Schallplatte ist, dann ist Hamburg Spotify. Hier geht alles – und noch viel mehr!

Dort, wo alles geht, wollen alle hin. Und wo alle hinwollen, wird es meist eng und teuer. Massenmenschhaltung, sagt dein Opa, ein Bauer, dazu. Wären wir Schweine, stünden längst schon Umweltaktivisten vor unserer Haustür und würden uns in einer Nacht-und-Nebelaktion befreien, spottete er mal. Landwirte-Humor! Der hat auch leicht reden: Er lebt auf seinem Bauernhof in Schleswig-Holstein mit mehr als 300 Quadratmetern Wohnfläche, gigantisch großem Garten, einer Koppel, auf der zwei Pferde grasen, und einem Teich, der als See durchgehen könnte. Auf dem Hof haben sich ein als Genossenschaft geführter Bioladen und ein Imker niedergelassen, in einer großen Halle lagert Getreide. Der Unterschied zu unserem Leben in Hamburg könnte nicht gewaltiger sein. Wir zahlen fast tausend Euro für unseren warmen Stall, pardon, unsere Wohnung mit zwei Balkonen, von denen wir einen nicht benutzen können, weil man dort innerhalb weniger Minuten entweder vom Autolärm schwerhörig werden oder durch den Feinstaub ersticken würde. Der andere ist so klein wie zwei Umzugskartons.

Auf dem sitze ich gerade und lasse aus Platzmangel meine Füße über das Geländer baumeln. Trotz der Enge ist dies ein schöner Ort, um einen Brief an dich zu schreiben. Wenn ich über den Laptop hinwegschiele, sehe ich das Kontrastprogramm von dem, was ich sehe, wenn ich morgens aus dem Haus gehe: Denn während vor dem Klinkerbau die raue Großstadt tobt, Pendler hupen und Radfahrer schimpfen, hat sich dahinter die Pracht der Jahreszeiten eingenistet, Bäume, Eichhörnchen, Vögel, eine unschätzbare Ruhe, die so überraschend kommt wie Kühe im Ruhrgebiet.

Eine Großtante von mir, die auf einem Bauernhof in Bayern arbeitete, besuchte uns vor 25 Jahren mal in Oberhausen, einer Stadt mitten im Pott. Wir holten sie vom Bahnhof ab, und auf dem Weg zu uns kamen wir an einer grünen Weide vorbei. Ich habe keine Ahnung, was sie bei uns erwartet hatte – vielleicht rauchende Schlote, rußbedeckte Tischdecken über der Wäscheleine, Menschen mit Kohlestaub im Gesicht? –, jedenfalls rief sie auf einmal völlig ekstatisch: »Ja, mei, hier gibt's ja Kühe!« Meine Eltern beruhigten sie und sagten, dass die nur sonntags aus Bayern eingeflogen werden, wenn die Zechen geschlossen haben und die Bergleute mal Natur erleben wollen. Wir lachten, die Großtante guckte etwas schief. Ich glaube, sie hielt das für bare Münze.

Ich schreibe diese Sätze und bin mit den Gedanken doch nicht ganz bei der Sache. Ich warte auf deine Mama, die eigentlich jeden Moment von der Arbeit kommen müsste.

Ich habe eben einen Schwangerschaftstest gekauft. Seit vier Tagen stelle ich Mama immer dieselbe Frage, wenn sie morgens frisch geduscht aus dem Bad kommt: Und, hast du sie? Deine Tage? Heute Morgen genügte bereits ein vielsagender Blick: Und? Seit sechs Tagen lautet die Antwort: Nein. Vier Tage überfällig. Das kann Zufall sein. Das kann aber auch der Anfang von allem sein. Ich bin aufgeregt.

Eben noch stand ich im Drogeriemarkt bei uns gegenüber. Ich fühlte mich wie damals, als ich zum ersten Mal Kondome kaufte. Man denkt, der ganze Laden starrt einen an. Man wird unfreiwillig zum Gedankenleser: Ach, der junge Mann hat heute Nacht etwas vor! Aha. Soso. Man fühlt sich nackt, ausgezogen von der Fantasie der anderen, die doch nur die eigene ist. 15 Jahre später liegt nun dieser Test auf dem Laufband der Kassiererin, und ich meine, in ihrem »Haben Sie eine Kundenkarte« unterschwellig den Satz gehört zu haben: Ach, der junge Mann hatte also vor ein paar Wochen etwas vor! Aha. Soso.

»7,80 Euro, bitte.« Die Kassiererin riss mich aus meiner Paranoia. Ich hatte mich für den günstigeren Test entschieden. Der fast doppelt so teure versprach lediglich, statt in zwei Minuten in nur einer Minute das Ergebnis zu liefern. Ich frage mich, wer so etwas kauft. Wer ist so ungeduldig, dass zwei Minuten zu viel sind?

Ich fantasiere.

»Du, in einer Minute geht mein Flieger ins Tal der Menschenfresser. Auf dieser einjährigen Mission habe ich keinen Kontakt zur Außenwelt, und ich muss vorher wissen, ob ich Vater werde oder nicht! Mach bitte schnell.«

Der Test ist bestimmt der Renner.

Ob den auch die Nachbarn über uns gekauft haben? Die haben vor Kurzem ein Baby bekommen, ein Schreikind (BITTE, BITTE verschone uns!). Vor der Geburt fragte mich der werdende Vater noch, ob wir mal zum Essen vorbeikommen wollen. Ich fand das großartig, weil ich bis dahin das Gefühl hatte, unser Zuhause sei die Geschäftsstelle der anonymen Anonymen, eine Selbsthilfegruppe als Wohngemeinschaft, in der nur Menschen leben, die Angst davor haben, von irgendwem mit Namen gekannt zu werden. Alberne Vorstellung, ich weiß! So erfreulich ich die Essenseinladung unseres Nachbarn fand, so wenig glaubte ich an ihre Umsetzung. Ich schmunzelte in mich hinein und dachte an unsere Freunde, ihr Sommerfest, ihr nicht fertig werdendes Haus und die Scheiß-egal-Liste. Lass den erst mal Vater werden, sagte ich zu mir. Zu dem Essen kam es dann tatsächlich nie.

Obwohl wir bei unserem Einzug an jeder Tür klingelten, uns jedem persönlich vorstellten und selbst gebackene Muffins vorbeibrachten, vergingen gut zwei Jahre ohne auch nur ein einziges Gespräch im Treppenhaus, das über »Moin« und »Moin, moin« hinausging. Lediglich die alte Dame im Erdgeschoss bat uns einmal zu sich herein. Sie lebte bereits 40 Jahre in dem Haus, ihr Mann war bereits vor Jahren verstorben, und es wirkte, als würde sie ihm gerne folgen. Ein Jahr später ging ihr Wunsch in Erfüllung. Wir erfuhren erst sechs Wochen später davon.

Der Mensch in der Wohnung unter einem stirbt, und man bekommt nichts davon mit. Ist das nicht traurig? Nein, das ist Großstadt. Deine Mama und ich haben uns schon häufiger gefragt, ob dies der richtige Ort ist, an dem du aufwachsen solltest. Es ist gar nicht die Hauptstraße vor der Tür, nicht die U-Bahn, die unter dem Haus entlangrauscht, und auch nicht die rumänische Obdachlose, die wenige Meter neben unserer Haustür sitzt und mir jeden Morgen ihren Pappbecher entgegenstreckt. Es ist die Aussicht darauf, ein Leben wie in einer Massentierhaltung zu führen. Da kennt auch die eine Sau die andere nicht, trotz allergrößter Nähe, und wenn eine stirbt, interessiert's kein Schwein.

Ich muss dir bei dieser Gelegenheit etwas sagen, das du in 18 Jahren entweder mit Groll oder mit Dankbarkeit liest: Wir werden aufs Land ziehen, auf den Bauernhof deines Opas. Deine Mutter hat den Betrieb auf dem Papier bereits übernommen. Sie ist keine Landwirtin, sondern Eventmanagerin, aber seitdem eine Physikerin Kanzlerin ist, halte ich alles für möglich. Wir werden in den kommenden Monaten das Altenteil sanieren und noch vor deiner Geburt einziehen. Mein Nestbautrieb hat eingesetzt, ich spüre ihn ganz deutlich.

Entschuldige, dass ich dich vor vollendete Tatsachen setze, aber ich konnte dich ja noch nicht fragen. Trotzdem frage ich mich, wie du wohl entschieden hättest. Würdest du ein Leben in der Großstadt einem auf dem Land vorziehen? Sicher ist: Diese Entscheidung, die wir nun getroffen haben, wird dich mehr prägen als jede noch ausstehende. Sie wird deine Hobbys sowie deine Berufs- und Partnerwahl bestimmen. Du wirst Bagger fahren, ein Baumhaus bauen, den Hoffasan jagen, Weizenkörner durch die Hände rieseln lassen und Erdbeeren pflücken, die du im Garten zuvor selbst angepflanzt hast. Wenn ich Glück habe, wirst du mich fragen, ob ich dabei sein möchte. Wir ziehen dann unsere Gummistiefel an und stiefeln nach draußen. Du mit einer kleinen Schaufel in der Hand, ich mit großem Spaten. Und wenn ich mich geschickt anstelle, wirst du erst sehr spät merken, dass ich in Sachen Natur noch Nachhilfe brauche. Ich bin ein Stadtkind, das viel

Sport trieb und die übrige Zeit an der Spielkonsole Sport simulierte. Ich bin nie Bagger gefahren, habe nie ein Baumhaus gebaut, nie einen Fasan gejagt und nie etwas Eigenes angepflanzt, das ich hinterher ernten konnte. Hatte ich deshalb eine schlechtere Kindheit? Sicher nicht.

Es ist halt so, Baby: Im Leben kommt es nicht darauf an, wo man herkommt, sondern wo man hinwill. Der Satz gilt nicht nur geografisch. Aber auch. Und wir wollen aufs Land.

Nun muss ich aber eine kurze Pause machen. Mama ist da. Ich melde mich gleich zurück. Vielleicht mit einer guten Nachricht!

Zwei Stunden später.

OH MEIN GOTT!

Hörst du: OH MEIN GOTT!

Du wirst bald da sein. Wie sich das anhört: DU wirst BALD da sein. In etwa 37 Wochen werden wir, wenn alles gut geht, uns kennenlernen. In 37 Wochen beginnt ein neues Leben, für dich und für uns.

Zwei Minuten habe ich den zweiten Streifen herbeigesehnt und mir heimlich gewünscht, doch den Expresstest gekauft zu haben. Doch dann war er sichtbar, der Streifen, und meine Augen wurden feucht. Der Test ist doch sicher, oder? 99 Prozent sind nicht 100 Prozent. Aber wenn ich wüsste, dass ich morgen zu 99 Prozent sterben würde, hätte ich ziemlich schlechte Laune. Unsere Körper reagierten anders: Wir hüpften, wir tanzten, wir benahmen uns so, als hätten wir gerade den Lotto-Jackpot geknackt. Hatten wir ja auch. Als das Dopamin Minuten später etwas nachließ, schossen deiner Mama einige Gedanken durch den Kopf: Wann gehe ich zum Frauenarzt? Wir müssen unbedingt mal nachschauen, wann der Geburtsvorbereitungskurs stattfindet! Kein Alkohol mehr! Wann sagen wir es unseren Eltern? Ob es gesund ist? Wir müssen uns jetzt mit dem Haus und dem Umzug beeilen! Oh mein Gott, wir sind schwanger!

Wir legten uns auf die Couch und sahen wortlos in den Raum. Wir waren voll an Gedanken und leer an Worten. Entweder nichts ist ein Wunder oder alles. Dies war eines, zweifellos. Du bist da, wenn auch erst nur als ein kleiner Ball aus einigen 100 Zellen, die sich zahllos oft teilen, bevor du dich bald an die Wand der Gebärmutter haftest. Die Saat Mensch ist ausgesät. Welch ein göttlicher Moment! Welch ein Wunder! Das erste, das ich vollbracht habe. Ich kann es noch gar nicht fassen.

Dein Papa

Über Verantwortung

Liebes Kind!

Wir müssen uns jetzt mit dem Haus beeilen!

Dieser Satz deiner Mama hallte in mir nach. Denn nicht nur Kinder und Betrunkene sagen immer die Wahrheit, auch Frauen, die gerade erfahren haben, dass sie schwanger sind.

Ich muss ihr ja recht geben. 36 Wochen bleiben, um alles bis auf die Grundmauern abzureißen, alles neu zu dämmen, die Elektrik zu erneuern, die Fußböden zu begradigen, den Dachboden auszubauen, die Fenster auszuwechseln, eine Decke einzuziehen, neue Heizungsrohre zu verlegen, die Bäder zu fliesen, Wände zu streichen, Möbel zu kaufen und umzuziehen.

Wie knapp das ist, erfuhren wir erst im Gespräch mit unserem Bauleiter, der in Schleswig-Holstein die Baustelle managte, während wir in Hamburg das dafür nötige Geld verdienten.

»Wann wollt ihr fertig sein?«

»Zu Weihnachten wären wir gerne drin?«

»Welches Weihnachten? 2019 oder 2020?«

»Na, hör mal, es ist Mai. Nun gut, sagen wir spätestens im Januar. Dann kommt das Baby.«

Ich habe schon häufig gehört, dass Kinder ein Leben auf den Kopf stellen. Dass sie entscheiden, was wann gemacht wird. Aber dass du schon in der Größe eines Mohnsamens damit anfängst, hätte ich vor ein paar Tagen noch nicht für möglich gehalten.

Bisweilen wähnte ich die Rushhour des Lebens in der Zukunft. Doch hier ist sie: heiraten, Haus bauen, Kinder kriegen und dabei nicht die Karriere aus den Augen verlieren. Die drei F, die drei Jahrzehnte oberste Priorität hatten – Freunde, Familie, Freizeit –, rücken in den Hintergrund. Wir, die Generation Y, geboren in den 80er- und 90er-Jahren, verstopfen nun die Hauptverkehrsadern des ewigen Kreises. Man kann jetzt nach dem Warum fragen, man kann aber auch einfach mal Verantwortung übernehmen. Und zwar nicht nur für uns selbst, sondern für die nächste Generation.

Ich fange damit auch gleich an. Ich finde, als nun amtlich bestätigter werdender Papa wäre jetzt ein guter Zeitpunkt, eine Inventur von mir selbst zu machen. Wer bin ich und wer will ich sein? Was läuft gut, und was sollte lieber aus meinen Regalen der Abteilung »Besser leben« geräumt werden, bevor die Vaterrolle Platz braucht?

Eine Inventur zu machen ist nicht ganz einfach. Ich frage mich, an welcher Stelle ich mein Leben entschlacken kann, was ich outsourcen kann – den Job, die Hobbys, Familie und Freunde? Worauf kann ich verzichten, was ist lebensnotwendig? Wie kann man all seinen Rollen gerecht werden, ohne die des frischgebackenen Vaters zu vernachlässigen?

Mit allem, was ich tue, identifiziere ich mich. Ich arbeite gerne als Journalist, verlege gerne nebenbei Bücher, leide gerne als Fußball-Fan mit dem MSV Duisburg, bin unheimlich gerne verheiratet und fühle mich in meiner neuen Rolle als Bauherr auch ziemlich wohl.

Ich habe ein volles Leben, das mich fordert und bereichert, in dem ich die Dinge tun kann, die mir Freude bereiten, mit

Menschen, die ich mag, an Orten, die ich mittlerweile mein Zuhause nenne. Ich bin glücklich. Aber ich weiß schon jetzt, dass es überläuft, wenn du da bist.

An dieser Stelle kommt Verantwortung ins Spiel. Verantwortung für dich, dieses kleine Wesen, das gewickelt, gestillt, getragen, gewärmt und geliebt werden will. Das ein Zuhause haben soll, wenn es die Welt erblickt. Die Rolle des Vaters ist heute zeitaufwendiger als vor 50 Jahren. Der moderne Vater sieht nicht der Mutter dabei zu, wie sie die Kinder großzieht und den Haushalt schmeißt. Er packt selbst an, geht mit zum Geburtsvorbereitungskurs, nimmt Elternzeit, abonniert eine Schwangerschafts-App und ist selbstverständlich bei der Geburt dabei. Nicht weil er muss, sondern weil er will. Ich will das auch. Ich will dir die Windeln wechseln, den Sabber von der Wange wischen und dir zur Beruhigung meinen kleinen Finger zum Nuckeln in den Mund stecken. Die Autokorrektur meines Handys macht aus »Kacka« »Kafka«, doch in meinem Leben ist das bald andersrum.

Ich muss in den kommenden Wochen etwas an meinem Leben ändern, damit die überquellenden Regale unter der neuen Babykollektion nicht eines Tages einstürzen. Ich muss, nein, ich will Verantwortung übernehmen, weil ich mich nicht voll, sondern komplett fühlen möchte. Wie sagte schon der Theologe Dietrich Bonhoeffer, der am gescheiterten Attentat auf Adolf Hitler beteiligt war und deshalb einen Monat vor Kriegsende hingerichtet wurde: »Die Ehrfurcht vor der Vergangenheit und die Verantwortung gegenüber der Zukunft geben fürs Leben die richtige Haltung.«

Wir leben in ruhigeren Zeiten als Bonhoeffer und in unruhigeren als deine Großeltern. Es ist an der Zeit, dass wir Verantwortung für die Zukunft übernehmen. Im Großen wie im Kleinen. Und der Anfang von wir ist immer ich. Ich weiß, was war und was kommen soll. Die Tage, an denen wir wach blieben, bis die Wolken wieder lila waren, sind vorbei. Bald beginnen die Tage, an denen wir wach bleiben, bis du wieder eingeschlafen bist. Ich werde die Augenringe mit Würde tragen. Und dich in den Arm nehmen, wenn du schlecht träumst.

Dein Papa

Über Sorgen

Mein liebes Kind,

ich bin in der vergangenen Nacht schweißgebadet aufgewacht. Ich hatte geträumt, du wärst bereits geboren und wir beide hätten einen Ausflug ans Meer gemacht, vermutlich an die Ostsee, weil die ja gleich um die Ecke ist. Wir wateten durch den tiefen Sand, während das glatte Wasser unsere Fußsohlen unterspülte. Du konntest in diesem Traum schon laufen, und so rannten wir um die Wette, rauften, lachten. Du bist mir auf den Arm gehüpft, und ich setzte dich auf meine Schultern. Da throntest du, dem Himmel eine Kopflänge näher als ich.

Träume sind wie das Leben selbst, sie können radikale Wendungen hinlegen, im Guten wie im Schlechten. Eben noch die Unbeschwertheit, gleiten mir nun deine Beine, die ich zuvor fest umschloss, aus den Händen. Du fällst rücklings hinunter, fast zwei Meter tief. Ich drehe mich zu dir um, du rührst dich nicht mehr – und ich erwache in einem durchnässten Shirt.

Im Schlaf verarbeitet man seine Ängste und Sorgen, und ich frage mich, wovor ich Angst habe. Vor der Verantwortung, auf dich aufzupassen? Dass du mir buchstäblich über den Kopf wächst und ich die Kontrolle verliere? Dass mein Glück auf Sand gebaut ist?

Sorgen machen dich nicht nur wach. Sie halten dich auch wach. Dich und mich. Die Sache mit den Sorgen wächst sich nicht raus wie Babyspeck. Sie bleiben, selbst Papas haben welche. Keine App und keine Impfung hält Sorgen fern, weil einfach jede verdammte Phase des Lebens seine eigenen hat. Das müssen wir zwei jetzt einfach so akzeptieren, wie dass Montag immer auf Sonntag folgt. Das ist nicht schlimm, denn ohne Schule gäbe es kein Wochenende und erst recht keine Ferien.

Die Sorge hat nur eine blöde Angewohnheit: Sie legt sich über die Tage wie der Soundtrack über einen Liebesfilm. Man summt die Melodie wochenlang vor sich her und fragt sich Jahre später, was daran so besonders war. Das Wissen darüber, wie man mit Sorgen umgehen muss, ändert nichts daran, dass plötzlich wieder eine neue da ist. Und oft wirken die Sorgen von einst winzig klein, weil die aktuelle immer die größte ist. Ich mache mir gerade Sorgen, dass du dir jetzt erst recht Sorgen machst. Hätte ich doch einfach über Pickel geschrieben – die gehen so schnell weg, wie sie kommen. Oder über Popcorn, das zwar Pickel macht, aber sonst echt nur gute Seiten hat.

Wenn ich ein guter Vater bin, kommst du zu mir mit deinen Sorgen, und wir quatschen darüber. Ich sage dann den beiden Superhelden unseres geheimen Teams Bescheid, die – wenn sie Zeit haben – am besten gemeinsam auftauchen, so wie Batman und Robin. Unsere Superhelden heißen Erfahrung und Vertrauen, die mit dir und mir zusammen unschlagbar sind, weil sie uns den Blick zurück und in die Zukunft ermöglichen – und das mögen Sorgen gar nicht. Die Erfahrung erzählt von früher, das Vertrauen von morgen. Sie wiederum stärken uns im Hier und Jetzt. Denn Sorgen ziehen ihre Energie nur aus der Gegenwart, aus der Ungewissheit, was kommt.

Und weil unser Kampf mit der Sorge sicher viel Kraft gekostet hat und dein Mund vom Reden ganz trocken ist, werde ich dir eine Flasche Wasser geben. Bevor du daraus trinkst, werde ich dich bitten, die Flasche in die rechte Hand zu nehmen und den rechten Arm nach vorne auszustrecken und diesen erst wieder herunterzunehmen, wenn ich das sage. Nach 30 Sekunden wirst du mich womöglich irritiert fragen, was diese kinderleichte Übung soll. Nach drei Minuten wirst du vielleicht schon ein angestrengtes Gesicht machen. Nach spätestens zehn Minuten wirst du den Arm erschöpft herunternehmen. Das Interessante an diesem Experiment ist, dass die Flasche zu jeder Zeit gleich schwer ist. Doch mit jeder Minute fühlt sie sich für unseren Arm schwerer an. Genauso verhält es sich mit den Sorgen: Je länger du damit herumläufst, desto mehr belasten sie dich. Sie rauben dir Kraft, bis du kapitulierst.

Lass es nicht so weit kommen. Lass mich der sein, der dir die Flasche abnimmt – und dir eine Portion Popcorn macht.

Dein Papa

Über die Welt

Mein liebes Kind,

deine Mama schläft, was mir die Gelegenheit gibt, dir mal wieder zu schreiben. Mama ist seit Tagen unheimlich müde. Keine Ahnung, was genau du mit ihr anstellst, aber seit du in ihrem Bauch bist, ist mit ihr nicht mehr viel anzufangen. Nach der Arbeit legt sie sich auf die Couch und schläft wie ein Murmeltier. Ihr Körper verbringt in diesen Tagen aber auch Höchstleistungen: Deine Arme und Beine sprießen wie Knospen an einem Körper, der mittlerweile so groß ist wie eine Linse. Dein Herz schlägt 150-mal pro Minute und damit doppelt so schnell wie das eines Erwachsenen. Sie ist so wundersam, deine kleine Welt in dem noch immer flachen Bauch deiner Mama!

Die hier draußen ist es auch. Sie wirkt womöglich auf dich, als sei sie fertig – aber das ist sie noch lange nicht.

Neulich sah ich im Elektronikgeschäft einen jungen Vater mit seinem etwa fünfjährigen Sohn durch die Laptop-Reihen laufen. Sie blieben vor einem Notebook stehen. Der Vater inspizierte das Gerät, als der Knirps fragte: »Papa, wie ist man eigentlich früher ohne Laptops ins Internet gekommen?« Berechtigte Frage, fand ich. Ich täuschte Interesse für externe Festplatten vor, nur um in der Nähe zu sein, wenn der sichtlich überraschte Vater antwortet. Doch der Vater stammelte nur zusammenhangloses Zeug und vertröstete den Jungen auf den Abend. Vermutlich um in der Zwischenzeit bei Wikipedia die Antwort nachzuschauen.

Aber vielleicht unterschätze ich den Technik-Papa. Vielleicht ahnte er, dass er für die passende Antwort am besten etwas weiter ausholen muss. Du wirst es nämlich nicht für möglich halten, aber als ich ein Kind war, gab es kein Internet, nicht mal Handys. Geschweige denn WhatsApp, Instagram, Facebook oder Twitter. Wer sich verabredet hat, musste pünktlich sein. Wer den Daheimgebliebenen zeigen wollte, wie schön es im Urlaub war, musste Filmrollen entwickeln lassen und mit den Fotos Tage später bei ihnen vorbeifahren. Wer mit Freunden in Kontakt bleiben wollte, musste Briefe schreiben. Und wer eine Weltmacht führen wollte, musste mehr können, als in 140 Zeichen Hass und Wut zu säen. Schlecht war das nicht.

Während ich das schreibe, komme ich mir unheimlich alt vor. Ich höre mich schon an wie meine eigenen Eltern, die mir zwar nicht mehr vom Krieg, aber von der Zeit danach berichten konnten: davon, dass in ihrer Kindheit die Wäsche noch mit der Hand gewaschen wurde, die Leute nur einmal pro Woche gebadet haben und eine Wurst durch drei geteilt wurde. Ich weiß noch, wie ich damals Mitleid empfand. Und wie dankbar ich war, dass ich erst in den 80er-Jahren geboren wurde und ein Leben mit Farbfernsehen und Fernbedienung führen durfte. Aber wahrscheinlich kommt dir auch meine Kindheit wahnsinnig langsam und langweilig vor.

Ich setze noch einen drauf: Es gab damals nicht mal Google und Amazon. Die Menschen fuhren noch in die Innenstadt, um Bücher und Klamotten zu kaufen, und sie glaubten nur den Kaufempfehlungen guter Freunde. Sie schlugen in Lexika nach, was sie nicht wussten, aber ich verwette meinen Amazon-Account darauf, dass die Menschen damals weniger nachschlagen mussten als heute. Menschen wie Larry Page (Google) und Jeff Bezos (Amazon) haben nicht nur zwei Weltkonzerne gegründet, sie haben die Welt verändert. Google hat zum Beispiel dazu beigetragen, dass in allen Teilen der Erde das gesamte Wissen der Welt zugänglich ist. Das ist eine gigantische Errungenschaft. Aber etwas, das überall vorhanden ist, verliert gleichzeitig an Wert. Mein Vater trichterte mir noch als Junge ein, dass ich ohne Allgemeinwissen im Leben nicht weit komme. Gilt dieser Satz heute noch immer? Musst du, Baby, wirklich noch lernen, wann der Erste Weltkrieg begann, wenn du es doch mit zwei Klicks nachschauen kannst? Was muss ich dir mit auf den Weg geben, damit du nicht den Anschluss verlierst und mit Ende 20 arbeitslos und ohne Perspektive unser Sofa durchsitzt?

Ich komme darauf, weil in dieser Woche ein Video viral ging (das Wort »viral« gab es übrigens auch noch nicht, als ich ein Kind war), in dem Jack Ma, der Gründer der Alibaba Group, dem größten IT-Unternehmen Chinas, prophezeite, dass Kinder den Kampf gegen Maschinen verlieren könnten. »Ändern wir nicht, wie wir unterrichten«, sagte der ehemalige Englischlehrer, »dann haben wir in 30 Jahren große Probleme. Die Dinge, die wir unseren Kindern beibringen, stammen aus den letzten 200 Jahren. Sie basieren auf Faktenwissen. Es wird uns aber nicht gelingen, unsere Kinder zu lehren, wie sie mit Maschinen konkurrieren können. Maschinen sind schlauer. Wir müssen ihnen daher etwas Einzigartiges beibringen, dann können Maschinen sie nicht einholen.« Und dann zählte er Dinge auf, die wir euch Kindern stattdessen vermitteln müssen: Werte, Überzeugung, unabhängiges Denken, Teamwork, Mitgefühl. »Das alles kann nicht durch reines Faktenwissen erlernt werden«, sagt Jack Ma, »Kinder sollten vielmehr das lernen: Sport, Musik, Malerei, Kunst. Alles, was wir lehren, muss sich von Maschinenwissen unterscheiden. Wenn Maschinen besser sind, müssen wir noch mal darüber nachdenken.«

Ich denke schon den ganzen Tag darüber nach, welchen Satz ich dir mit auf den Weg gebe. Vielleicht diesen hier: »Allgemeinwissen ist wie Google: Es ist schön, es zu haben, mit dem Vorteil, dass es unterwegs auch ohne WLAN funktioniert.«

Doch eigentlich geht es mir in diesem Brief um etwas anderes: Ich will, dass du weißt, dass alles auf dieser Erde veränderbar ist. Alles, was du hier vorfindest, haben Menschen erschaffen. Sie haben Erfindungen gemacht, die für ihre Zeit bahnbrechend waren. Doch mit jeder neuen Generation verändern sich die Bedürfnisse. Früher genügte es, Pferde vor eine Kutsche zu spannen und damit kurze Strecken zurückzulegen. Als dann das Auto erfunden wurde, sagte der letzte deutsche Kaiser, Wilhelm II., noch: »Das Auto ist eine vorübergehende Erscheinung. Ich glaube an das Pferd.« Das war vor etwa hundert Jahren. Heute tüfteln Tausende von Ingenieuren an einer Lösung, wie man das Auto selbstfahrend und umweltfreundlicher macht. Wer weiß, was deine Generation, was dich antreibt? Hauptsache, ihr habt den Mut, Altes infrage zu stellen und Neues zu erschaffen. Hauptsache, ihr habt eine Haltung und steht für sie ein. Hauptsache, ihr habt Mitgefühl – und damit meine ich nicht das für deinen armen Vater, der ohne WhatsApp und Twitter aufwachsen musste.

Wenn ich das so bedenke, ändert sich zwar die Welt, aber die Aufgabe für die, die darauf leben, bleibt immer dieselbe.

Dein Papa

Über erste und letzte Male

Mein liebes Kind,

nichts im Leben ist so einmalig wie das erste Mal. Etwas zum ersten Mal zu machen fordert dich heraus, es lockt dich aus der Reserve, aus deiner Routine. Es erweitert deinen Horizont und lässt dich lebendig fühlen, vorher ebenso wie danach. Als Kind geschehen die ersten Male wie von selbst. Du entdeckst alles neu, erst dich selbst, dann deine Umgebung und am Ende Stück für Stück die ganze Welt. Doch je älter du wirst, desto mehr musst du die ersten Male zwischen den Wiederholungen des Alltags suchen. Aber es lohnt sich, denn sie sind das beste Mittel, um das Leben nicht an sich vorbeirauschen zu lassen. Das muss gar nichts Großes sein. Ich meine nicht, dass du am Montag den Himalaja besteigen und am Dienstag auf dem Atlantik surfen musst. Es genügen schon kleine Dinge: zum Beispiel, indem du mit dem Fahrrad statt dem Auto zur Arbeit fährst. Du wirst zum ersten Mal den warmen Sommerwind im Gesicht spüren, die Blumenwiese auf dem Arbeitsweg entdecken oder einfach nur das wohlige Gefühl empfinden, mit eigener Muskelkraft angekommen zu sein. Du wirst deine kleine Welt, die du glaubtest zu kennen, aus einem anderen Blickwinkel erfahren und so den Alltag überlisten.

Es gab eine Zeit, Baby, da wollte ich dieses Gefühl nicht dem Zufall überlassen. Ich führte deshalb eine Erste-Male-Liste. Die funktionierte wie ein Tagebuch, doch statt eines langen

Textes schrieb ich jeden Tag nur wenige Worte hinein. Vor dem Schlafengehen notierte ich die Sache, die ich an diesem Tag zum ersten Mal gemacht hatte, und fügte hinzu, wie ich mich dabei gefühlt habe. Natürlich kam es vor, dass mehrere Tage hintereinander die Zeilen leer blieben, weil ich keine Zeit hatte, etwas Neues zu machen. Sobald ich das allerdings bemerkte, nahm ich mir ganz bewusst etwas vor, das ich noch nie zuvor getan hatte. Die Liste machte mich zum Herrn über meinen Alltag. Sie trieb mich an, neugierig zu bleiben und mich und die Welt neu zu entdecken.

Ich dachte heute Morgen an die Liste, als ich im Wartezimmer von Mamas Frauenärztin saß. Mein erstes Mal bei einer Gynäkologin, wow! Und dann gleich eine weitere Premiere: Zum ersten Mal habe ich dich heute gesehen. Aber der Reihe nach.

Lustigerweise beschleicht die meisten Männer, die zum ersten Mal die Praxis einer Frauenärztin betreten, ein seltsames Gefühl. So auch mich. Man fühlt sich, als habe man sich ohne VIP-Bändchen in einem Schalke-Trikot in den Lachs-und-Schampus-Bereich von Borussia Dortmund eingeschlichen. Aber das Tolle als werdender Vater ist: Man hat ein verdammtes Bändchen. Und dass man vom anderen Verein ist, interessiert auch keinen. Man darf da jetzt rein, eine ganze Saison lang, in den sonst so abgeschotteten Klub der Frauen.

Gleich nach dem Einlass wurde deine Mama zum Dopingtest geschickt, Urin abgeben. Ich nahm deshalb zunächst alleine im Wartezimmer Platz und blätterte durch die Stadionhefte *(Bunte, Gala)*, um mehr über den hier beheimateten Verein zu erfahren. Nach zwei Minuten hatte ich das Gefühl, alles über Veronica Ferres und Helene Fischer zu wissen, und widmete mich lieber der Trophäensammlung des Klubs, die sich über die gesamte Wand des Wartezimmers erstreckte. Gut, Henkelpötte oder Schalen vergangener Erfolge gab es keine zu bestaunen, stattdessen aber zahllose Bilder von Neugeborenen in Form von Dankeskarten glücklicher Eltern. Ein paar Dinge, dachte ich mir, scheinen die hier also richtig gemacht zu haben.

Und dann lernte ich die Klubchefin kennen, die Storchenflüsterin. Eine Frau mit lockigen grauen Haaren und einer beruhigenden Stimme, mit der sie mir selbst die Nachricht über den Abstieg des MSV Duisburg noch schonend hätte überbringen können. Doch stattdessen verkündete sie deiner Mama etwas Positives: »Sie sind im perfekten Alter, um das erste Kind zu bekommen«, schwärmte sie. Die meisten Frauen kämen leider erst mit Mitte 30 oder später zu ihr. Dabei steige doch mit jedem Jahr das Risiko, dass das Kind nicht gesund zur Welt kommt. »Sie müssen sich bis zum nächsten Termin trotzdem überlegen, ob Sie eine Fruchtwasseruntersuchung machen lassen wollen.« Wir nicken die Hausaufgabe artig ab.

Die folgenden Fragen zu Vorerkrankungen und gewünschten IGe-Leistungen zogen wie Bäume während einer Fahrt im ICE an mir vorbei. Ich wollte nur ans Ziel – und das war die Ultraschalluntersuchung. 20 Fragen später lag deine Mama endlich auf dem Frauenarztstuhl.

Wenn du ein Mädchen wirst, wird dir diese Situation bald einmal vertraut vorkommen: Hier wirst du dir vor dem ersten Sex die Pille oder ein anderes Verhütungsmittel verschreiben lassen, und wahrscheinlich wirst du dich dabei fühlen wie ich damals vor dem Kondomregal. Du wirst dich fragen, was die Ärztin von dir denkt, dass du schon mit 18 (wehe, schon früher! ☺) deine Jungfräulichkeit hergeben willst, und sicher wirst du wie alle jungen Frauen befürchten, dass sich der Arzt an deinen Unterleib ein Leben lang erinnern wird. Sei beruhigt: Das alles passiert nur in deinem Kopf!

Wenn du hingegen ein Junge wirst, dann wirst du hoffentlich ein Gentleman sein und wie ich am Kopfende stehen. Dir wird vielleicht ebenso wie mir die Düse gehen, deine Knie werden womöglich wie meine zittern und deine Augen den Monitor vor dir fixieren. Du wirst vielleicht auch auf den Videobeweis warten, auf das schönste Schwarz-Weiß-Bild aller Zeiten.

Und dann warst du zu sehen, 21 Millimeter winzig, so groß wie eine Kaulquappe. »Sehen Sie«, sagte die Frauenärztin, »da ist es.« Ich wollte »wow« sagen, doch heraus kam nur ein geflüstertes Schluchzen. Ich sehe eine Kaulquappe in Schwarz-Weiß und habe dabei einen Kloß im Hals. Verrückt, oder? Auch deine Mama liegt wortlos da. Von einem Wunder zu erfahren, ist das eine. Es wahrhaftig zu sehen, das andere.

Kurz bevor ich anfing, diesen Brief zu schreiben, dachte ich noch darüber nach, ob ich die Erste-Male-Liste nicht mit diesem Ereignis wieder fortführen sollte. Aber mal ehrlich: Ich brauche in den nächsten Wochen, Monaten und Jahren keine Liste mehr, die mich auffordert, neue Dinge auszuprobieren, um mein Leben spannend zu machen. Dafür wirst du schon sorgen! Ich beschließe stattdessen, eine Letzte-Male-Liste anzulegen, mit Dingen, die ich vor deiner Geburt noch einmal machen will – bevor es danach vielleicht zu spät ist oder ich es lieber lassen sollte. Wie wäre es, wenn du im Gegenzug eines Tages eine Erste-Male-Liste beginnst? Ich wäre gespannt, was du dort notierst. Und wie du dich dabei fühlst, wenn sie geschehen, die ersten Male deines Lebens.

Dein Papa

Über Familie

Mein liebes Kind!

Bis heute warst du ein gut gehütetes Geheimnis. Niemand außer uns sollte wissen, dass du bald in unsere Welt platzt, weil doch gerade in den ersten Wochen so viel passieren kann. Etwa jede dritte Schwangerschaft endet in den ersten zwölf Wochen mit dem Abgang des Embryos. Falls auch uns das widerfährt, wollten wir die Traurigkeit mit uns selbst ausmachen. Die Vorstellung, alle anrufen zu müssen und zu berichten, dass es dich nun doch nie geben wird, fanden wir fürchterlich. Also schwiegen wir und freuten uns allein. Bis heute.

Dein Opa, der – wenn du das hier liest – gegenüber von uns wohnt, war der Erste, der von dir erfahren hat. Es war ein warmer Sommertag, wir brachten Kuchen mit und saßen in seinem Garten mit Blick auf den großen Teich, die Pferdekoppel und die mehreren Dutzend verschiedenen Baumarten, die er über die Jahrzehnte gesammelt hat. Ein Trompetenbaum steht hier neben einem Walnussbaum und der wiederum neben einem Kastanienbaum. Und in der Ferne weidet Tanna, seine trächtige Holsteiner-Stute.

Dein Opa ist für mich, mal ganz abgesehen von seinen Hobbys, das Abziehbild eines norddeutschen Bauern: Er hat große, starke Hände, einen dunklen Bart, so dicht, aber nicht ganz so lang wie der vom Alm-Öhi, und einen trockenen Humor, der ihn als Gagschreiber für »Neues aus Büttenwarder«, die norddeutsche Kultserie, befähigen würde, wäre er nicht schon fast 70 Jahre alt. Er nimmt sich nicht zu ernst, und so ist es fast unmöglich, ihn zu verärgern. Das gelingt nur dem, der ihn in seiner Mittagsstunde stört oder sein Altmetall, das er bergeweise auf dem Hof hortet, als Schrott bezeichnet. »Haben ist besser als brauchen«, sagt er oft.

Ich verstehe diese Philosophie bis heute nicht, so wie es für ihn, glaube ich, noch immer unverständlich ist, dass ein Mann in seinen besten Jahren gerne den ganzen Tag am Schreibtisch sitzt und Texte schreibt. So ließ er es sich nicht nehmen, im Dorf herumzuerzählen, dass sein baldiger Schwiegersohn zwei linke Hände habe und, genauer betrachtet, eine handwerkliche Niete sei. Er hat ja recht, immerhin habe ich es neulich bei der bloßen Anbringung einer Deckenlampe fertiggebracht, das Stromkabel in unserer Wohnung zu durchtrennen. Wie sollte einer wie ich eines Tages den Mann auf dem Hof markieren, ein Kerl ohne Anhängerführerschein und Motorsägenschein? Zudem kam es ihm wohl eigenartig vor, dass ich noch nie in meinem Leben einen Traktor gefahren bin und eine Eiche nur mit Mühe von einer Buche unterscheiden kann. Und zu guter Letzt war da ja noch meine Herkunft, mit der er anfangs fremdelte: »Du kommst aus Nordpalermo, hörte ich!«, stichelte er zur Begrüßung, als ich das erste Mal seine Tochter auf dem Bauernhof besuchte. »Nein, aus dem Ruhrgebiet.« – »Ja, sag ich ja. Südlich der Elbe. Italien halt.« Ich habe mich mittlerweile an den Humor gewöhnt.

Bei all den Unterschieden, eines haben wir gemeinsam: Wen wir wirklich mögen, den necken wir. Du musst dir also keine Sorgen machen, wenn ich mal wieder damit drohe, deinen Opa ins Heim zu bringen.

Dein Opa, wie sich das anhört. Der Mann, den ich erst seit

gut fünf Jahren kenne, wird also dein Opa sein. Ich bin sehr glücklich mit der Wahl, weil er das sicher richtig toll machen wird, und doch fühlt es sich merkwürdig an. Familie, das war bislang etwas fest Definiertes: Mutter, Vater, Schwester, Opa und bis vor Kurzem noch Oma. Ein kleiner Kreis von Menschen, der sicher auch mal zu klein und zu eng war, aber der stets ein sicherer Ort war, wenn die Welt sich wieder zu schnell drehte und man die Orientierung verlor. Ein Ort, den ich mit der Zeit immer seltener aufgesucht habe und von dem ich mittlerweile vier Autostunden entfernt wohne, von dem es aber in der Vergangenheit manchmal reichte zu wissen, dass er noch da ist. Die Liebe der Eltern zu ihren Kindern ist das einzige vollkommen selbstlose Gefühl, sagte der englische Dramatiker William Somerset Maugham mal. Eine Liebe, die nicht vergeht – selbst nicht in tiefsten Krisen und bei größter Distanz.

Bald wirst du der Mittelpunkt meiner Familie sein. Auch du wirst von uns erwarten, dass wir dir diesen Zufluchtsort bieten. Ich hoffe, ich kann das besser, als Bäume voneinander zu unterscheiden. Ich möchte unheimlich gerne der Lotse deines Heimathafens sein, in den du immer gerne zurückkehrst, wenn auch nur für eine Tasse Tee und ein Stück von Opas Schwarzwälder Kirschtorte. Das Fiese ist nur, mein Kind: Du hast uns jetzt an der Backe. Denn Eltern kann man sich nicht aussuchen. Und sicher wirst du uns auch ab und an echt peinlich finden, oder nervig, oder zu streng, oder wahnsinnig spießig – oder alles zur gleichen Zeit. Und weißt du was: Das ist auch völlig in Ordnung. Wie alle Eltern starten auch wir mit dem Anspruch, alles richtig machen zu wollen, doch wie alle werden wir an dieser Aufgabe scheitern. Ich bin jedenfalls noch keiner Mama und keinem Papa begegnet, denen das gelungen ist. Es würde mich auch eher irritieren, wenn du immer unserer Meinung bist, immer brav unsere Regeln befolgst und nie versuchst, aus dem kleinen Kreis auszubrechen. Es ist okay, wenn du zu deinem Opa auf der anderen Straßenseite rennst, dich über uns beschwerst und zur Beruhigung eine Kugel Eis bekommst. Wichtig ist nur, dass du weißt, dass du jederzeit wieder zurückkommen darfst und bei uns sicher bist.

Anders als bei Mamas und meiner Hochzeit verändert deine Ankunft auch etwas im Leben deines Opas. Er bekommt eine neue Rolle, eine Aufgabe. Diese Nachricht kann durchaus eigenwillige Reaktionen zutage fördern. Als der Vater von Lou vergangene Woche erfuhr, dass sein Sohn sein freies Training erfolgreich abgeschlossen hat, platzte es aus ihm heraus: »Oh Gott, dann gehe ich ja bald mit einer Oma ins Bett.« Nun, ja. Wie der Vater, so eben auch der Sohn. Der Spruch hätte auch von Al Bundy kommen können, der in einer Folge mal spottete: »Manchmal glaube ich, wir sind keine Familie, sondern ein biologisches Experiment.«

Dein Opa hat zum Glück anders reagiert. Auch deshalb, weil sich deine Mama große Mühe gab, ihn hereinzulegen. Sie kopierte den Briefkopf der Tierärztin, die sich um seine trächtige Stute kümmerte, ließ in dem Anschreiben schöne Grüße bestellen und legte ein Ultraschallbild bei, das allerdings nicht Tannas Bauch, sondern dich zeigte. Wir hatten einem Bauern zugetraut, nach einem kurzen Moment der Irritation zwischen dem Embryo einer Stute und dem seiner Tochter unterscheiden zu können. Weit gefehlt.

Es entwickelte sich ein herrlicher Dialog:

»Hast du den Brief von der Tierärztin schon gesehen?«

»Ja, das wird höchstwahrscheinlich eine Rechnung sein.«

Er öffnete etwas widerwillig den Brief. »Ach, nee, ein Ultraschallbild«, er las den gefälschten Brief vor und erinnerte sich dann, »beim Ultraschall konnte man beim letzten Mal das Herz schlagen sehen. Willste mal sehen?« Er streckte deiner Mama das Bild hin.

»Kann man denn darauf etwas erkennen?«, fragte ich, um ihn zum genaueren Hinsehen zu motivieren.

»Nein, das ist nur, damit du weißt, dass das Vieh da ist«, antwortete dein Opa. »Ein Embryo kann ja immer noch abgestoßen werden. Da hatte die Tierärztin etwas Angst vor.«

»Es kann also immer noch etwas passieren?«, fragte deine Mama scheinheilig.

»Ach, ich habe zu euch früher immer gesagt: Am Anfang bist du froh, dass die Frau schwanger ist, dann ist man froh, wenn das Kind gesund rauskommt, dann ist man froh, wenn es sich einigermaßen entwickelt, dann die Schule, ach, und das geht immer so weiter.«

»Das ist bei uns auch so gewesen«, versuchte deine Mama das Spiel aufzulösen, »das auf dem Bild ist nämlich dein Enkelkind.«

Doch dein Opa stand weiter auf dem Schlauch. »Das sagen im Dorf auch immer alle: Wirst du Opa? Ich habe im Dorf wohl etwas zu viel über Tanna geredet.«

»Nein, Papa, das ist mein Ultraschallbild«, setzte deine Mama nach.

Der Groschen fiel. »Ach, tut sich bei dir was?« Dein Opa schaute jetzt genauer auf das Ultraschallbild – und schluckte einen Kloß runter. »Du blöde Ziege. 1:0 für dich!«

Nein, Opa, 1:0 für unsere neue Familie.

Dein Papa

Übers Anderssein

Mein liebes Kind,

es gibt Fragen, die kann man erst aufrichtig beantworten, wenn sie das eigene Leben betreffen. Etwa diese: Was würdest du tun, wenn du in der Lotterie zehn Millionen Euro gewinnst? Was würdest du tun, wenn du wüsstest, dass deine Tochter ein Verbrechen begangen hat: Würdest du sie verraten? Und würdest du eingreifen, wenn ein Mann von einer Gang verprügelt wird?

Wir wussten, dass auch wir uns eines Tages mit einer derart weitreichenden Frage auseinandersetzen müssen, und doch schoben wir sie vor uns her wie die jährliche Steuererklärung. Nun steht diese Frage seit unserem Besuch bei der Frauenärztin aber unausweichlich im Raum. Wir müssen uns entscheiden. Die Frage lautet: Wollen wir wissen, ob du behindert bist?

Die moderne Medizin ermöglicht es, mit hoher Wahrscheinlichkeit herauszufinden, ob du anders bist als andere ungeborene Babys. Es ist so: Jede Zelle deines Körpers hat 46 Chromosomen. Ist ein Chromosom zu viel oder zu wenig, dessen Struktur oder einzelne Gene verändert, wirst du behindert zur Welt kommen. Dann könntest du an Trisomie (zu viel) oder an Monosomie (zu wenig) leiden, am Wolf-Hirschhorn-Syndrom (Veränderung der Struktur) oder einer Rot-Grün-Schwäche (Genveränderung). Um festzustellen, ob mit deinen Chromosomen etwas nicht stimmt oder du einen offenen Rücken oder Infektionen hast, muss zwischen der 14. und 20. Schwangerschaftswoche eine sogenannte Fruchtwasseruntersuchung durchgeführt werden. Dabei wird eine Hohlnadel in die Fruchtblase eingebracht und Fruchtwasser entnommen. Diese Methode ist eine unschätzbare Errungenschaft der Forschung. Sie gibt uns Eltern die Möglichkeit, selbst zu entscheiden, ob wir ein behindertes Kind großziehen wollen oder nicht – oder uns zumindest besser darauf vorbereiten zu können. Gleichzeitig ist sie nicht ungefährlich: Die Zahl der Fehlgeburten liegt nach einer solchen Untersuchung bis zu zwei Prozent höher als bei Frauen, die darauf verzichtet haben. Das Entscheidende aber ist: Eine Behinderung kann dabei zwar erkannt, aber nicht geheilt werden.

Die Frage ist also nicht: »Wollen wir wissen, ob du behindert bist?«, sondern: »Würden wir dich abtreiben, wenn du behindert bist?« Lautet die Antwort »Nein«, müssen wir das Risiko einer Untersuchung doch auch gar nicht erst eingehen.

Natürlich habe ich Bilder im Kopf, wenn ich an dich denke: Wie du krabbeln und später laufen lernst, wie du deine Schultüte wie eine Trophäe vor dir herträgst und im Freibad vom Dreimeterbrett springst, Bilder eines normalen Lebens. Dabei weiß ich sehr wohl, dass nicht immer alles normal läuft. Ich habe meinen Zivildienst in einer Schule für geistig behinderte Kinder absolviert und Kinder mit Down-Syndrom, Autismus oder einer Aufmerksamkeits-Defizit-Hyperaktivitäts-Störung, kurz ADHS, betreut.

Dort begegnete ich Sebastian, einem hübschen Jungen mit semmelblonden Haaren, der unter Autismus litt. Wobei ich gar nicht so genau weiß, ob er tatsächlich litt, denn Sebastian war ein fröhlicher Kerl, der in seiner eigenen Welt lebte – und von der man glauben konnte, dass sie friedlicher ist als unsere. Jedenfalls lächelte Sebastian unentwegt. Wenn er sich freute, unterlegte er sein Lachen mit einem lauten, herausgepressten Stöhnen, seine Augen strahlten dann hinter den dicken Brillengläsern.

Sprechen konnte er nicht, und auch eine besondere Begabung wie der von Dustin Hoffman gespielte Autist in *Rain Man* suchte man bei ihm vergeblich. Er ließ niemanden an sich heran, außer seine Schulbegleiterin. Sie war die Einzige, die sein Vertrauen genoss, nur sie durfte ihn berühren.

Wenn sich Sebastian aufregte, rannte er einfach weg und legte dabei ein derart hohes Tempo vor, dass man sich selbst sputen musste, um ihn wieder einzufangen. Ich mochte Sebastian vom ersten Moment an. Vielleicht weil er so natürlich war, weil doch jeder von uns am liebsten wegrennen würde, wenn große Wut oder Angst in einem aufsteigt. Vielleicht weil das Lachen eines Menschen, der aus unserer Sicht nicht glücklich sein kann, so viel wertvoller ist als das eines gesunden Menschen. Vielleicht aber auch, weil er mich anders ansah als die anderen, wie einen, dem er eine Chance geben will.

Glück, mein liebes Kind, ist manchmal auch, die Chance zu bekommen, einen besonderen Menschen kennenzulernen. Nach wenigen Wochen reagierte Sebastian auf meine Worte. Weitere Wochen später lachte er, wenn ich lachte oder alberne Grimassen zog. Nach zwei Monaten ließ er sich von mir im Gesicht streicheln und die Brille abnehmen. Und nach drei Monaten ließ er sich von mir wickeln, ohne dass seine Schulbegleiterin dabei war. Das Herz eines Menschen zu erobern ist ein wundervolles Gefühl. Sebastians Herz zu erobern war doppelt so groß, weil es Welten verband, die einander sonst nie begegnen.

Man darf das aber auch nicht kleinreden. Ein behindertes Kind kostet mehr Zeit, mehr Geld und ganz sicher sehr viel mehr Kraft. Jedes Kind stellt das Leben seiner Eltern anfangs auf den Kopf, doch ein behindertes Kind hört nie wieder damit auf. Das muss nicht schlecht sein, es ist nur anders – anders als »normal«.

Würden wir dich töten, wenn du mit einem Jahr einen Unfall hast und querschnittsgelähmt bist? Würden wir dich abgeben, wenn du von einer Zecke gebissen wirst und dich eine Hirnhautentzündung zu einem Pflegefall macht? Würden wir nur eine Sekunde darüber nachdenken, dich zur Adoption freizugeben, wenn du an Kinderdemenz erkrankst und nur mit unserer Unterstützung weiterleben könntest? Nein, nein, nein. Warum also sollten wir dich gar nicht erst bekommen, wenn mit dir etwas nicht in Ordnung ist?

Wir wollen dich so, wie du bist. Wir wollen dich nicht nur lieb haben, weil du gesund bist und unseren Vorstellungen entsprichst, wir wollen dich lieb haben, weil du so geworden bist, wie es dein persönlicher Plan war, nicht unserer. Ob mit einer Hakennase, mit O-Beinen oder eben einer Behinderung, schielend, lispelnd oder stotternd. Wir wollen nur, dass du glücklich wirst. Und ich kann dir sagen: Sebastian war sehr glücklich.

Deine Mama sieht das zum Glück auch so. Deswegen haben wir die Frage schnell beantwortet. Wir lassen die Untersuchung weg – und freuen uns auf dich, wie auch immer du sein wirst. Denn ein besonderes Kind wirst du so oder so.

Dein Papa

Über Respekt

Mein liebes Kind,
du wiegst jetzt zwei Gramm. Zwei winzige Gramm! Kannst du dir das vorstellen? Das Verrückte ist ja, dass trotz dieses Fliegengewichts alle Körperteile bereits vorhanden sind.

Ich würde mir wünschen, dass du dich daran erinnerst, wenn du als Teenager vor dem Spiegel stehst und versuchst, dein kleines Doppelkinn oder dein Fettpölsterchen an der Hüfte zu kaschieren. Denn in diesen Momenten wird es dir schnurzpiepegal sein, ob ich dir gut zurede und Dinge sage wie »Du siehst gut aus!« oder »Ach, die kleine Rundung da«. Du wirst trotzdem eine Phase durchmachen, in der das Instagram-Model, dem du folgst, Selbstzweifel in dir auslöst und die Meinung deines Schwarms wichtiger ist als die deines Papas. Du wirst auf Photoshop-Fotos ebenso hereinfallen (falls es bis dahin nicht noch etwas Besseres gibt) wie auf die Diättipps in der *Bravo* (die gibt es dann bestimmt nicht mehr). Ich wünsche dir und mir aber, dass diese Phase kurz sein wird, weil ich dir in den Jahren zuvor hoffentlich klargemacht habe, worauf es im Leben wirklich ankommt. Nämlich nicht darauf, sich zu vergleichen, sondern man selbst zu sein. Du bist du. Und ich bin ich.

Das musste auch Benjamin lernen. Es war vor etwa vier Jahren, als ich ihm zum ersten Mal begegnete. Ich sah im Internet sein Schwarz-Weiß-Video, das mich aufwühlte. Der pausbäckige Junge sendete via Facebook eine Botschaft in die Welt. Er hielt selbst beschriftete Zettel in die Kamera, und wer das Video bis zum Ende ansah, las darauf folgende Sätze: »Leute, niemand ist weniger wert, nur weil er eine Behinderung hat, nicht viel Geld hat, nicht so klug ist, nicht die beste Figur hat, schwul, lesbisch oder bi ist, eine andere Hautfarbe, einen anderen Glauben oder eine andere Herkunft hat. Mobbingopfer fühlen sich oft einsam und alleingelassen. Sie verletzen ihren Körper, weil sie denken, dass sie anders sind. Sie haben Selbstmordgedanken! Wie würdest DU dich dabei fühlen? Nur gemeinsam können wir etwas bewegen. Wenn du gegen Mobbing bist, teile dieses Video.« Die traurigen Augen des Jungen verrieten mir, dass er aus eigener Erfahrung sprach.

Das Video hatten zu dem Zeitpunkt etwa 200 000 Menschen gesehen. Als Journalist, aber auch als Mensch interessierte mich die Geschichte hinter dem Video: Wer war dieser Junge? Was bewegte ihn dazu, sich damit in die Öffentlichkeit zu trauen? War er tatsächlich selbst ein Mobbingopfer? Es war bereits später Abend, als ich den Jungen über seinen Facebook-Kanal kontaktierte. Eine halbe Stunde später telefonierten wir. Er war sehr überrascht, wie viele Menschen sein Video sahen, doch dass nun sogar ein Reporter seine Geschichte hören wollte, das konnte er nun wirklich kaum glauben. Aber natürlich wolle er mir gerne seine Geschichte erzählen. Dazu müsse er nur etwas weiter ausholen, sagte er.

Die Geschichte begann, als Benjamin zwei Jahre alt war und Pascal, einer seiner drei Brüder, starb. Er erinnere sich nicht an ihn und auch nicht an die Nacht im September 1997, als in der Küche seines Elternhauses dieses verdammte Feuer ausgebrochen ist. Seine Eltern seien durch den stickigen Rauch aufgewacht und die Treppe barfuß hinuntergerannt. Sie wollten den Brand löschen, irgendwie das retten, was noch zu retten war; doch es war nichts mehr zu retten. Die Küche stand lichterloh in Flammen, der Rauch waberte durch das gesamte Haus. Sie mussten raus. Ganz schnell. Sein Vater eilte aus der Küche in das Zimmer nebenan, in dem Benjamin und sein älterer Bruder schliefen. Er packte die beiden wie zwei Pakete unter die Arme und setzte sie draußen ab. Benjamins Mutter lief zeitgleich die Treppe hinauf, ins Kinderzimmer seines großen Bruders Florian. Das Feuer hatte sich rasend schnell ausgebreitet, der Rauch war mit jeder Sekunde dichter geworden. Ein Entkommen über die Treppe war ausgeschlossen. Seine Mutter öffnete das Fenster im ersten Stock und schubste Florian hinaus. Sein Vater, der sich unten positioniert hatte, konnte Florian nicht festhalten. Er bremste aber den Aufprall ab. Florian fiel auf den Asphalt der Straße. Seit dieser Nacht ziert sein Gesicht eine lange Narbe. Aber, und das ist das Wichtigste: Er überlebte. Benjamins Mutter sprang hinterher und kam mit blauen Flecken davon.

Allein Pascal, Benjamins kleiner Bruder, blieb als Einziger zurück. Seine Eltern konnten ihn nicht retten. Das Feuer versperrte ihnen den Weg zu ihm. Pascal, der nur 13 Monate alt wurde, starb an einer Rauchvergiftung.

Es heißt, einen Menschen, den man nicht kennt, kann man nicht lieben. Doch in Benjamins Fall stimmte das nicht: Er liebt Pascal. Unzählige Male hat er seine beiden Fotos angesehen: das eine, wie er in seinem Strampler daliegt und neckisch in die Kamera lacht, diese kleine Portion Mensch. Und das andere, wie er in seinem Sarg liegt, friedlich und mit geschlossenen Augen, das Gesicht mit Brandmalen übersät.

Ich unterbrach ihn: »Was hat diese furchtbare Geschichte mit dem Video zu tun?«

»Mit ihr hat das Mobbing begonnen, in der fünften Klasse«, antwortete Benjamin.

Lars, ein Junge aus der Parallelklasse, wusste von Pascal. Er wusste, dass er in den Flammen starb. Jeder in der Stadt wusste es. Die örtlichen Zeitungen waren damals voll mit der Nachricht. Die Stadt sammelte Spenden für Benjamins Familie. Viele nahmen Anteil an ihrem Schicksal.

Eines Vormittags lief Benjamin auf dem Schulhof an Lars vorbei. Lars grinste ihn schäbig an und fauchte ihm hinterher: »Gieß doch Benzin über das Grab deines Bruders, dann verbrennt er noch einmal!« Ein anderes Mal wandelte er diese widerliche Beschimpfung ein wenig ab: »Pinkel doch auf das Grab deines Bruders!«

Um Lars herum kicherten welche. Benjamin ging wortlos an ihnen vorbei. Es brach ihm das Herz.

Irgendwann in dieser Zeit hat sein Leben als Mobbingopfer begonnen. So genau kann man das gar nicht sagen, der Übergang von einer einzigen Hänselei zum Mobbing ist schließlich fließend. Mobbing ist, wenn dich jemand *regelmäßig* beschimpft, schikaniert, bedroht oder schlägt. Lars und die anderen genossen es, Benjamin immer wieder zu erniedrigen. Sie ließen keine Möglichkeit aus.

Sie nannten ihn Benjamin Blümchen und einen Fettsack. Benjamin wusste ja, dass er mit seiner Körpergröße von einem Meter fünfundsiebzig und seinen über hundert Kilos korpulent war, doch die Beleidigungen verletzten ihn. Ihm war auch bewusst, dass seine Vorderzähne leicht hervorstanden. Lars nutzte das aus und beschimpfte Benjamin als Hamsterfresse. Benjamin ist ein sensibler Mensch, kein Draufgänger. Manche

Menschen würden sagen, er hat eine feminine Seite. Doch Lars sagte, er sei eine Schwuchtel.

Benjamin durchlebte eine klassische Mobbingkarriere. Je leiser er wurde, desto lauter wurden die anderen. Damit sollte nun Schluss sein: Er wollte die Menschen aufrütteln und ihnen davon berichten, was ihm und einer halben Million anderer Schüler in Deutschland jeden Tag widerfährt. Schließlich saß in jeder Schulklasse mindestens ein Kind, das Opfer von Mobbing ist.

Noch in derselben Nacht schrieb ich seine Geschichte auf. Ich arbeitete damals als freier Autor bei *Spiegel online*, und als der Artikel am nächsten Tag auf der Nachrichtenseite erschien, war Benjamins Video bereits von einer halben Million Menschen angeklickt worden. Doch dann passierte das Unglaubliche: Nachdem mein Text über Benjamin online war, schoss die Zahl auf zwei Millionen Klicks hoch. Weitere Medien wurden auf das Video aufmerksam, Fernsehteams fuhren nach Ostfriesland, wo Benjamin lebte, Zeitungen berichteten, Radiosender, die Klicks wurden immer mehr, drei Millionen, vier Millionen, fünf Millionen. Benjamin wurde über Nacht zum Internetstar.

Ein paar Tage später saß Benjamin sogar bei Markus Lanz. Die Menschen im Publikum klatschten, als spräche er ihnen mit jedem Satz, den er sagte, aus der Seele. Zum ersten Mal in seinem Leben hatte er das Gefühl, beliebt zu sein. Sein Wort hatte Gewicht.

Tage vor seinem Talkshow-Auftritt hatte ich Benjamin noch einmal angerufen. Seine Geschichte ließ mich einfach nicht los. Ich sagte ihm, dass der Hype seines Videos in ein paar Tagen, vielleicht in ein paar Wochen abebben werde, das Thema, das ihm so sehr am Herzen liegt, aber wichtig bleibe. Ich bot ihm an, seine Erfahrungen als Buch zu veröffentlichen. Er willigte begeistert ein, ohne nur im Ansatz eine Ahnung davon zu haben, was das bedeutete.

Was ich dir mit dieser Geschichte sagen möchte? Drei Dinge.

Erstens: Solltest du selbst eines Tages gemobbt werden, vertraue dich mir an. Auch Benjamin sagt im Nachhinein, dass es sein größter Fehler war, das Mobbing stillschweigend über sich ergehen haben zu lassen.

Zweitens: Solltest du mitbekommen, dass ein Mitschüler oder eine Mitschülerin gemobbt wird, setze dich für sie ein. Stelle dich den Mobbern in den Weg, versuche zu vermitteln und hole im Zweifel Hilfe bei Lehrern oder der Schulleitung. Doch bitte stehe nicht daneben und schaue dabei zu. Denn die Mitläufer sind es, die den Mobbern erst das geben, was sie suchen – und das ist Selbstbestätigung. Jugendliche, die andere erniedrigen, wollen nur ihr eigenes Ego aufpolieren. Dazu aber benötigen sie ein Publikum. Du durchschaust das natürlich.

Drittens: Du kannst etwas bewegen. Selbst Mobbingopfer können das. Benjamin ist das beste Beispiel. Er wollte die Welt ein Stück besser machen, als er Zettel ausschnitt und beschriftete. Das ist ihm gelungen, einem ganz normalen Jungen. Das Thema Mobbing hat eine noch nie da gewesene Aufmerksamkeit bekommen. Sein Buch macht an den Schulen, an denen es gelesen wird, einen Unterschied: Vielleicht stoppt es Mobbing, vielleicht erstickt es schon die erste Hänselei im Keim.

Auch du wirst deine Geschichte haben, hoffentlich eine erfreulichere als Benjamin. Nutze sie, um etwas zu verändern. Selbst dann, wenn die Leute anfangs darüber lachen. Ein neuer Gedanke, sagte der Philosoph Arthur Schopenhauer mal, wird zuerst verlacht, dann bekämpft, bis er nach längerer Zeit als selbstverständlich gilt.

Wahrscheinlich haben auch manche Mitschüler von Benjamin gelacht, als sie das Video zum ersten Mal gesehen haben. »So ein Opfer«, riefen ihm einige in den folgenden Wochen auf der Straße zu. Nur Lars nicht, sein Mobber. Der schrieb ihm bei Facebook eine Nachricht mit nur einem Wort und sieben großgeschriebenen Buchstaben: RESPEKT!

Dein Papa

Über das Glück

Mein liebes Kind,

weißt du, wo das Ende des Regenbogens ist? Nicht? Na, woher auch!

Ich will es dir verraten: Um das Ende des Regenbogens, diesen sagenumwobenen Ort, geht es in einem irischen Mythos. Ein Mythos ist so etwas wie ein Märchen, und Märchen habe ich dir sicher schon viele vorgelesen, wenn du das hier liest. Dieser Mythos handelt von kleinen Kobolden, den sogenannten Leprechauns, die am Ende des Regenbogens einen Topf voll Gold vor den Menschen verstecken. Die Leprechauns sind der Erzählung nach sehr geizig und bewachen ihren Schatz nach Leibeskräften. Sie rücken das Gold nur an denjenigen heraus, dem es gelingt, ihnen das Geheimnis des Ortes zu entlocken. Einen Leprechaun zu sehen ist ungeheuer schwierig: Er ist sehr scheu und macht sich sofort wieder aus dem Staub, wenn er einen Menschen erblickt. Sobald du also einen siehst, musst du ihn schnell an den Schultern packen und darfst ihn nicht mehr loslassen. Bis heute ist das niemandem gelungen, niemand hat das Ende des Regenbogens gefunden. Der Schatz ist noch da – wo auch immer das ist.

Wenn der Topf voll Gold gar nicht den Reichtum, sondern das Glück symbolisiert, das am Ende des Regenbogens wartet, dann ist der ein wahrer Freund, der dich dort hinfährt. Der dich wegen deiner Suche nach dem Glück nicht für bescheuert hält, sondern einfach den Gang einlegt und Gas gibt. Der zuvor noch Sandwiches geschmiert und zwei Flaschen Bier kühl gestellt hat, weil er ahnt, dass die Autofahrt etwas länger dauern kann. Und der Taschentücher ins Handschuhfach legt für den Fall, dass der Topf leer ist.

Manchmal, Baby, stellt sich während der Fahrt allerdings etwas Unerwartetes heraus: nämlich, dass das Gold nicht in einem Topf am Ende der Reise liegt, sondern auf dem Weg dorthin, in Form von vielen kleinen Goldmünzen am Rande der Straße, die nur darauf warten, aufgesammelt zu werden. Und das Beste: Weit und breit lauern keine Leprechauns, die diese Münzen bewachen. Das glaubst du nicht? Oh doch, ich habe es selbst erlebt.

Alles begann damit, dass ich Felix kennenlernte. (Ja, richtig, deinen Patenonkel Felix. Aber das verraten wir ihm erst, wenn du auf der Welt bist.) Ich war Ende 20 und suchte dringend eine neue Bleibe. Die Zeitung, bei der ich zuvor gearbeitet hatte, die *Westfälische Rundschau,* wurde wenige Wochen zuvor eingestellt. Ich verlor wie 120 andere Redakteure meinen Job. Ich kann dir sagen: Gekündigt zu werden, ohne etwas verbockt zu haben, prägt einen. Es zerstört sogar etwas: nämlich das Urvertrauen in die Arbeitswelt, die mir trotz der zunehmenden Zeitungskrise sicher vorkam, solange ich mich anstrengte, nicht zu oft krank fehlte und keine groben Fehler machte.

Für mich kam die Entscheidung meines Arbeitgebers jedenfalls mehr als unerwartet. Erst drei Wochen vor der Betriebsversammlung, bei der uns die Nachricht überbracht wurde, war ich in meine neue Wohnung gezogen. Es sollte mein ganz persönlicher Neuanfang nach der Schönen-Teller-Beziehung werden, die erste Wohnung, die ich mir nicht mit meinen Eltern oder einer Frau teilte. In der nur ich entscheiden konnte, ob ich den Abwasch heute, morgen oder gar nicht machte, ob das Fenster im Schlafzimmer nachts aufblieb oder der Klodeckel oben. Der letzte Umzugskarton stand deshalb auch noch verschlossen in meinem Schlafzimmer, als die Kündigung Tage später in der Post war.

Doch ich hatte noch Glück im Unglück: Frei und ungebunden, wie ich war, bekam ich sofort wieder eine Anstellung in einer anderen Stadt. Und ich sollte in den kommenden Monaten lernen, dass eine Niederlage das Ende von etwas Falschem und der Anfang von etwas Richtigem sein kann.

Im Internet sah ich Felix' Annonce: 15 Quadratmeter in einer 20-Personen-WG. Er wollte sein Zimmer untervermieten, weil er seiner damaligen Freundin für zwei Monate nach Asien hinterherreisen wollte. Für mich passte das. Ich wollte nicht für jede Wohnungsbesichtigung hundert Kilometer vom Ruhrgebiet ins Rheinland pendeln. Als ich zusagte, prophezeite mir Felix: »Du wirst es so gut hier finden, dass du bleiben willst.« Ich fand es so gut und blieb. Das einzige Zimmer, das nach der Zeit als Untermieter frei war, umfasste allerdings nur acht Quadratmeter. Ein Bett, ein Schrank, ein Schreibtisch und zwei Quadratmeter Platz, um sich nicht im Schrank umziehen zu müssen. Ich nahm das Zimmer trotzdem. Auch deshalb, weil mein Nachbar, mit dem ich mir fortan das Bad teilte, Felix war.

Felix hatte eine interessante Wandlung hinter sich: Er war Wirtschaftsingenieur, arbeitete in einem großen Konzern, verdiente gutes Geld, hatte viel Verantwortung und stellte doch mit Ende 20 fest, dass ihm etwas fehlte, nämlich das Gefühl, etwas Sinnvolles zu tun, für das er von Herzen brennt. Doch ihm fehlte der Mut, alles auf eine Karte zu setzen und seine gut dotierte Festanstellung zu kündigen. Also startete er mit seiner Idee, einem Spritspartraining, als selbstständiger Unternehmer nebenher, nach Feierabend.

Eines Abends erzählte mir Felix, dass er ein Buch über Menschen schreiben wolle, die wie er neben ihrem 40-Stunden-Job ihr eigenes Ding machen, die etwas Außergewöhnliches auf die Beine gestellt haben. Ihn faszinierten Menschen, die ohne Startkapital und ohne zu kündigen ihren Traum realisiert haben. Er fand, Deutschland bräuchte mehr Nebenhermacher – und ihm selbst fehlten Vorbilder, die diese Art der Selbstständigkeit verkörperten, und ein Buch, in denen sie ihre Geschichte erzählten, von ihren Erfolgen wie vom Scheitern. Das Problem war nur: Er hatte keinen blassen Schimmer davon, wie er das angehen sollte. Deshalb fragte er mich, den Journalisten: Wie führt man Interviews? Wie hält man einen Spannungsbogen über eine lange Geschichte? Ist wörtliche Rede wichtig für die Story? Die Antworten auf seine Fragen gab ich ihm in einer mexikanischen Bar. Doch am Ende blieben ihm Zweifel. Zweifel, ob er das alleine hinbekommen wird – und ob es ihm überhaupt alleine Spaß machen würde. Er fragte mich, ob wir das Buch nicht gemeinsam schreiben wollten. Und ob es nicht viel cooler wäre, wenn wir gemeinsam durch Deutschland fahren und die Protagonisten besuchen würden.

Er hatte doppelt Glück: Erstens hatte ich mir seit Jahren vorgenommen, noch vor meinem 30. Geburtstag ein Buch zu schreiben. Und zweitens hatte ich zu dem Zeitpunkt schon mehrere Tequilas gekippt. Ich stimmte zu, trotz meines Vollzeitjobs. Wir versprachen uns aber, die Sache nicht zu verbissen anzugehen. Der Weg sollte das Ziel sein, oder wie wir es formulierten: »Enjoy the process«.

Die nächsten Monate waren dann auch ein einziger Roadtrip zweier Kumpels durch Deutschland. Wir trafen interessante Menschen in Städten, die ich zum Teil noch nicht gesehen hatte, wir führten inspirierende Interviews mit Start-up-Gründern, einem Weltreisenden, einer Modedesignerin, dem Gründer einer Kinderhilfsorganisation, einem YouTuber und einer blinden Führungskräftetrainerin. Wir schliefen immer wieder zusammen auf viel zu engen Couches, waren auf dem Münchener Oktoberfest, streunten über den Striezelmarkt in Dresden und tranken auf einem Weinfest in Dortmund. Nach neun Monaten und 10 000 Kilometern Autofahrt waren wir am Ziel, das Buch, das wir *Palmen in Castrop-Rauxel* nannten, war geschrieben und lag in den Buchhandlungen.

Haben wir den Topf voll Gold gefunden? Nein, verdammt. Das Buch, das ursprünglich ein Selfpublishing-Projekt war, hat uns nicht reich gemacht. Um ehrlich zu sein, hätten wir in der Zeit auch kellnern oder den Rasen unserer WG mähen können, wahrscheinlich hätten wir damit mehr in all den Stunden verdient. Waren wir trotzdem glücklich? Und wie. Wir hatten uns nie von dem Erfolg des Buches abhängig gemacht. Stattdessen haben wir Erlebnisse, Erfahrungen, Momente eingesammelt wie Goldmünzen, die wir nie gefunden hätten, wenn wir nicht losgefahren wären. Felix und ich wären ohne die Reise Kumpels geblieben und keine besten Freunde geworden. Er wäre nicht mein Trauzeuge gewesen und dein Patenonkel geworden.

Ich habe zum Schluss noch eine gute und eine schlechte Nachricht für dich, mein Kind. Erst die schlechte: Die Goldmünzen können weder laufen noch fliegen, und sie wissen auch nicht, wo du wohnst. Sie klopfen deshalb nicht plötzlich an deine Tür. Du musst hinausgehen und sie suchen. Du brauchst dafür Mut, weil dich viele belächeln werden, sie werden dir einreden, dass dein Papa Quatsch erzählt hat und Goldmünzen nicht einfach so am Wegesrand liegen. Doch Demokrit hatte vor etwa 2000 Jahren recht, als er sagte: »Mut steht am Anfang, Glück am Ende.«

Nun erwartest du noch eine gute Nachricht, nicht wahr? Es ist eher eine gute Prognose: Solltest du tatsächlich auf deine eigene Goldsuche gegangen sein und mit einigen Münzen zurückkehren, wirst du dich womöglich viele Wochen und Monate an ihrem Glanz erfreuen. Doch irgendwann wirst du sie vielleicht wieder spüren, die Neugier, ob da nicht noch weitere Goldmünzen liegen, die ebenso schön glänzen wie die vorherigen. Wahrscheinlich gehst du dann wieder auf die Suche. Bei Felix war das jedenfalls so: Er schrieb noch drei weitere Bücher zu dem Thema, von denen eins mehrere Jahre auf der Wirtschafts-Bestsellerliste stand. Zudem gehört er mittlerweile im Bereich Entrepreneurship zu den gefragtesten Speakern Deutschlands. Er hält verschiedene Vorträge vor bis zu 2000 Menschen, und selbst so große Konzerne wie Volkswagen und BMW wollen von ihm erfahren, wie sie das Start-up-Gefühl in ihr Unternehmen bekommen. Und oft erzählt er dabei von uns und unserer Reise, von den Menschen, die wir trafen, und dem Buch, das wir schrieben.

Den Topf voll Gold hat auch er noch nicht gefunden, und vielleicht ist der Mythos eben wirklich nur ein Märchen. Aber ich glaube, dass der Topf inzwischen randvoll wäre, wenn wir alle Münzen der vergangenen Jahre dort hineinlegen würden.

Viel Glück, mein Schatz, bei deiner Suche! Oder besser: Viel Mut!

Dein Papa

Über das Erwachsenwerden

Mein liebes Kind,
wenn eine Freundschaft länger als sieben Jahre hält, so sagen Psychologen, dann hält sie ewig.

Diese Erkenntnis wäre die perfekte Statusmeldung für die WhatsApp-Gruppe gewesen, in die ich vor ein paar Monaten eingeladen wurde. Stattdessen stand da: 15 Jahre Freien-Treffen. Neben mir waren auch Saskia, Simone, Hannah, Torsten, Ben, Mark und Andi in der Gruppe. Wir kennen uns seit fast 15 Jahren, was Stand jetzt beinahe das halbe Leben ist. Wir alle schrieben neben der Schule und dem Studium für die Lokalzeitung unserer Heimatstadt, wir waren Kollegen, freie Mitarbeiter, die sich sonntags auf den Redaktionsfluren zu einem Pläuschchen trafen. Bis einer vorschlug: »Lass uns doch mal nach Dienstschluss was trinken gehen!« Von da an wurden wir eine Clique.

Baby, das Kostbare an langen Freundschaften ist, dass du dir darin selbst begegnest, deinem früheren Ich, das niemand kennen würde, wären da nicht diese alten Freunde. Sie erinnern dich an Situationen, die in deinem Gedächtnis verschollen schienen, und an peinliche Momente, die aus deiner Sicht vielleicht auch besser verschollen geblieben wären. Der Kit langer Freundschaften sind Anekdoten, die kleinen Geschichten von früher, aber auch die Aussicht auf noch kommende.

Auch wir Freien sind zusammen erwachsen geworden. Vom Alter waren wir das längst, aber nach all den Jahren muss man festhalten, dass eine gewisse Reife bei allen von uns hinzugekommen ist. Mark fährt nach durchzechten Nächten nicht mehr mit öffentlichen Aufzügen nonstop hoch und runter, seit er drei Töchter hat. Andi kommt zu unseren Treffen nicht mehr drei, sondern nur noch zwei Stunden zu spät. Saskia hat sich inzwischen aus der Kartei einer Modelagentur streichen lassen und sich einen Segelprofi geangelt. Hannah, unsere Partymaus, ist Lehrerin geworden. Ben, der inzwischen auch Brot mit Nüssen mag, lebt seit Kurzem mit Frau und Kindern in einer Neubausiedlung. Simone geht noch immer auf Rockkonzerte, engagiert sich dort aber jetzt für Greenpeace und die Rettung der Meere. Torsten, mein Bester, will im August heiraten. Und ich frage keine wildfremden Frauen mehr, ob sie womöglich ihre Handynummer verloren haben und ich ihnen mit meiner aushelfen kann – aber hey, ich war erst siebzehn!

Wenn es damals etwas zu feiern gab, haben für die Planung zwei Suggestivfragen gereicht:

»Gehen wir erst in die Bar und danach feiern, oder?«

Siebenfaches »Jo!«

»In die Schlagerhütte, oder? Da tritt heute Olaf Henning auf.«

Siebenfaches »Jo!«

15 Jahre später gründeten wir für die genaue Planung eine WhatsApp-Gruppe. Zuvor hatten wir beschlossen, mit unseren Partnern und Kindern für ein langes Wochenende in eine Jugendherberge an der Nordsee zu fahren, in den Ort Neuharlingersiel, von dessen Existenz ich durch unsere Überlegungen erst erfuhr. Dort sei alles inklusive, nur der Alkohol

nicht, schrieb Mark. Früher war es genau andersrum, aber nun gut, dachte ich. Immerhin haben wir zwei Abende, um mit mitgebrachtem Bier und Schnaps auf die alten Zeiten anzustoßen, und die ganz alten, und die noch älteren. Man sollte schon jedes einzelne Jahr betrinken, fand ich, die waren doch alle schön. Während ich das in die Gruppe tippen will, ploppt Marks neue Nachricht auf: »Dort gibt es sogar eine Kinderdisco.« Niemand würde jemals gegen das Wohl von Kindern argumentieren, schon gar nicht ein werdender Vater wie ich. Aber ich stellte es mir für unser feucht-fröhliches Zusammentreffen etwas unpassend vor, mit dem fünften Glas Whiskey-Cola am Mund Kindern dabei zuzusehen, wie sie kreischend über eine Tanzfläche hüpfen.

Bevor ich meine Bedenken äußern konnte, schaltete sich Saskia ein: »Was haltet ihr von einer Wattwanderung?« Gute Idee, dachte ich. »Ich muss Klausuren korrigieren«, antwortete Mark, der auch Lehrer geworden ist, »und unsere Kinder haben wir für den Nachmittag im Kinderparadies angemeldet. Da wollen wir in der Nähe sein.« Ben schrieb, dass eine Wattwanderung für seinen Jüngsten, einen Eineinhalbjährigen, nicht so leicht zu bewältigen sei, womit ich ihm recht geben musste. Weil wir anderen weder Klausuren zu korrigieren noch Kinder zu beaufsichtigen hatten, beschlossen wir, uns aufzuteilen.

Ich schreibe dir diese Zeilen am Tag nach unserer Rückkehr aus Neuharlingersiel. Ich weiß nun, dass ein Wattwurm 40 bis 50 Gramm wiegt, etwa so viel wie du derzeit. Dass er jedes Jahr ungefähr 25 Kilogramm Sand filtert und alle Wattwürmer zusammen mal ganz entspannt den gesamten Sand das Nordseewattes oberhalb einer Tiefe von 20 Zentimetern umwälzen. Im Prinzip machen Wattwürmer den ganzen langen Tag nichts anderes als fressen und kacken. Womit wir wieder bei Säuglingen wären.

Nur ein paar Jahre nach dieser überschaubaren Lebensleistung springen sie dann in der Kinderdisco herum. Baby, mir war klar, dass mit dir alles anders werden wird. Aber so anders? Mark und Ben wurden von ihren Kindern auf die Tanzfläche gezerrt, was früher selbst gut aussehende Frauen nur nach dem dritten Schnaps geschafft haben. Mit fünf anderen Vätern, drei Müttern und ungefähr zwölf Kindern bildeten sie einen Kreis. Sie nahmen ihren Nachbarn an die Hand und sangen mit voller Inbrunst nach, was die Animateurin vorgab: »Stinkefuß, Arm nach vorn, 1 2 3, DJ mach die Mucke an!«

So sah das also aus, das Erwachsenwerden. Da grölst du eben noch Olaf Hennings *Cowboy und Indianer* mit, fährst betrunken mit dem Fahrstuhl auf und ab, flirtest sinnlos wildfremde Frauen an, und nur eine lange Freundschaft später findest du dich in einer Gruppe aufgeregter Kinder und bemühter Väter wieder, die dabei auch noch wahnsinnig glücklich aussehen.

Ich nippte derweil an meinem Whiskey-Cola, und es fühlte sich kein bisschen unpassend an. Ich dachte dabei an früher und an bald. Ich war wehmütig und voller Vorfreude zugleich. Die Wehmut empfand ich als gutes Zeichen. Ein wundervolles Leben lag hinter mir, ein Leben, das bald vorüber sein wird und an das mich meine Freunde ein Leben lang erinnern werden. Wir Freien werden noch oft gemeinsam über die Momente von früher lachen, und vielleicht wirst du, wenn du die Geschichte ein elftes Mal gehört hast, irgendwann genervt den Raum verlassen. Aber das ist das Wunderbare an Freundschaft: Für Freunde wird die Anekdote immer ein Teil der eigenen Geschichte sein.

Ich wünsche dir lange Freundschaften, die nicht austauschbar sind wie Sommerhits, sondern so beständig wie *Last Christmas,* und die Gabe, sie zu pflegen. Denn ohne Freunde ist die Vergangenheit nicht mehr als ein abgeschlossenes Kapitel und nicht das schöne Fotoalbum, das du jederzeit wieder hervorholst, um darin zu blättern oder neue Bilder einzukleben. Wie die von Neuharlingersiel. Viele Fotos sind in den drei Tagen entstanden, etwa wie ich mit Marks Töchtern an der Hand zum Strand spaziere und den gesamten Bürgersteig blockiere. Oder wie Mark seinen »Stinkefuß« auf der Tanzfläche ausstreckt. Oder wie wir uns als Gruppe vor der Nordsee aufstellen und mit den fünf Kindern davor wie eine große Familie aussehen.

Die letzte Nachricht in der WhatsApp-Gruppe schrieb heute Hannah, unsere Partymaus. »Wenn wir volljährig werden«, postete sie in Anspielung auf unseren 18. Jahrestag, »machen wir das spätestens wieder.« Dem ließ sie noch eine wissenschaftliche Erkenntnis folgen, die sie im Internet recherchiert hatte: »Eltern verlieren etwa sechs Monate Schlaf während der ersten zwei Lebensjahre ihres Kindes.« Dazu sendete sie ein Äffchen, das sich die Augen zuhielt.

Ob das so ist, weiß ich spätestens, wenn wir volljährig werden – und auch, ob es mich gestört hat.

Dein Papa

Über Drogen

Mein liebes Kind,

vergangene Woche habe ich dir von meinem Glas Whiskey-Cola in der Kinderdisco erzählt und von Mark, der früher manchmal so betrunken war, dass er am liebsten nonstop mit dem Fahrstuhl fuhr. Ich habe dir davon berichtet, wie wir in unserer Jugend Bier getrunken haben, bis uns der Geschmack fahl auf der Zunge lag. Und von deiner Mama, die nach unserem Kennenlernen mit einem Kater aufgewacht ist. Es wäre unehrlich, so zu tun, als hätten wir nie zu viel Alkohol in uns hineingeschüttet. Es wäre als dein Papa aber auch unverantwortlich, das einfach so stehen zu lassen.

Ich war nie ein Trinker, habe nie an einer Zigarette gezogen, nicht mal an einem Joint. Haschkekse habe ich nie probiert, Kokain sowieso nicht. Von noch härteren Drogen ganz zu schweigen. Meinen ersten Rausch hatte ich mit 16, nachdem ich drei Radler getrunken hatte. Die Geschichte hängt mir bei meinen Kumpels bis heute nach. Ich war echt eine Niete im Trinken. Denn nur Übung macht den Meister.

Wie Millionen Väter vor mir könnte ich jetzt den Zeigefinger heben und dir eine Moralpredigt halten. Und wenn ich Glück habe, wirst du nachts an meine Worte denken, wenn du den vierten Schnaps – ex und hopp – in dich hineinkippst. Nein, nein. Ich will nur, dass du weißt, dass sich just in dieser

Woche der Schwangerschaft dein Gesicht zurechtrückt und deine Augen nach vorne schauen. Zu viel Alkohol bewirkt das Gegenteil. Vergiss also nicht: Du siehst so zerknautscht aus wie in der 13. Schwangerschaftswoche, wenn du besoffen die Bar verlässt. Mit dem Unterschied, dass ein Fötus nicht so fürchterlich aus dem Mund stinkt.

Natürlich schreckt dich das nicht ab. Du musst deine eigenen Erfahrungen machen. Du musst den Würgereiz selbst spüren, die wackligen Beine, die dir nicht mehr gehorchen, und die Kotze in den eigenen Haaren. Folgende zehn Regeln solltest du bitte trotzdem beachten:

Regel 1: Trinke nie aus Sorge, sondern immer mit Genuss. Wenn du dich sorgst, erinnere dich lieber an die Flasche Wasser, die mit der Zeit immer schwerer wird, und nicht an die Flasche Gin in unserem Keller. Sorgen ertrinken nicht in Alkohol, sie können schwimmen.

Regel 2: Trinke nie, weil es jemand von dir erwartet, sondern weil du Lust hast, den nächsten Tag mit Kopfschmerzen im Bett zu liegen.

Regel 3: Fahre nie betrunken Auto. Ich hole dich ab, überall. Es sei denn, es ist nachts, dann ruf Mama an.

Regel 4: Halte dich fern von Leuten, die betrunken mit dem Aufzug hoch- und runterfahren.

Regel 5: Falls du nicht mehr an dich halten kannst und dich schon im Vorgarten übergeben musst, dann wenigstens drüben in Opas.

Regel 6: Geh grundsätzlich etwas auf Abstand zu fremden Leuten, wenn du betrunken bist. Nicht jeder meint es gut mit dir.

Regel 7: Kein Vorglühen in unserem Haus, wenn ich nicht eingeladen bin. Ich backe auch Haschkekse.

Regel 8: Kein Bier vor vier, und komm mir bloß nicht mit der Ausrede, dass es in Australien schon nach vier ist.

Regel 9: Wer feiern kann, kann auch arbeiten, studieren oder zur Schule gehen. Ich kenne Lehrer und Chefs, die das auch schaffen.

Regel 10: Denke immer daran, welche Entbehrungen deine Mama auf sich genommen hat, um dich zur Welt zu bringen. Mach dir bewusst, dass es dich nur gibt, weil sie neun Monate auf Alkohol verzichtet hat. Erinnere dich ihrer Liebe, mit der sie dich promillefrei gestillt und später ohne Alkoholfahne von der Schule abgeholt hat. Und nun geh mit deinen Freunden in die nächste Bar: Falls du dort ohne schlechtes Gewissen ein Glas Gin Tonic bestellen kannst, sprich wenigstens einen Toast aus, den alle hören: »Auf die beste Mama der Welt!«

Deine Mama meint, ich solle jetzt mal wirklich die Kirche im Dorf lassen. Vielleicht hat sie recht. Regel zehn überdenke ich noch mal. Aber vielleicht ist Alkohol auch gar nicht mehr die Volksdroge Nummer eins, gar nicht mehr das Problem, wenn du ein Teenager bist. Vielleicht ist es dann schon Cannabis: Die Deutschen streiten gerade darüber, ob »Gras« legalisiert wird. Falls es so kommt, dann werde ich den Kiffer-Opa anrufen und fragen, ob wir uns mal wiedersehen. Ja, den gibt es wirklich. Ich habe ihn vor Jahren selbst getroffen.

Eigentlich heißt er Klaus-Dieter. Seine Eltern nannten ihn Dieter. Klaus findet er aber cooler, also nennen ihn alle Klaus. In seinem Viertel rufen sie ihn Kiffer-Opa. Oder Bob Marley. Je nachdem, wer mitkifft. Sein Kopf ist ein Kunstwerk, wie auch die Köpfe von Udo Lindenberg oder Karl Lagerfeld welche sind: Als ich ihn das letzte Mal gesehen habe, war seine

Haut sonnengebräunt. Er trug einen braunen Schnauzer, schwarze Sonnenbrille, eine jamaikafarbene Strickmütze und dritte Zähne. Am linken Ohr baumelte ein schwarz-gelber Ohrring, so groß und so geformt wie eine Lakritzschnecke. Auf seinem Gehstock stand »Klaus der Kiffer-Opa«, ein Geschenk seiner Kumpels, mit denen er im Park abhing und Gras rauchte. Seit 49 Jahren konsumierte Klaus bereits Cannabis.

Mit dem ersten Joint ist es, meint Klaus, wie mit dem ersten Kuss: Er vernebelt die Sinne, er brennt sich ins Gedächtnis ein, der Ort, die Zeit … – und meistens macht er Lust auf mehr, immer mehr. Mit 16 war Klaus mit seinen Kumpels zu einem Schützenfest an die Weser gefahren. Auf einer abgelegenen Wiese zog er seinen ersten durch. »Ey, Dicker, wie fühlst du dich?«, fragten die Kumpels. Klaus antwortete: »Ich hab Hunger wie ein Wolf.« Er aß aber nichts, kiffte einfach weiter und blieb vier aufeinanderfolgende Nächte wach.

Der süßlich-würzige Rauch zog sich fortan durch sein Leben, das es nicht immer gut mit ihm meinte. Und wenn doch einmal, dann ließ er es nicht zu. Wie vor einigen Jahren, als er für Misshandlungen, die er als Heimkind erlitten hatte, 6500 Euro Entschädigung erhalten hat. »Ich und meine Kumpels haben fünf Monate gut davon gelebt«, erzählte mir Klaus und lachte so rau, als sei nicht Cannabis sein Problem, sondern Whiskey. Jetzt sei das ganze Geld weg, verraucht, versoffen, und der Traum von der Reise nach Jamaika endgültig geplatzt. Er bereue nichts – den Satz sagte er häufig, so oft, dass ich es ihm glauben mochte. Nie, erklärte er, habe er allein Gras geraucht, immer nur in Gesellschaft. Es sei eine »geile Zeit« gewesen.

Nichts brachte ihn vom Kiffen ab, nur die Liebe zu einer Frau. Sieben Jahre setzte er aus. Dann verließ sie ihn – und er fing wieder an. Als ich ihn damals traf, war er sehr einsam. Er wünschte sich so sehr eine Partnerin. Er diktierte mir sogar eine Kontaktanzeige: »Einfühlsamer Mann, früher Biker, sucht nach schwerer Enttäuschung eine einfache Frau zwischen 50 und 60 Jahren, die Musik so sehr mag wie ich.« Er sagte, er würde ihr ein Versprechen gleich am ersten Tag der Beziehung geben: sofort mit dem Kiffen aufzuhören. Auf meine Geschichte, die damals in der *Welt am Sonntag* veröffentlicht wurde, meldete sich keine Frau.

Damals glaubte er nicht, dass er die Legalisierung noch erleben werde. Ich weiß nicht, ob es ihn noch gibt, ob er verliebt und bei klarem Verstand durch sein Viertel läuft, ohne Gehstock, dafür Hand in Hand mit einer Partnerin. Oder ob er noch immer im Park abhängt, mit den anderen Bob Marleys.

Du fragst dich, warum ich dir seine Geschichte erzähle? Damit du gar nicht erst versuchst, so zu tun, als habe ich keine Ahnung von dem ganzen Zeug. Nein, Cannabis ist vielleicht nicht schlimmer als Alkohol, aber auch nicht besser. Die zehn Regeln, mein Kind, gelten auch dann noch. Ich muss sie nur ein wenig umformulieren.

Gut, dass es bis dahin noch etwas hin ist.

Dein Papa

Über Helden

Mein liebes Kind!

Ich saß heute vor dem Fernseher und sah dabei zu, wie der Mann, der einmal mein Held war, wie ein trauriger Zirkusclown durch die Manege gezerrt wurde. Boris Becker ist mal wieder der Narr der Nation – und das Land, das ihm so viel zu verdanken hat, lacht sich schlapp über ihn.

Wieder ist Boris mit Ach und Krach an der Liebe, irgendwie aber auch am Leben gescheitert, das mit den Jahren zu seinem Angstgegner geworden ist. Das Besondere am früheren Boris war, dass er um jeden Punkt so kämpfte, als sei es der letzte. Er drehte verloren geglaubte Spiele nur durch seine Willenskraft. Er hechtete zu den Bällen, die unerreichbar schienen, und schlug Asse in Augenblicken, in denen andere das große Flattern bekamen. Für ihn ging es immer um alles. Und wenn er doch am Ende scheiterte, dann richtig.

Immerhin das hat er sich bis heute beibehalten: Auch für den aktuellen Boris geht es um alles, wieder muss er um sein Kind streiten, wieder geht es um sein Geld, um sein Ansehen. Was ist bloß aus diesem Mann geworden, der einmal als Poster über meinem Bett hing? Für den ich nachts aufstand, weil er in Australien spielte? Und den ich als Kind imitiert habe, seine Faust, seine berühmte Becker-Rolle und, wenn wir früher auf dem Tennisplatz herumgealbert haben, auch ab und an seinen markanten Aufschlag?

Im Juli 1985, zehn Wochen nach meiner Geburt, gewann der semmelblonde Junge im Alter von 17 Jahren zum ersten Mal Wimbledon. Mein Held wurde er erst im April 1995, an einem Sonntag, wenige Tage vor meinem zehnten Geburtstag. Deutschland spielte im Davis-Cup gegen die Niederlande, und ich saß auf der Tribüne. Das ist lange her, und trotzdem erinnere ich mich noch an jede Kleinigkeit. Dass damals mein Arm gebrochen und eingegipst war. Dass Boris Becker gewonnen hat und Deutschland gleich mit. Dass Boris – warum auch immer – an diesem Wochenende keine Autogramme gegeben hat und ich mich damit nicht abfinden wollte. Ich lief deshalb nach dem letzten Match mit meinem Vater zum Hinterausgang der Utrechter Messehalle und wartete dort auf ihn. Und wartete. Und wartete. Nach ungefähr einer Stunde öffnete sich die Tür, Boris eilte heraus, zielstrebig zur schwarzen Limousine, die ihn ins Hotel oder zum Flughafen bringen sollte. Mein Herz pochte, und trotzdem nahm ich meinen ganzen Mut zusammen und rief: »Boris!« Ich duzte ihn, als würde ich ihn kennen, und irgendwie kannte ich ihn ja auch: Boris, meinen Helden. Er blickte auf, überlegte kurz und kam dann zu mir herüber. Er gab mir als Einzigem an diesem Wochenende ein Autogramm. Es ist in goldener Farbe auf meiner damaligen Schlägerhülle verewigt. Sie liegt heute im Keller deiner Großeltern, vermutlich ist sie verstaubt, wie die Erinnerungen an die heldenhaften Tage des Boris Becker.

Heute frage ich mich, ob ich ihm nicht helfen müsste, so wie er mir als Kind geholfen hat. Schließlich hat er mich gelehrt, für meine Ziele zu kämpfen, er hat mir gezeigt, welche Freude dieser Sport bereiten kann, wenn man ihn mit Haut und Haaren lebt. Er, den die Kadertrainer zunächst als zu schwach bewerteten und ablehnten und der es am Ende allen gezeigt hat.

Doch mit Helden, Baby, ist es wie mit den eigenen Eltern: Das, was sie einem gegeben haben, wird man ihnen nie wieder zurückgeben können. Das stundenlange Stillen, das Beruhigen in der Nacht, das Wickeln, das Zuhören oder auch das lange Warten am Hinterausgang einer Tennishalle: All die Liebe, die Zeit, die Geduld, all das ist mit nichts aufzuwiegen. Selbst nicht mit größter Dankbarkeit. Eltern sind nicht immer einfach, aber wir verdanken ihnen alles. Nicht nur unser Leben.

Doch nun kommst du, und deine Mama und ich sehen endlich unsere Chance, den Rucksack, den unsere Eltern mit Werten, Erfahrungen und Emotionen über die Jahre gefüllt haben, auszuräumen, seinen Inhalt zu begutachten und ihn Stück für Stück an dich weiterzugeben. Ein Baby zu bekommen bedeutet auch, etwas zurückgeben zu dürfen. »Erst wenn man genau weiß, wie die Enkel ausgefallen sind«, sagte einmal der deutsche Schriftsteller Erich Maria Remarque, »kann man beurteilen, ob man seine Kinder gut erzogen hat.« Ob es uns gelingt, deine Großeltern stolz zu machen?

Während ich das schreibe, frage ich mich, wen du eines Tages anhimmeln wirst. Noch immer sind die Helden der Gegenwart Schauspieler, Musiker und Sportler. Es sind aber auch junge Menschen, die Videos von sich drehen und sie ins Internet stellen, die Bilder an schönen Orten und in stylischen Klamotten machen und hochladen oder die ihre Lippen möglichst synchron zu Popsongs bewegen. Diese Helden, die oft selbst noch Teenager sind, nennen sich Influencer. In meiner Jugend gab es keine Influencer. In meiner Jugend gab es Wimbledonsieger. Na gut, und David Hasselhoff und sein sprechendes Auto. Jede Generation hat wohl die Helden, die sie verdient.

Deine künftigen Helden gehen womöglich gerade selbst

noch in den Kindergarten oder zur Schule. Eine witzige Vorstellung, nicht wahr? Meine derzeitige Heldin war noch nicht einmal geboren, als ich zur Welt kam. Mittlerweile trägt sie denselben Nachnamen wie ich. Ihr wackeres Motto lautet derzeit: »Ich bin schwanger, nicht krank!« So reden wirklich nur Heldinnen. Damit unterscheidet sie sich kolossal von den Frauen, die in so manchen Internetforen als hormongesteuerte Furien beschrieben werden.

Je älter ich werde, mein Kind, desto mehr begreife ich, dass Helden nicht nur in Actionfilmen oder in Geschichtsbüchern vorkommen, sondern dass sie unter uns leben. Dass der ein Held ist, der tut, was er kann – und manchmal sogar mehr: Sei es, seinen Sohn zum Hinterausgang einer Tennishalle zu begleiten, obwohl man lieber vor dem Stau nach Hause fahren würde; sei es, eine Schwangerschaft tapfer durchzustehen; oder auch als Hebamme Kindern auf die Welt zu helfen. Eigentlich hat eine Hebamme alle Merkmale einer Heldin: Sie hat Superkräfte. Sie kann Sorgen wegzaubern, Schmerzen lindern, Bäuche verkleinern, durch (Bauch-)Decken sehen, Unsichtbares ertasten, Leben retten und für magische Momente sorgen. Sie bringt Ordnung ins Chaos und Licht ins Dunkel. Doch wir behandeln sie nicht wie eine Heldin. Wir zahlen ihr ein mieses Gehalt, etwa ein Sechstel eines Piloten, als sei der ein größerer Held, der Menschen in den Urlaub fliegt. Wir lasten ihr gesetzliche Vorgaben auf, die selbst mit Superkräften nicht zu bewältigen sind. Und wir sprechen über sie, als sei sie eine nette Begleiterscheinung. Dabei ist die Nachfrage nach ihr längst höher als das Angebot. Mein Kumpel Lou sagte neulich, es sei in Hamburg schwerer, eine Hebamme für seine Frau als ein Ticket für die Elbphilharmonie zu ergattern. Und die Elphi ist Monate im Voraus ausverkauft.

Als ich deiner Oma davon erzählte, dass auch wir Probleme haben, eine Hebamme zu finden, verstand sie zunächst nur Bahnhof. Sie war der Auffassung, dass Hebammen ausschließlich im Krankenhaus arbeiten. Du musst wissen, als sie mich zur Welt brachte, blieben Frauen nach der Geburt eine Woche in der Klinik und standen anschließend ohne fachkundige Hilfe allein mit dem Baby da. Heute kommen Hebammen acht Wochen nach der Geburt und bei Bedarf während der Schwangerschaft zu den werdenden Eltern nach Hause, geben Tipps, helfen beim Stillen, betreuen die Mutter, prüfen das Gewicht des Säuglings, nehmen Sorgen und hören zu. Welch ein Privileg unserer Zeit!

Wir suchen zum Glück nicht in Hamburg, sondern in Schleswig-Holstein. Doch auch hier wechselten viele Hebammen in Teilzeit oder hörten ganz auf. Ebenso Krankenschwestern, Altenpfleger und Erzieher. Wer dem Menschen dient, ist offenkundig weniger wert als der, der dem Geld dient. Ich halte das für einen schwerwiegenden Fehler. Was Freiheitskämpfer Mahatma Gandhi einst über die Tiere sagte, gilt auch für Helden: Die Größe und den moralischen Fortschritt einer Nation kann man daran erkennen, wie sie mit ihren Helden umgeht. Mit denen aus den Geschichtsbüchern sowie denen des Alltags.

Eins, mein Kind, sollte man jedenfalls nie tun: über seine einstigen Helden lachen. Selbst dann nicht, wenn sie sich zum Narren machen. Denn wer seine Helden verspottet, verspottet auch einen Teil von sich selbst. Und das hat das Kind in dir nun wirklich nicht verdient.

Dein Papa

Übers Lesen

Mein liebes Kind,

meine Helden waren nie Romanfiguren. Das hatte einen einfachen Grund: Ich las keine Romane. Als Jugendlicher kaufte ich mir von meinem Taschengeld kein einziges Buch. Ich schreibe das nicht mit Stolz, sondern mit Bedauern. Bücher waren für mich das, was die Lehrer für einen aussuchten. Und Buchhandlungen ein Ort, den ich nur vor Weihnachten aufsuchte, um meinem Vater ein Kochbuch zu kaufen. Selbst die Harry-Potter-Bände, die in meiner Generation jeder Zweite verschlungen hat, verzauberten mich erst, nachdem sie verfilmt wurden. Grimms Märchen hörte ich auf meinem Kassettenrekorder ebenso wie die aufregenden Episoden der *Fünf Freunde*. Ich vergrub mich nie mit einer Taschenlampe unter der Bettdecke, um heimlich spätabends die letzten Seiten eines großen Abenteuers zu lesen. Ich ließ mich nie von aneinandergereihten Buchstaben in eine fremde Welt entführen, aus der ich – 220 Seiten später – glücklicher wieder auftauchte. Ich verbrachte nie einen Samstag in einer Buchhandlung oder einer Bibliothek, um mich dort mit einem Stapel von Büchern auf ein weiches Sofa zu setzen und nach dem kurzen Anlesen jedes einzelnen dazu zu entschließen, alle mitzunehmen. Ich wusste damals die Haptik eines gebundenen Buchs noch nicht zu schätzen, geschweige denn den Geruch noch ungelesener bedruckter Seiten, zu denen sich bei guten Geschichten eine frische Brise Entdeckergeist beimischt. Das Schlimmste war: Ich hatte keine Ahnung, was ich da verpasste.

Ich hatte nur Tennis im Kopf, nicht mehr und nicht weniger. In meiner Welt drehte sich alles um diese gelbe Filzkugel. Wie sehr ich mein Leben danach ausrichtete, davon erzähle ich dir in der kommenden Woche. Bis heute haben mich immer wieder Freunde gefragt, ob ich das Gefühl habe, etwas verpasst zu haben. Sie meinen damit, ob ich die Partys, den Rausch, das Flirten und Knutschen, das Herumlungern und das Sichausprobieren vermisst hätte. Doch wie sollte ich etwas vermissen, das ich gar nicht kannte? Gibt es diese eine Jugend, die man erlebt haben muss, bevor das Erwachsensein einen am Hinterausgang abholt? Ich werde dir sicher kein guter Ratgeber sein, wie man eine Jugend zu verbringen hat. Ich kenne nur diese eine, doch sehr untypische Jugend. Lass dir aber bitte nicht einreden, dass man in seiner Jugend irgendetwas gemacht haben muss! Nein, man muss mit 15 nicht an einer Zigarette gezogen oder mit 16 auf der Toilette einer Diskothek erbrochen haben. Und man muss sich mit 17 auch nicht eine Woche auf dem Zimmer eingeschlossen haben, nur um in Ruhe zu chillen. Deine innere Stimme wird dir schon verraten, was wirklich nötig ist.

Ich habe jedenfalls nichts vermisst. Aber mit dem Abstand von 16 Jahren kann ich heute sagen: Ich habe etwas verpasst – das Bücherlesen.

Das alles, Baby, klingt nicht, als wäre das die Geschichte deines Papas, der bislang behauptet hat, als Buchautor und Verleger Geld zu verdienen, nicht wahr? Aber genau deshalb erzähle ich sie dir. Ich fühle mich mittlerweile wie ein ehemaliger Gefängnisinsasse, der nach seiner Freilassung durch Schulklassen tingelt und als mahnendes Beispiel von seiner kriminellen Vita und dem Leben hinter Gittern berichtet. Du bist nun meine Schulklasse. Und meine Geschichte geht so:

Nachdem Felix und ich unser Palmen-Buch (so nannten wir *Palmen in Castrop-Rauxel*) veröffentlicht hatten, überlegten wir, ob wir nicht auch ein Start-up gründen könnten. Das Entscheidende dabei ist, dass die Unternehmensidee zu den Stärken der Gründer passt. Ein Veganer sollte möglichst keine Metzgerei eröffnen und eine Person mit Höhenangst keine Heißluftballonfahrten anbieten. Irgendwie auch logisch. Wir schlossen uns jedenfalls ein paar Tage in meinem alten Jugendzimmer bei meinen Eltern ein und sponnen herum. Wir entwickelten Ideen und verwarfen sie wieder. Du musst wissen: Die 2010er-Jahre waren eine Art neue deutsche Gründerzeit. Viele junge Leute wollten ihr eigenes Unternehmen starten, das neue Facebook erfinden oder zumindest die Digitalisierung mit einer eigenen Idee vorantreiben. Gründen, ein paar Jahre arbeiten und am Ende das Ganze für Millionen verkaufen – davon träumten viele. Neun von zehn Start-ups scheiterten allerdings. Und trotzdem konnte auf Partys vor allem derjenige beeindrucken, der gerade kurz davor war, als CEO »sein eigenes Baby« ganz groß zu machen.

Bis wir etwas gefunden hatten, von dem wir glaubten, dass wir es groß machen konnten, dauerte es einige Tage. Die erste Idee: Wir wollten eine Plattform aufbauen, auf der sich Bands, Musiker und Songwriter austauschen können. Hobbymusiker hätten dort die Möglichkeit gehabt, Liedtexte oder Melodien käuflich zu erwerben. Es gab nur mindestens ein Problem: Ich kann nicht im Takt klatschen, und meine Blockflötenlehrerin in der Grundschule hat meinen Eltern geraten, mich nach zwei Jahren lieber aus dem Kurs zu nehmen. Zu hoffnungslos war mein Fall. Ich kann deshalb weder ein Instrument spielen noch singen. Felix war genauso unmusikalisch. Wir merkten zum Glück früh, dass das mit der Plattform für Hobbymusiker allein schon deshalb nur nach hinten losgehen konnte.

Unsere zweite Idee war fast noch absurder. An einem Sonntag rief mich Felix an. »Ich hatte eben unter der Dusche einen Einfall. Lass uns einen Buchverlag gründen«, sagte Felix, der mich Monate zuvor noch fragte, wie man in einer langen Geschichte den Spannungsbogen hält. »Lass uns Bücher mit YouTubern machen!«

Mit YouTubern also. YouTuber waren damals (vielleicht auch noch, wenn du das in einigen Jahren liest) die Helden der Teenager. Wo sie auftauchten, wurde gekreischt – wie zu meiner Zeit bei der Kelly Family. Den Vorteil, warum wir ausgerechnet mit YouTubern Bücher machen sollten, erklärte mir Felix noch am Telefon: »Wir wissen doch seit dem Palmen-Buch, wie man Bücher macht und verlegt. Wir haben aber als Zwei-Mann-Bude und Selbstverleger nicht die Möglichkeit, unsere Bücher zu bewerben und in die Buchhandlung zu bringen. Dafür fehlen uns der Vertrieb und das nötige Budget. Wenn wir nun aber Bücher mit YouTubern machen, bringen die Autoren den Vertriebskanal direkt mit. Die bewerben ihr Buch dann auf ihrem Kanal mit Hunderttausenden Fans, und die Zielgruppe des Buches bekommt das sofort mit. Dann bestellen sie direkt bei uns oder im Internet.« Eine geniale Idee, dachte ich.

Es gab damals schon ein paar wenige Bücher von deutschen YouTubern, nicht aber einen Verlag, der sich auf Influencer und ihre Bedürfnisse spezialisiert hatte. YouTuber sind es zum Beispiel gewohnt, dass ihre Beiträge unmittelbar veröffentlicht werden. Bücher hingegen haben oft eine Vorlaufzeit von einem Jahr. Unser Versprechen lautete deshalb: Von der Vertragsunterzeichnung bis zur Veröffentlichung dauert es maximal vier Monate. Auch boten wir deutlich höhere Tantiemen als die großen Verlage an. Das war möglich, weil wir keine Mitarbeiter bezahlen mussten und – in unserer Vorstellung – keinen Buchhandel benötigten. Und für den Fall, dass die YouTuber nicht selbst schreiben können oder wollen, war ich ja da.

Wir schrieben hoch motiviert potenzielle Autoren an. Auf unsere 50 E-Mails, die wir an die erfolgreichsten YouTuber des Landes verschickten, erhielten wir zwei Absagen, eine »Ich melde mich in einem halben Jahr zurück«-Mail und 47-mal gar keine Antwort. Die Ausbeute war ernüchternd. Wir wollten die Idee schon fast einstampfen, da spürte ich im Internet Benjamin, das Mobbingopfer, auf. Er war zwar kein YouTuber, aber als Internetstar ging er mit fünf Millionen Aufrufen seines Videos auf alle Fälle durch. Heute ist sein Buch Pflichtlektüre in vielen Schulen.

Fünf Monate später schrieb uns Jonas Ems, ein YouTuber mit damals 600 000 Abonnenten, der sich in einem halben Jahr zurückmelden wollte. Er hatte bereits eine konkrete Buchidee: kurze Storys über peinliche Momente im Leben von Teenagern. Wir kamen ins Geschäft.

Zur gleichen Zeit arbeitete Felix an seinem ersten eigenen Buch *(Das 4-Stunden-Startup)*, das in einem großen Verlag erscheinen sollte. In einer Kaffeepause schilderte er seiner Lektorin unsere Idee und zeigte ihr die beiden Bücher, die wir bereits selbstständig verlegt hatten. Sie fand unser Konzept spannend und die Bücher überaus gelungen. Einige Tage später erhielten wir von ihrer Chefin, der Verlagsleiterin, eine E-Mail. Sie würde uns gerne kennenlernen. Wieder einige Wochen später saßen wir in ihrem Büro und vereinbarten eine Vertriebskooperation. Der Deal lautete: Der renommierte Verlag überzeugt in ihrem Namen die Buchhändler von unseren Büchern. Im Gegenzug würden wir einen Teil unserer Einnahmen abgeben. Wir ahnten schon damals, dass es schwer werden würde, ohne den Buchhandel langfristig Erfolg zu haben. Um es auf die Bestsellerlisten zu schaffen, geht es sowieso nicht ohne.

Das Buch von Jonas Ems erklomm dann tatsächlich auf Anhieb die *Spiegel*-Bestsellerliste und blieb dort mehrere Wochen. Das freute auch die Verlagsleiterin. Sie machte uns ein Angebot: Wie wäre es, wenn ihr Verlag unser kleines Verlags-Start-up übernehmen würde? Wir würden weiter als Geschäftsführer unseres Verlages tätig sein, nur mit dem Unterschied, dass wir in den kommenden drei Jahren auch so bezahlt würden. Wir konnten das nicht ablehnen – obwohl wir wussten, dass diese drei Jahre an unsere Substanz gehen würden. Denn meine unbefristete Stelle als Journalist der *Welt* würde ich dafür natürlich nicht kündigen wollen. Dafür bin ich viel zu gerne Journalist – und ein Angsthase.

Heute weiß ich: Es war die richtige Entscheidung. Mittlerweile haben wir in drei Jahren einen siebenstelligen Umsatz mit unseren Büchern gemacht. Von den zehn Büchern, die wir herausgebracht haben, erklommen sechs die *Spiegel*-Bestsellerliste. Wir wurden für unser Konzept für den Young Excellence Award der Buchbranche nominiert, aber das Beste war etwas anderes: Wir haben es geschafft, dass Jugendliche Bücher lesen. Unser Verlagsslogan hatte sich erfüllt: Wir wollten Nichtleser zu Erstlesern machen. Im Internet findet man unzählige Rezensionen von erleichterten Eltern unter unseren Büchern, die sich darüber freuen, dass ihr Kind endlich mal ein Buch gelesen hat. Ein Jugendlicher schrieb sogar: »Ich war heute echt in einer richtigen Buchhandlung und hab mir das Buch gekauft. War dort gar nicht so schlimm, wie ich dachte! Aber ich sag euch: Da gibt es sooo viele Bücher, voll krass!« Ich hoffe, du lachst jetzt darüber.

Falls du das auch »voll krass« finden solltest, habe ich meine Mission verfehlt. Ich möchte nämlich schon früh deine Begeisterung für Bücher wecken. Du wirst in eine Welt hineingeboren, in der (bewegte) Bilder beliebter sind als Worte. Instagram schlägt Jugendroman, YouTube schlägt Zeitung. Warum du trotzdem Bücher lesen solltest? Lies, und du weißt es. Heinrich Heine versuchte mal, es in Worte zu fassen: »Von allen Welten, die der Mensch erschaffen hat, ist die der Bücher die gewaltigste.« Und das Beste: Du bekommst schon mit sechs oder sieben Jahren den Schlüssel zu dieser Welt. Du kannst dann lesen. Nutze den Schlüssel so oft wie möglich.

Ich werde dich dabei begleiten. Ich werde dir anfangs Geschichten vorlesen und später mit dir in eine Buchhandlung gehen und dabei zwischen den Regalen die Zeit vergessen. Falls du denkst, dass Bücher niemand mehr liest, kann ich dich beruhigen: Die deutsche Buchindustrie macht jedes Jahr etwa so viel Umsatz wie die deutsche Musik- und Filmindustrie zusammen. Das Buch ist nicht nur etwas für Nerds und auch nicht das, was nur Lehrer für einen aussuchen. Ich würde mir jedenfalls wünschen, dass ich eines späten Abends in dein Zimmer komme und dich mit einer Taschenlampe und einem spannenden Buch unter der Bettdecke erwische. Ich verspreche dir, dass ich nicht mit dir schimpfe, sondern leise wieder das Zimmer verlasse – und mich still freue.

Dein Papa

Übers Scheitern

Mein liebes Kind,

wenn du das hier lesen kannst, liegt der große Streit schon hinter uns. Deine Tante, eine Erzieherin, hat mir gestern eine unglaubliche Geschichte erzählt. Sie berichtete von einem Jungen, der sie an einem seiner ersten Kindergartentage fragte, ob er ihr Handy bekommen dürfe. Und jetzt halt dich fest, er schob folgende Begründung für seine Bitte hinterher: Die übrigen Spielsachen seien ja viel zu langweilig. Der Junge war gerade mal drei Jahre alt. Wäre es nicht meine Schwester gewesen, die das selbst erlebt hat, ich hätte es als Märchen der sozialen Medien abgehakt, als Zuspitzung einer Frage, die jede Familie irgendwann beantworten muss: Ab wann bekommt mein Kind ein Handy? Und wie schränke ich dessen Gebrauch ein?

Im Freundeskreis höre ich vermehrt von Ehekrisen und Machtproben mit dem Nachwuchs, mit denen der Korea-Konflikt nicht mithalten kann. Es ist aber auch gemein: Entweder man verliert sein Kind in die tiefen Weiten eines scheckkartengroßen Universums oder eben in die Gruppe der Außenseiter, die erst am nächsten Schultag erfahren, was abends zuvor in der WhatsApp-Gruppe besprochen wurde. Die Eltern, die dem Druck nach Wochen des schiefen Haussegens erliegen, legen in den Tagen danach eine verblüffende Wandlung hin: Sie mutieren über Nacht zu den schärfsten Kritikern von Eltern, die dem Belagerungszustand ihres Zög-

lings noch standhalten. Kein Handy ist ja nun wirklich rück-
wärtsgewandt! Man kann Kindern auch schon früh die Zukunft verbauen! Diese Digitalisierungsleugner sind schlimmer
als die Klimaleugner! Da waren die Ökos in den 80er-Jahren
nichts gegen!

Ich gebe zu: Ich bin noch unschlüssig. Aber wenn du das
hier liest, wirst du wahrscheinlich wissen, wie ich mich entschieden habe. Der Mann, der für dieses Dilemma in jungen
Familien mitverantwortlich ist, hat einmal einen Satz gesagt,
der für mein Leben noch bedeutender war als seine Erfin-
dung selbst: Steve Jobs, der Apple-Gründer, hat vor Absolventen der Universität Stanford im Jahr 2005 eine eindrucksvolle
Rede gehalten. Er, der Multimilliardär, stand unter freiem
Himmel auf dem Podium und erzählte aus seiner eigenen
Zeit an der Universität. Du musst wissen: Steve Jobs wurde
gleich nach der Geburt von seiner noch jungen Mutter, die
selbst gerade studierte, zur Adoption freigegeben. Doch ihr
war wichtig, dass ihr Sohn bei studierten Leuten aufwächst.
Ein Rechtsanwalt und seine Frau wollten sich des Jungen
zunächst annehmen und entschieden sich am Ende doch
noch spontan um: Sie bevorzugten ein Mädchen. Der kleine
Steve kam somit zu einem anderen Paar, und weil das Ganze
schnell gehen musste, achteten die Behörden nicht darauf, ob
die Eltern einen akademischen Abschluss hatten. Als die
Mutter Tage später davon erfuhr, dass der »neue« Vater nicht
mal einen Highschool-Abschluss hatte und ein einfacher
Arbeiter war, weigerte sie sich zunächst, die Adoptionsunter-
lagen zu unterschreiben. Erst als die Adoptiveltern versprachen, Steve auf die Uni zu schicken, willigte sie ein.

Steve ging mit 17 Jahren aufs College. Doch die Kosten fra-
ßen das ganze Geld auf, das seine Eltern in ihrem Leben zu-

sammengespart hatten. Nach nur sechs Monaten brach er das Studium ab. Er sah keinen Sinn in den Dingen, die er dort lernte. Er schlief auf dem Fußboden von Freunden, weil er kein Zimmer im Wohnheim hatte, und sammelte Colaflaschen, um sich von dem Pfand etwas zum Essen zu kaufen. Doch das abgebrochene Studium gab ihm Zeit, Zeit für Dinge, die ihn wirklich interessierten – wie zum Beispiel einen Kalligrafie-Kurs. Dort lernte er alles über Serifenschriften und serifenlose Schriften. Niemand, der nicht Grafiker werden will, könnte mit dem Wissen über Typografien etwas anfangen. Trotzdem ging er hin. Einfach nur, weil er es faszinierend fand.

Zehn Jahre später entwickelte Steve Jobs den ersten Macintosh-Computer, den heute alle nur Mac nennen. Er erinnerte sich dabei an das längst verschüttet geglaubte Wissen über die Ästhetik von Schriften. »Wenn ich nicht ausgestiegen wäre«, folgerte Steve Jobs vor den Absolventen, »hätte ich nie diesen Kalligrafie-Kurs besucht, und Personalcomputer hätten nicht die schöne Typografie.«

Und dann sagte er diese Sätze, die du dir bitte mit Times New Roman in dein Herzchen schreibst: »Man kann die Punkte nicht verbinden, wenn man sie vor sich hat. Die Verbindung ergibt sich erst im Nachhinein. Man muss also darauf vertrauen, dass sich die Punkte irgendwann einmal zusammenfügen. Man muss an etwas glauben – Intuition, Schicksal, Leben, Karma, was immer.«

Auch in meinem Leben lief es so. Im Nachhinein ergab alles einen Sinn, ein logisches Bild. Jedes Scheitern brachte mich weiter – letztlich sogar bis zu dir.

So spielte mein erstes Leben auf einem Tennisplatz, und es war Novak Djokovic, der es beendete. Die Geschichte beginnt vor knapp 30 Jahren, wenige Tage nachdem Boris Becker und

Steffi Graf innerhalb weniger Stunden Wimbledon gewonnen hatten. Zwei Deutsche, die im selben Jahr den Tennisolymp besteigen, das hatte es noch nie gegeben. Alle waren begeistert. Ich auch.

Ich war damals vier Jahre alt und schlug die ersten Bälle übers Netz. Und ich war 14, als ich aus dem ohnehin schon sehr zeitintensiven Hobby meinen Beruf machen wollte. Ich zog bei meinen Eltern aus und in eine Tennisakademie ein, gut 400 Kilometer weiter südlich, in Bühl bei Baden-Baden. Dort blieb ich ein Jahr, ehe ich in eine andere Kaderschmiede in München wechselte.

Ich malochte damals Tennis, fünf Stunden täglich, auch samstags, neben der Schule. Ich lernte von einem Sportpsychologen, wie ich mit Stresssituationen im Match umgehe, und von einem Fitnesstrainer, wie ich meinen Körper, sogar meine Augen, trainieren müsse. Sie errechneten, wie viele Kalorien ich täglich brauchte, um nicht zu viele oder zu wenige Kilos mit mir herumzuschleppen. Ich hielt mich penibel daran. Ich verzichtete auf eine herkömmliche Jugend und vermisste sie nicht; alles für den einen Traum: einmal Wimbledon gewinnen.

Ich war, vielleicht ahnte ich es selbst früh, kein Ausnahmetalent, kein zweiter Boris Becker. Für die Elite fehlte mir die nötige Athletik. Mein Trainer Niki Pilić, unter dessen Regie die deutsche Davis-Cup-Mannschaft dreimal Weltmeister wurde, brachte meine Fähigkeiten und Schwächen wenig schmeichelhaft auf den Punkt: »Du hast ein Weltklasse-Händchen, aber Kreisklasse-Beine.«

Eines Tages kam ein junger Serbe in mein Münchner Internat. Ein schüchterner, drahtiger Junge, der mit Vornamen Novak hieß und 14 war. Er bleibe drei Monate, sagte er, am Ende wurden es deutlich mehr. Ich war drei Jahre älter als er, und drei Jahre sind in dieser Phase des Lebens bekanntlich eine Ewigkeit. Und doch war dieser Novak reifer als die meisten anderen. Er sah sein Ziel klarer vor Augen.

»Sollen wir morgen vor dem Training joggen gehen?«, fragte er mich einmal, und ich lachte, als würde er einen Witz machen. Denn vor dem Training bedeutete: sechs Uhr morgens. Also lehnte ich amüsiert ab, schlief lieber eine halbe Stunde länger, während er ganz selbstverständlich joggen ging.

Einmal in jedem Jahr fand in der Akademie ein großes offenes Turnier statt, die Schüler maßen sich, es ging um Punkte und Preisgeld. Im Viertelfinale traf ich auf Novak, diesen ehrgeizigen Burschen aus Serbien. Ich verlor haushoch, bekam gerade vier Spiele, 3:6, 1:6. Das Duell raubte mir allen Mut. Wie konnte ich, der 17-Jährige, der seit drei Jahren jeden Tag Tennis lebte und arbeitete, gegen einen 14-Jährigen so deutlich verlieren?

Am nächsten Tag sah Pilić, dass ich ein anderer war, missmutig, niedergeschlagen. Er sprach mich darauf an, ich erzählte ihm von der Pleite tags zuvor. Er raunte mich wie ein Vater mit seinem kroatischen Akzent an: »Bis' do verriekt? Novak, das ist Jahrhunderttalent!« Er riet mir, mich nicht mit diesem Kerl zu messen, sondern meinen eigenen Weg zu gehen. Aber in Wahrheit war mein Weg am Tag der Niederlage gegen Novak Djokovic zu Ende. Ein halbes Jahr später verließ ich die Akademie, ging zurück nach Hause und machte mein Abitur. Andere blieben, versuchten es weiter und scheiterten ebenfalls.

Ich kämpfe mit dieser Geschichte bis heute, natürlich ist sie gut, aber gleichzeitig hasse ich sie. Ich weiß gar nicht, wie oft ich sie schon erzählt habe, wie oft ich die längst archivierte Erinnerung wieder abgestaubt und noch einmal durchlebt habe.

Als ich 14 war und noch davon träumte, eines Tages den goldenen Wimbledon-Pokal in die Höhe zu stemmen, begleitete mich der Reporter einer Tageszeitung durch meinen Trainingstag. Er schrieb einen Bericht über die Zukunft des deutschen Tennissports. Ich fand das großartig. Wie wunderbar musste es sein, Sportler zu interviewen und dafür auch noch Geld zu bekommen! Noch abends rief ich meine Eltern an und sagte: »Wenn das mit dem Tennis nichts wird, werde ich Journalist!« Drei Jahre später wurde das nichts mehr mit Tennis. Zurück in der Heimat führte mein erster Weg in die Lokalredaktion unserer Tageszeitung.

16 Jahre ist das nun her. Viel ist seitdem passiert. Ich wurde tatsächlich Journalist und verlor meinen ersten festen Job, weil die Zeitung dichtgemacht wurde. Ich musste meine Wohnung kündigen, meine Heimat verlassen. Neu anfangen. Ich bekam einen Job nahe Bonn. Dort zog ich in ein acht Quadratmeter großes Zimmer in einer 20-Personen-WG. Man hätte darin das Ende eines großen Traums sehen können. Es wurde das Gegenteil. Denn mein Vermieter schleppte mich in diese Kleinstadtdisco. Dort traf ich, wie erwähnt, deine Mama. Die Punkte haben sich verbunden. Aber erst im Nachhinein. Vergiss das bitte nicht!

Während sich mein Leben zu einem logischen Bild formte, war Novak monatelang die Nummer eins der Weltrangliste (Niki, du hattest recht!), gewann 15 Grand-Slam-Titel, darunter vier Mal Wimbledon – und ich schreibe diese Zeilen an dich. Ich glaube, Novak und ich sind heute beide sehr glücklich.

Dein Papa

Übers Streiten

Mein liebes Kind,

mir tun die Knochen weh. Ich weiß, dass Jammern so gar nicht männlich ist, aber eine Männergrippe ist nichts gegen meinen Muskelkater. Wir haben gestern mit dem Entkernen unseres Hauses begonnen. Neun Freunde und Verwandte waren da, um mit uns Fliesen abzuklopfen, die Wände bis zu den Außenmauern abzureißen, Tapeten und Teppiche zu entfernen, Türen auszuhängen, Heizkörper abzunehmen und die alte Küche in Einzelteile zu zerlegen. Übrig geblieben ist eine große Baustelle. Das Erdgeschoss sah aus wie nach einer missglückten Bombenentschärfung. Und das Schlimmste: Es ist schon Anfang August. Wie soll dieses Haus pünktlich zu deiner Geburt fertig werden?

Das dürften jetzt ungewöhnliche Worte für einen Superhelden wie deinen Papa sein, aber so war es: Ich fühlte mich überfordert. Eigentlich war ich zu müde, um Panik zu kriegen. Und zu beherrscht, um den in mir aufsteigenden Frust an anderen auszulassen. Doch meine To-do-Liste, die mit den besonders dringenden Aufgaben, war länger denn je. Während ich nicht wusste, wo mir der Kopf stand, legte sich deine Mama auf die Couch und ruhte sich aus. Deine Mama und ich streiten höchst selten. Doch nun platzte es aus mir heraus.

»Ach, und ich soll jetzt alles allein machen?«

»Ich bin schwanger, falls du es vergessen hast.«

Ich ließ das Totschlagargument aber nicht gelten: »Ich finde, du könntest dich trotzdem etwas mehr anstrengen.«

Deine Mama zählte mir schließlich auf, was sie in den vergangenen Tagen alles getan hat, dass der Haushalt sich auch nicht von allein mache und sie eben wie ich auch 40 Stunden arbeite. Ich gab ihr recht, zählte dann aber meinerseits auf, was ich so alles Großartiges geleistet hatte. Nach einer halben Stunde hitzigen Schlagabtauschs und des gegenseitigen Vergewisserns, dass wir ja bitte schön alles andere als faul waren, streckten wir die Waffen und kamen zu dem Fazit, dass wir uns offenbar etwas zu viel aufgehalst hatten. Nach dem Streit waren wir erschöpfter als vorher, ohne nur einen Punkt der To-do-Liste abgearbeitet zu haben. Trotzdem hatte das Ganze etwas Positives: Wir hatten anschließend mehr Verständnis für den anderen. Wir verteilten die Aufgaben anders, übergaben mehr an den Bauleiter – und fühlten uns besser.

Streiten macht selten Spaß. Es ist laut, hitzig, und oft trifft es einen an einem wunden Punkt. Doch streiten ist wichtig, Baby. Ich will dir auch erklären, warum.

Mir ist bewusst, dass Politik für ein Kind schwer zu verstehen ist. Ich bin zum Beispiel mit Helmut Kohl als Bundeskanzler aufgewachsen und bekam als junger Bengel mit, dass im Parlament über die Diäten debattiert wurde. Ich erinnere mich noch, dass ich es total gemein fand, dass die Parteien so öffentlich über die Figur des Kanzlers herzogen. Ich bin meinen Eltern heute noch dankbar dafür, dass sie mich damals nicht ausgelacht, sondern mir die Sache mit den Politikergehältern erklärt haben.

Ich will dir in diesem Brief die Wichtigkeit von Streit vermitteln, vom richtigen Streiten. In Deutschland wird pausenlos gestritten. Das Schöne an der Demokratie ist, dass jeder eine eigene Meinung haben darf. Das ist eine großartige Errungenschaft unserer Vorfahren. Noch dein Ururgroßvater hätte um sein Leben fürchten müssen, wenn er gegen den Staat und seinen Diktator rebelliert hätte. Eine Demokratie aber kostet auch jeden Einzelnen Kraft. Denn natürlich sind nicht alle 80 Millionen Deutsche einer Meinung. Deshalb gibt es Politik, die wiederum von Parteien gemacht wird. Jede Partei steht, kurz gesagt, für eine Meinung. Jeder Einzelne von uns kann sich der Partei anschließen, die seine Meinung vertritt. Dazu wiederum gibt es Wahlen. Die Partei mit den meisten Stimmen, also der beliebtesten Meinung, gewinnt – und hat im Land das Sagen. Meistens benötigt sie dafür die Unterstützung einer weiteren Partei, die zumindest eine ähnliche Meinung vertritt. Die anderen Parteien gehen in die Opposition. Und streiten mit den Parteien, die das Sagen haben.

Streit ist, wenn man so will, die Basis von Demokratie.

Doch seit einigen Jahren haben die Parteien, haben wir alle das Streiten verlernt. Je komplizierter die Themen werden, desto kontroverser müssten sie diskutiert werden. Doch anstelle dessen tun wir so, als gäbe es nur Schwarz und Weiß, kein verbindendes Grau. Eigentlich müssten die Politiker wissen, dass keine Entscheidung alternativlos ist und alles nur eine Frage der Perspektive. Doch statt miteinander zu streiten, werden Vorwürfe und Unterstellungen abgefeuert (oft so kurz und spitz formuliert, dass es das Statement möglichst in die *Tagesschau* schafft) – und die Demokratie wird geschwächt.

Jetzt fragst du dich wahrscheinlich, warum ich dir all diese Dinge schreibe. Du musst ebenso lernen zu streiten, wie dir die Schuhe zu schnüren. Denn sonst wirst du irgendwann stolpern und böse auf die Nase fallen, im Job, in der Freundschaft, in der Beziehung. Streit muss man aushalten lernen, ohne den Raum zu verlassen. Streit muss man lernen, sachlich zu führen, ohne persönlich zu werden. Streit muss immer verbal bleiben, darf nie mit Fäusten ausgetragen werden. Wer das beste Argument hat, gewinnt einen Streit. Und wo sonst solltest du das üben, wenn nicht an dem Ort, an dem du dir sicher sein kannst, dass du auch nach einem heftigen Streit noch geliebt wirst? Ich schreibe dir das aber auch, um mich selbst daran zu erinnern, wenn es mal wieder hoch hergeht bei uns zu Hause. Eltern mögen es nicht, wenn Kinder streiten, sei es um ein Spielzeug oder den letzten Schokoriegel. Sie wollen beschwichtigen und Ruhe haben. Dann sagen sie: »Kinder, hört auf zu streiten!«

Ich bin davon überzeugt, dass Menschen, die das Streiten als Kind nicht gelernt haben, als Erwachsene ins Internet gehen und unter Nicknamen wie »Troll45« und »HaterXY« hasserfüllte Kommentare unter Onlineartikeln oder in sozialen Medien verfassen. Dass solche Menschen in der Deckung bleiben und scharf schießen und damit eine Kultur des Miteinanders zerstören.

Ich möchte, dass du Haltung zeigst und den Menschen, die partout eine andere Meinung haben, die Meinung geigst, offen und fair, nicht anonym. Ich möchte, dass wir das als Familie untereinander üben. Deshalb werde ich mir vornehmen, euch kleinen Streithähnen eines Tages zu sagen: »Kinder, einigt euch!« Ich fürchte, es wird laut, hitzig und für uns alle sehr anstrengend werden. Aber ich bin mir sicher, dass es sich lohnen wird.

Dein Papa

Über Vorurteile

Mein liebes Kind,

neulich las ich einen Spruch, der mich zum Lachen brachte: »In den ersten Monaten hast du dein Kind zum Fressen gern, und in der Pubertät fragst du dich, warum du es damals nicht einfach getan hast.« Das Kinderkriegen hat in der Tat Langzeitrisiken. Aus den zuckersüßen Babys werden innerhalb von 13 Jahren zickige Pickelraketen, die sich wahlweise nach Schweiß stinkend in ihrem Zimmer einsperren und Computer zocken (Jungen) oder tageweise das Badezimmer belagern, um die neuen Erkenntnisse aus dem Lippenstift-Tutorial ihres YouTube-Stars in ihrem eigenen Gesicht auszutesten (Mädchen). Man darf das natürlich nicht verallgemeinern. Manche Kinder fangen schließlich schon mit zwölf an zu stinken oder sich zu schminken.

Aber nun mal Hand aufs Herz: Erkennst du dich darin wieder? Falls nicht, bist du soeben Leidtragender eines Vorurteils geworden. Das Vorurteil: *Alle* Teenager stinken oder schminken sich. Das ist besonders gemein, wenn es gar nicht zutrifft!

Wir fallen ständig auf Vorurteile herein, auf die der anderen, aber auch auf unsere eigenen. Das Verflixte ist nur, Schubladen im Denken helfen uns auch, die Unordnung in der Welt halbwegs in den Griff zu bekommen. Denn mit Vorurteilen ist es wie mit Socken: Sind sie einmal in einer Schublade, werden sie nie wieder in eine andere geräumt.

Als ich anfing, diese Briefe zu schreiben, stellte ich mir die Frage, wie es gelingen kann, einen guten Menschen großzuziehen. Einen, der Liebe verbreitet, und keinen, der Hass sät. Eins solltest du deshalb wissen: Wer Liebe verbreiten will, muss dem Gesetz der Nächstenliebe folgen. Alle Menschen sind gleich. Behandle deshalb jeden Menschen so, wie du selbst behandelt werden möchtest. Wer hingegen Hass säen will, bedient sich rücksichtslos und berechnend des Vorurteils. Er nutzt das Vorurteil, um eine Gruppe schlecht darzustellen und gegen sie Stimmung zu machen.

Ich möchte, dass du weißt, dass wir alle unsere Vorurteile haben, ein guter Mensch aber nicht seine Entscheidungen danach fällt. Vorurteile können auch ganz harmlos, fast schon lustig sein. Manche sind sogar bereits deutsches Kulturgut geworden: Blondinen sind blöd *(Wie kommt eine Blondine an Aprikosenmarmelade? Richtig, sie schält Berliner!)*. Holländer können nicht Auto fahren *(Was bekommt man, wenn man dreimal durch die Führerscheinprüfung gefallen ist? Richtig, ein gelbes Kennzeichen!)*. Bauern kriegen keine Frauen ab *(Danke, »Bauer sucht Frau«!)*. Und Schwangere werden zu hormonüberschüssigen Furien *(Ich warte täglich darauf, es passiert nur nicht!)*.

In den Jahren bevor du kamst, haben sich einige Deutsche neue Vorurteile überlegt. Zum Beispiel dieses: Journalisten lügen. Wir Journalisten gehören schon lange nicht mehr zu den Berufsgruppen, die ein hohes Ansehen in der Bevölkerung genießen. In manchen Umfragen belegen wir die hinteren Plätze, oft sind nur Makler, Versicherungsvertreter und Autoverkäufer unbeliebter als wir. Die Stimmung uns gegenüber hat sich erst in den USA drastisch verschlechtert, weil ein US-Präsident die Medien pauschal unter Fake-News-

Verdacht stellte, ehe die Welle auch nach Deutschland schwappte. Die Rechtspopulisten brüllen nun seit vielen Monaten »Lügenpresse«. Manche von ihnen behaupten, wir würden morgens von der Kanzlerin höchstpersönlich angerufen und beauftragt, ihre Ansichten zu verbreiten. Nein, Liebelein, die Kanzlerin ruft nicht bei deinem Papa an. Du wirst deine Freunde anders beeindrucken müssen.

Ich kann darüber mittlerweile lachen. Ich bin in Deutschland geboren, dies ist meine Heimat, ich habe hier Freunde, ich gehöre zur Mehrheit. Anders geht es den Menschen, die in den vergangenen Jahren nach Deutschland geflüchtet sind. Denen ist das Lachen längst vergangen. Sie haben Kriege erlebt wie deine Urgroßeltern, sie haben ihr Leben riskiert, um bei uns Schutz zu finden, sie kamen mit Schlauchbooten, manche ertranken. Wir, die Deutschen, haben mehr als eine Million von ihnen aufgenommen. Die Welt hat bewundernd auf unsere Gastfreundschaft geschaut, auf unsere Nächstenliebe. Es war eine Zeit, in der es leicht war, stolz auf seine Heimat zu sein.

Das sahen nicht alle so. Einige Menschen streuten erste Vorurteile, noch während die Neuankömmlinge aus ihren Rettungsbooten stiegen. Die Flüchtlinge seien kriminell, faul, aggressiv und nur auf unser Geld aus. Auf ein paar wenige trifft das tatsächlich zu. Aber muss man alle Flüchtlinge deshalb unter Generalverdacht stellen?

Ich bin sehr gespannt, wie du dieses Kapitel der deutschen Geschichte irgendwann bewerten wirst. Vielleicht kommst auch du eines Tages aus der Schule und wirst mich fragen, ob ich damals für oder gegen die Flüchtlinge war. Ich war kein Vorzeigebürger: Ich habe mich nicht in der Flüchtlingshilfe engagiert, ich habe keinen Flüchtling bei uns aufgenommen und ich habe auch kein Geld gespendet. Aber ich bin dort hingegangen, wo sie lebten, in die Flüchtlingsunterkünfte, und habe sie kennengelernt. Ich habe über sie berichtet, ihre Sorgen und Nöte beschrieben, ihren Weg nach Deutschland und ihre Hoffnung für die Zukunft. Denn es gibt nur eine Möglichkeit, die Vorurteile abzulegen: indem man ihnen auf den Grund geht.

Und manchmal gelingt das dann auch, wie im Jahr 2012, fast genau 40 Jahre, nachdem die letzten türkischen Gastarbeiter nach Deutschland gekommen waren. Damals suchten knapp 900 000 Türken hier eine neue Heimat, vorübergehend, wie es hieß. Denn Deutschland fehlten Arbeitskräfte, während die Türkei unter einer hohen Arbeitslosigkeit litt. Beide Länder unterzeichneten damals ein Abkommen, eine Win-win-Situation, würde man heute sagen. Wider Erwarten blieben die meisten Türken, sie gründeten Familien und wurden heimisch. Rund drei Millionen türkischstämmige Menschen leben heute in Deutschland – und viele von ihnen spielen Fußball.

Allein im Ruhrgebiet, der Wiege der Kohleindustrie, in der viele Gastarbeiter tätig waren, gibt es 50 türkische Vereine in den Amateurklassen, bundesweit sind es mehr als 500. Die meisten wollen unter sich bleiben. Ihre Kultur pflegen. Selbst das Sagen haben. In Unterhose duschen können, ohne verspottet zu werden. Ist ihnen das zu verübeln?

Sicher nicht. Wohl aber, dass regelmäßig sonntags auf den Fußballplätzen der Republik die Gewalt eskalierte und sehr oft Türken dabei waren, wenn es Prügel gab. Das Vorurteil lag auf der Hand: Die Türken sind aggressiv, Fußballrowdies eben. Ich wollte das nicht so stehen lassen. Ich wollte – als Journalist – herausfinden, warum die türkischen Fußballer ihre Nerven nicht im Griff hatten. Ich meldete mich deshalb für ein halbes Jahr in einer rein türkischen Mannschaft an. Ich war der erste Deutsche seit sieben Jahren, der dort mitkickte.

Meine Teamkollegen waren 20 Türken, die studierten, Gabelstapler fuhren, selbstständig arbeiteten, Brötchen backten oder Pakete auslieferten. Die 19 Jahre alt waren oder 37. Verheiratet oder Single. Die Herz hatten und einige auch eine große Klappe. Einen deutschen Pass. Oder einen türkischen. Aber sich stets als Türken fühlten. Als ich in meine neue Wohnung gezogen bin und mich fürs Training abmeldete, bekam ich vom Co-Trainer eine SMS: »Brauchst du Hilfe? Wir kommen mit 20 Mann. Musst nur was sagen.« Es war eine sympathische Truppe, die sich selbst nicht zu ernst nahm. Als ich im Training einen perfekten Pass aus sieben Metern gegen den Pfosten schoss, rief der Trainer von der Seitenlinie: »Jetzt bist du einer von uns!« Er meinte: ein echter Kreisligist. Als ich staunte, dass ich ein Trikot mit meinem Namen erhielt, sagte er augenzwinkernd: »Junge, du spielst jetzt bei Türken. Natürlich haben wir alle unseren Namen auf dem Trikot.« Als er mir beim Freistoßtraining riet, ich solle mir eine Mauer vorstellen und den Ball darüberzirkeln, der Ball aber über die Latte flatterte, flachste er: »Du sollst dir ja auch eine Mauer mit türkischen Männern vorstellen. Die ist kleiner.«

Wir lachten viel miteinander. Doch dann kam er, der Sonntag, an dem die Fäuste flogen und die Polizei anrückte. »Siktir lan!«, fick dich! Ibrahim, der Außenverteidiger, vergaß sich, als ihn dieser blasse Bengel aus der gegnerischen Mannschaft beleidigte. Nicht irgendwie, sondern in seiner Muttersprache, türkisch. »Siktir lan!« Ibrahim war mit 37 der Älteste auf dem Platz, ein Familienvater, das Vorbild, unser Ruhepol. Der Mann, der mich »Kanka«, Blutsbruder, nannte und der sich nur nach einem sehnte: Respekt. Er rammte dem Gegenspieler seine Stirn auf die Lippe, die aufplatzte und blutete. Natürlich riefen die älteren Zuschauer hinter der Seitenlinie: »Immer diese Türken. Dieses aggressive Pack!« Und auf dem Feld stichelte der Gegner weiter: »Siktir lan!« Meinen Mitspielern brannten die Sicherungen durch. Ali, der Torwart, fasste dem Stürmer, der ihn eben noch überlistet hatte, mit der flachen Hand ins Gesicht und warf ihn zu Boden. Saban, der Kapitän, rächte sich für Provokationen und zwei Gegentore. Er grätschte den Torschützen vorsätzlich um. Die Asche staubte. Der Deutsche überschlug sich, krümmte sich am Boden, wimmerte. Eine Hand wurde ihm nicht gereicht. Und unser Spielertrainer, die schulterlangen, blond gesträhnten Haare zum Zopf gebunden, beschimpfte den Schiedsrichter.

Ich stand währenddessen hinter der Bande, weil ich nicht im Kader war. Ich hatte zweimal das Training geschwänzt, das genügte, selbst in der Kreisklasse. Ich suchte im Handgemenge Augen, die mir vertraut waren. Ich fand sie nicht. Die meiner Mitspieler waren verfinstert, die Körper vollgepumpt mit Adrenalin. Die Mutter eines deutschen Spielers schrie: »Ruft die Polizei!« Sie schrie es wegen meiner Jungs. Ich stand da, regungslos und stumm. Als Reporter registrierte ich, was geschah. Als Mitspieler schämte ich mich. Hatte ich mich so in den Jungs getäuscht?

Als die Polizei weg war, ging ich zum gegnerischen Trainer und fragte, ob er gehört habe, dass seine Spieler provoziert hatten. Ich bekam eine bemerkenswerte Antwort: »Klar, wir wollten die charakterlichen Schwächen ausnutzen. Das wissen doch alle: Wenn es ins Persönliche geht, rasten die Türken aus.« Er zuckte mit den Schultern, grinste: »Wir wollten halt gewinnen!« Der Plan ist aufgegangen.

Meine achtseitige Reportage dazu erschien Monate später

im *Stern*. Sie ging mit den Türken wie mit den Deutschen hart ins Gericht, vor allem aber mit dem Fußball an sich. Ein Gespräch mit dem Sportwart meines türkischen Vereins werde ich nicht vergessen. Wir standen vor einem Regal, auf dem Dutzende Pokale standen, Erinnerungen an ruhmreiche Zeiten. Errungen, das verriet ihre Gravur, auf Turnieren türkischer Ausrichter.

»Wieso?«, fragte ich.

Murat, der sportliche Leiter, antwortete: »Weil wir auf deutsche Turniere schon seit vielen Jahren nicht mehr eingeladen werden.«

»Wieso nicht?«

»Keine Ahnung. Vorurteile oder so.«

»Macht dich das traurig?«, fragte ich.

»Ja!«

»Versucht ihr, das zu ändern?«

»Wie denn?«

Die Gegenfrage war berechtigt. Wie kann man ein Vorurteil bezwingen?

Das, mein liebes Kind, geht am einfachsten, wenn man es gar nicht erst aufkommen lässt. Wenn man sich dem sofort entgegenstellt und mit anderen darüber streitet. Richtig streitet – eben so, wie ich es im letzten Brief beschrieben habe.

Ich sehe dem Tag, an dem du mich fragen wirst, ob ich für oder gegen die Flüchtlinge war, gelassen entgegen. Und vielleicht ist das genau der richtige Kompass: Lebe auch du so, dass du deinen Kindern später ohne Scham in die Augen sehen und sagen kannst: »Ja, ich habe Nächstenliebe bewiesen.«

Dein Papa

Über Papas

Mein liebes Kind,

du hast sicher längst gemerkt, dass es verschiedene Papas gibt. Strenge Papas, coole Papas, gefühlvolle Papas. Papas, die oft weg sind, und Papas, die beim Sporttraining ihres Kindes jedes Mal am Spielfeldrand stehen und zusehen. Papas, die alles erlauben, und Papas, die so gut wie alles verbieten. Papas, die mit ihrem Kind nicht mehr im selben Haus wohnen, und Papas, die mit der Kindesmama noch verliebt Händchen halten. Du wirst im Laufe deines Lebens viele unterschiedliche Papas kennenlernen und dir womöglich in Momenten, in denen du wütend auf mich bist, insgeheim wünschen, einen davon gegen mich einzutauschen. Auch ich wollte meinen Papa schon einige Male auf den Mond schießen. Doch allzu viel hätte das nicht gebracht, denn der Mann im Mond, von dem ich dir bestimmt schon vorgesungen habe, hätte ihn spätestens nach 24 Stunden wieder zurückgeschossen. Mein Papa kann nämlich ganz schön anstrengend sein.

Aber das sagen sicher die meisten Kinder über ihre Väter. Das Beste und – an blöden Tagen – zugleich Schlechteste am eigenen Papa ist: Er bleibt es für immer. Du wirst ihn einfach nicht los, anders als Freunde, die du wechseln und notfalls auch vergessen kannst. Mit Papas geht das nicht – und es dauert seine Zeit, bis man begreift, dass das ein Geschenk ist. Auch du hast einen an der Backe, ob du willst oder nicht.

Ich frage mich, jetzt, wo schon die Hälfte der Schwanger-schaft vorüber ist, wie ein Papa heute sein muss. Darf ich für-sorglich sein und dich zum Flötenunterricht begleiten, ohne gleich ein Helikoptervater zu sein? Bin ich schon ein Rasen-mähervater – jemand, der ein Hindernis niedermäht, bevor das Kind überhaupt bemerkt hat, dass es dieses Hindernis gibt –, nur weil ich versuche, dich vor Misserfolgen und schmerzhaften Erfahrungen zu schützen? Wäre es nicht eben-so schädlich für dich, wenn ich den Patriarchen gebe, der keine Gefühle zulässt, weder bei mir noch bei dir, und dich deinem Schicksal überlasse? Gibt es einen Mittelweg – und wenn ja, wie halte ich Kurs?

Vielleicht mache ich mir auch zu viele Gedanken, vielleicht läuft das alles intuitiv ab. Es fällt nur schwer, mich darauf zu verlassen, denn Väter sind in vielerlei Hinsicht unheimlich wichtig. Erst vor einigen Tagen habe ich wieder gelesen, dass die eigenen Väter mehr sind als die Blaupause eines Papas. Väter prägen auch das Männerbild ihrer Kinder. Gerade Mäd-chen knüpfen die Erwartungen an ihren künftigen Partner an das, was sie als Kind bei ihrem Papa erlebt haben. Sollte ich es also verbocken, muss ich zu Weihnachten und Ostern mit einer Dumpfbacke, einem Chauvinisten oder einem Langwei-ler am Tisch sitzen. Um Himmels willen!

Jungs hingegen loten an ihren Vätern aus, wie sie als Mann später sein wollen. Doch wie muss ich sein, damit mein Sohn ein richtiger Mann wird? Und was ist heutzutage überhaupt ein richtiger Mann? Ist so einer wie Donald Trump ein echter Kerl – und falls nicht, was hat sein Vater falsch gemacht? Wird mein Kumpel Lou vielleicht ein besserer Vater als ich, weil er ein großes Tattoo auf seinem durchtrainierten Bizeps hat und vor seinen Freunden rülpst und pupst – oder ist das einfach nur peinlich? Muss man als richtiger Mann heute noch so laufen wie damals Mr. T vom *A-Team,* so cool aussehen wie David Hasselhoff mit seiner schwarzen Lederjacke in *Knight Rider* und handwerklich so begabt sein wie MacGyver? Ich bin verunsichert. Dabei bin ich seit mehr als 33 Jahren männlich, doch alles, was die Fernsehhelden meiner Kindheit verkörperten, bin ich nicht. Und nun? In solchen Momenten bitte ich am liebsten diejenige um Rat, die das mit den richtigen Männern wissen muss, schließlich hat sie einen geheiratet. Ich fragte deine Mama (das ist übrigens ziemlich männlich!).

Sie sagte, dass Männer in sich selbst ruhen. Sie müssen keine lauten Töne anschlagen, weil sie auch leise über den Dingen stehen. Richtige Männer bräuchten keine Statussymbole, um ihren Wert unter Beweis zu stellen. Es sei ihrer Meinung nach viel männlicher, am eigenen Oldtimer herumzuschrauben und sich selbst die Hände schmutzig zu machen, als eine dicke Karre mit vier Auspuffrohren aufmotzen zu lassen. Männer dürfen auch mal kindisch sein und sich auf dem Sportplatz wie Wikinger aufspielen, aber sich nicht mehr Gedanken über ihre Frisur machen als Frauen. Männer ekeln sich weder vor Spinnen noch vor einer vollen Windel, und falls doch, lassen sie es sich nicht anmerken. Wenn Männer Kavaliere sein wollen, müssen sie einer Frau nicht unbedingt in die Jacke helfen oder Blumen mitbringen, sondern nur eine halbe Stunde zuhören, ohne dabei aufs Handy zu gucken. Richtige Männer machen für ihren Geschmack eher bei *Let's dance* mit als beim *Dschungelcamp,* sie können gut tanzen, essen aber keine Känguruhoden. Männer haben einen festen Händedruck und einen ebenso festen Willen, ihre Ziele zu erreichen. Aber das mit der Zielstrebigkeit, sagte sie, treffe heutzutage ja auch auf richtige Frauen zu.

Ich dankte ihr für die nette Umschreibung meiner Person, woraufhin sie mich anschaute wie eine dicke Karre mit vier Auspuffrohren, irgendwas zwischen entsetzt und belustigt: »Allein wegen solcher Sätze bist du ziemlich männlich. Du kannst über dich selbst lachen!« Für eine Norddeutsche geht das als Kompliment durch.

Dennoch beschloss ich, mich mit meiner Männlichkeit erst wieder zu befassen, wenn feststeht, dass du auch wirklich ein Junge wirst. Denn das wissen wir noch immer nicht. Eigentlich hätten wir es heute erfahren sollen. Wir waren bei der Frauenärztin und sahen auf dem Ultraschall, wie dein Herz pocht, dass dein Gehirn schon zwei Kammern hat, Kleinhirn und Großhirn, dass deine Mama eine Vorderwandplazenta hat und sie deshalb lange Zeit deine Tritte nicht spürte. Wir sahen, dass du ein zierliches, aber gesundes Kind bist. Was wir nicht sahen: ob du ein Junge oder ein Mädchen bist.

Kinder lehren einen Geduld, berichten uns immer wieder Freunde. Sie erzählen dann von Anziehorgien, von Stillexzessen und ausschweifendem Schnürsenkelbinden, von Phasen des unwilligen Zähneputzens und langatmigen Einschlafprozeduren. Du beginnst mit unserer Geduldsprobe schon im Mutterleib: Du hast deine Beine derart ungünstig an deinen Oberkörper herangezogen, dass dein Geschlecht nicht zu erkennen war. Folglich behandeln wir dich eben auch weiterhin so, als wärst du ein Gegenstand, eine undefinierte Sache: »Oh, es hat Schluckauf!« Oder: »Ob es uns schon hören kann?« Oder: »Ob es auch mal Tennis spielen möchte?«

Diese Frage stellte sich Richard Williams erst gar nicht. Er gehörte zu der Sorte Papa, die nichts dem Zufall überlassen will. Es gibt leider nur sehr wenige Papa-Biografien, an denen man sich als werdender Vater ein Beispiel nehmen kann –

diese hier eignet sich eher dazu, es ganz anders zu machen. Denn als Richard Williams 1980 im Fernsehen eine junge Frau sah, die soeben ein Tennisturnier gewonnen hatte und einen Scheck über 40 000 Dollar Preisgeld in die Kamera hielt, beschloss er, dass seine Töchter auch Tennis spielen sollten. Er setzte sich an seinen Schreibtisch, plante und durchdachte alles, suchte in den Wochen darauf öffentliche Tennisplätze, auf denen seine Töchter trainieren könnten. Das Problem war nur: Er hatte gar keine eigenen Töchter, und seine Frau, die zwar drei Töchter in die Ehe brachte, wollte keine weiteren Kinder mehr.

Als sei die Geschichte bis hierhin nicht schon verrückt genug, soll sie sich laut Richard Williams wie folgt fortgesetzt haben: Er will seiner Frau angeblich zweimal die Antibabypille geklaut haben. Noch im selben Jahr wurde die erste Tochter geboren, ein Jahr später die zweite. Auch im Anschluss folgte alles dem großen Plan. Die Familie zog von Long Beach nach Compton, einem trostlosen Vorort von Los Angeles, dem Revier von schießwütigen Banden und Drogenabhängigen. Zum einen, um mehr Geld für das Training der Töchter übrig zu haben, zum anderen sollten die Mädchen sehen, wie gefährlich die Welt sein kann und dass man hart dafür arbeiten muss, um einen bequemen Platz in ihr zu finden. Champions, war sich Richard Williams sicher, kommen aus dem Getto. Und sie benötigen eine Kämpfermentalität. Mit fünf Jahren schleppte er die beiden Mädchen erstmals auf den Tennisplatz. An besonderen Trainingstagen bezahlte er der Legende nach Schulkinder dafür, dass sie seine Töchter ausbuhten und beschimpften. Sie sollten sich schon mal an die Stimmung in großen Stadien gewöhnen.

Das klingt unglaublich, nicht wahr? Du hast Mitleid mit

den beiden Mädchen? Du denkst, die beiden sind sicher sehr traurige Menschen geworden? Keine Sorge. Die beiden heißen Venus und Serena, Nachname Williams. Die zwei sind die erfolgreichsten Tennisschwestern der Welt, gewannen insgesamt 30 Grand-Slam-Titel und weit über 100 Millionen Dollar Preisgeld. Papa Richards Plan ist aufgegangen.

Und nun sitze ich hier und schreibe Briefe an dich. Auch ich habe einen Plan mit dir. Mein Plan ist, dass du glücklich wirst und von deinem Glück etwas an andere abgibst. Womit auch immer, an wen auch immer. Es ist einfach nur Zeit, die Welt ein kleines bisschen besser zu machen, friedlicher, liebevoller. Im Kleinen wie im ganz Großen.

Du wirst bald in eine Welt hineingeboren, für die du nichts kannst, und in eine Familie, die du dir nicht ausgesucht hast. Du wirst in unserer Welt ankommen mit der berechtigten Erwartung, die beste Zeit deines Lebens vor dir zu haben. Du wirst uns mit großen Augen ansehen und uns damit klarmachen, dass du deine ganze Hoffnung in Mama und mich legst. Und es wird dir anfangs völlig egal sein, welcher Typ Papa ich bin. Selbst wenn ich der Typ Ahnungsloser bin. Doch in nicht allzu ferner Zeit wirst du mich mit anderen Papas vergleichen. Bis dahin brauche ich einen Plan. Nicht für dich, sondern für mich selbst.

Aktuell weiß ich nämlich nur eins: Es gibt hier draußen gerade wirklich wichtigere Dinge, als Wimbledon zu gewinnen.

Dein Papa

Über die Sterne

Mein liebes Kind,

ja, es gibt in der Tat wichtigere Dinge hier draußen, als Wimbledon zu gewinnen. Zum Beispiel einen Dritten Weltkrieg verhindern. Die Kirche reformieren. Die Armut bekämpfen. Und ganz nebenbei natürlich noch die großen Rätsel unserer Zeit lösen: Wann gelingt es, dass wir mit einem Spaceshuttle auf den Mars fliegen und dort sesshaft werden – und ist menschliches Leben auf diesem Planeten möglich, noch bevor es dort Starbucks gibt? Wer gewinnt die nächste *Dschungelcamp*-Staffel? Wie kann man als Frau eine Schwangerschaft überstehen, ohne andauernd von Müttern detailreich erzählt zu bekommen, wie absurd schmerzhaft eine Geburt sein kann?

Als gewissenhafter Vater und Ehemann müsste mich Frage drei natürlich am meisten umtreiben. Doch in diesem Brief geht es um Frage eins.

Manchmal wünschte ich mir, ich wäre eine Galaxie. Ich könnte mich gut damit anfreunden, die Milchstraße, also die Galaxie unserer Erde, zu sein. Dann würde ich schon seit ungefähr 13,6 Milliarden Jahren leben – plus/minus 800 Millionen Jahre, sagen Forscher. Nach 65 Jahren galaktisch harter Arbeit hätte ich noch was von meiner Rente gehabt und würde in meiner Freizeit bis heute nur noch 100 bis 300 Milliarden Sterne und eine große Menge dunkler Materie hüten. Ich müsste mich nicht auf 65 Quadratmeter beschränken oder ein Bauernhaus sanieren, sondern könnte mich auf 100 000 Lichtjahren ausbreiten – ein Lichtjahr, nur zu deiner Information, sind schlappe 9,46 Billionen Kilometer. Und das Beste: Ich hätte einen perfekten Blick auf die Erde. Als Milchstraße wäre ich ja so etwas wie der Herbergsvater der Erde, die vor 4,6 Milliarden Jahren entstanden ist als eine Art Franchise-Unternehmen des Jupiters, des ältesten Planeten des Sonnensystems. Doch der Ableger hat einige Zeit gebraucht, um aus dem Quark zu kommen: Erst eine Milliarde Jahre später siedelten sich auf dem einstigen Feuerball erste einfache Lebensformen an. Es dauerte drei weitere Milliarden Jahre, bis sich die ersten Tiere und Pflanzen breitmachten. Und noch mal mehr als 370 Millionen Jahre später entstanden die Dinosaurier, die insgesamt 164 Millionen Jahre die Erde bevölkerten. Nur zum Vergleich: Der Mensch existiert seit ungefähr zwei Millionen Jahren. Würde diese gesamte Geschichte der Erde in einem Zeitraffer um Mitternacht beginnen und um zwölf Uhr mittags enden, dann käme der Mensch erst um 11.59 Uhr dazu. Dein und mein Leben wären demnach jeweils ein Wimpernschlag.

Bevor du also nach den Sternen greifst – nach welchen auch immer –, empfehle ich dir, wenigstens einmal zu ihnen hinaufzuschauen. Denn dort oben am Himmel breitet es sich jede Nacht aus, das größte Geheimnis unserer Erde. Wie verstreute Diamanten funkeln die Sterne dir in einer wolkenlosen Nacht entgegen, leuchtende Punkte auf schwarzem Grund. Jeder Mensch stand schon wortlos da, mit dem Kopf im Nacken, als würde man einem Wunder bei der Arbeit zusehen. Die Unendlichkeit kann einen wahrlich sprachlos machen.

Lass uns doch gemeinsam schweigen. Oder wir reden beim Sternegucken über Gott und die Welt. Wir schauen dann zusammen in den Himmel wie auf das Gemälde eines Malers, dessen Epoche wir nicht verstehen. Und am Ende werde ich dir überlassen, ob du an die Religion glaubst und davon ausgehst, dass Gott diesen Himmel und diese Sterne erschuf, oder ob du der Physik vertraust, die den Urknall für die Welt verantwortlich macht. Ich bin nun wirklich kein Astrophysiker. Und ob es uns jemals gelingt, auf den Mars auszuwandern, wage ich nicht zu prognostizieren. Die Forschung hält das für möglich, immerhin haben Astronomen herausgefunden, dass auf etwa 500 Millionen Planeten unserer Galaxie Leben möglich wäre.

Wäre ich die Galaxie, ich würde mich wahrscheinlich wundern, wie bedeutend und überlegen sich diese neuen, gerade mal zwei Millionen Jahre alten Erdenbürger auf diesem einen, kleinen Planeten fühlen. Ich würde – falls ich für solche Minderheiten überhaupt Zeit hätte – auf die Erde hinabsehen und mich sorgen: nicht um mich, ich würde schließlich noch ewig leben. Ich würde mich um diesen einstigen Feuerball sorgen, der so viele Milliarden Jahre in meiner Obhut war, ohne dass er auch nur einmal gegen die Hausordnung verstoßen hätte, auf dem bereits primitivste Einzeller hausten und der sich trotzdem großartig entwickelt hat und der nun von einer Spezies namens Mensch bevölkert wird, die glaubt, jedes Rätsel lösen zu können. Wahrscheinlich würde ich als Galaxie über diese alberne Vorstellung lachen – und mit den Wimpern schlagen.

Die Sache ist nur: Ich bin keine Galaxie. Ebenso wenig wie du. Ich denke, wir sollten gerade deshalb nach den Sternen greifen.

Dein Papa

Übers Reisen

Mein liebes Kind,

in den vergangenen Wochen habe ich sicher schon einige Sätze geschrieben, die ich irgendwann bereuen werde. Diese Briefe zu verfassen ist sowieso ein waghalsiges Unterfangen, vielleicht sogar eine kleine Dummheit. Ich lege mich damit fest. Ich mache mich messbar. Wenn du pfiffig bist, wirst du das für dich nutzen. Eines Tages wirst du sicher zu mir kommen und mir meine eigenen Briefe unter die Nase halten: »Sieh mal, Papa, das hast du damals aber ganz anders gesagt.«

Aber weißt du: Genau das war der Plan. Ich will kein Politiker sein, der vor der Wahl A sagt und nach der Wahl B umsetzt. Ich will kein Fußballer sein, der seinem Verein die ewige Treue schwört und in der nächsten Saison das höher dotierte Angebot beim Konkurrenzklub annimmt. Ich will auch kein Teenager sein, der eben noch von der großen Liebe schwärmt und am nächsten Tag mit einer anderen rumknutscht. Ich will dein Papa sein, auf den du dich jederzeit verlassen kannst.

Es gibt deshalb keinen besseren Zeitpunkt als diesen, meine Gedanken aufzuschreiben. Der Umstand, dass du noch nicht da bist, lässt mich klarer denken. Es ist viel leichter, eine Pizza abzulehnen, wenn sie noch nicht vor einem auf dem Tisch steht. Der Geruch von zerlaufenem Käse und die Vorstellung, wie der knusprige Teig schmeckt, setzen deinen Verstand außer Kraft, obwohl er dir zuruft, dass du doch eigentlich eine Low-Carb-Diät machst.

Du kennst mich seit deinem ersten Lebenstag, weshalb es unvorstellbar für dich sein muss, dass du für mich jetzt nicht mehr bist als eine Fantasie, ein unscharfes Babygesicht. Ich weiß noch nicht, wie du mich ansiehst, wenn ich großzügig oder streng mit dir bin. Ich weiß nicht, ob du mehr nach mir oder mehr nach deiner Mama kommst und wen du von uns als Erstes fragst, wenn du deinen Willen bekommen möchtest. Vor allem dann, wenn es um deine erste Reise ohne uns geht. Ich schreibe jetzt einen weiteren Satz, den ich vermutlich nur noch bis zu deiner Geburt ohne Bauchschmerzen formulieren kann: Ich erlaube dir, dass du verreist. So früh und so viel wie möglich! Diesen letzten Zusatz muss ich dir noch erklären, damit du ihn nicht als Freifahrtschein für wilde Backpacker-Trips mit einer Horde fremder Teenager missverstehst. So früh wie möglich bedeutet: sobald Mama und ich es dir zutrauen. So viel wie möglich: soweit es dein Erspartes erlaubt.

Ich fand als Kind wenig langweiliger, als mir die Reisegeschichten meiner Eltern anzuhören. Ich finde es heute noch ziemlich öde, mir Fotos von den Reisen anderer anzusehen. Und Reiseblogs sind für mich wie Kochbücher: Man bekommt Appetit, aber man wird nicht satt davon. »Die Welt ist ein Buch. Wer nie reist, sieht nur eine Seite davon«, sagte schon Augustinus Aurelius vor 1600 Jahren, der größte lateinische Kirchenlehrer des christlichen Altertums. Und damals gab es weder Airbnb noch Flugzeuge. Auch die meisten Länder, die wir heute wie selbstverständlich bereisen, waren noch nicht entdeckt. Weder Kapstadt (1488) noch Florida (1513) oder Sydney (1770) kannte irgendwer, während im

Harz menschliche Überreste gefunden wurden, die bis zu 700 000 Jahre alt sein könnten. Von wegen, der Harz ist nicht spannend!

Ich möchte dir mit auf deinen Weg geben, auch zum Entdecker zu werden. Es müssen ja nicht gleich neue Länder oder Städte sein. Mir ist jedenfalls kein Reisender bekannt, der ohne große Entdeckung nach Hause gekommen ist. Der eine entdeckt auf seiner Reise Menschen, die ganz anders sind als die Vorurteile, die er zuvor über sie gepflegt hatte. Der andere entdeckt Orte, die ganz anders sind als die Fotos auf Instagram, deretwegen er eigentlich dort war. Und wieder andere entdecken sich selbst. Das hört sich sehr hochtrabend an, aber es stimmt: Jede Reise verändert den eigenen Blick auf die Welt. Reisen ist das, was du hinterher so schwer in Worte fassen kannst, wenn die Daheimgebliebenen fragen, wie es war, weil es einfach unmöglich ist zu erklären, wie es ist, wenn die Seele wächst. Reisen bedeutet nicht, reibungslos von A nach B zu kommen, sondern im Zickzack zu laufen und sich am Ende darüber zu wundern, was man alles gesehen, gelernt und gefühlt hat, nur weil man sich verlaufen hat. Reisen ist ein Privileg, es kostet Geld, doch eine Reise ist nie Geldverschwendung, sondern immer eine Investition in Erinnerungen.

Das alles, Baby, passiert nicht während eines Pauschalurlaubs am Strand, bei dem du dich übers schlechte Wetter und das miese Hotelessen beschwerst. Das passiert, wenn du für ein paar Wochen wie ein Nomade lebst und dich treiben lasst von deiner Neugier, deinem Mut und deiner Freude am Leben. Es geschieht, wenn du dich auf die Menschen einlässt, die dir begegnen, auf ihr Essen, ihre Sitten und Traditionen. Reisen bedeutet aber nicht unbedingt nur, in die Ferne zu schweifen und das Exotische zu suchen. Manchmal lauert das Unbekannte auch gleich hinter der nächsten Ecke. Die Menschen neigen heutzutage wieder mehr zum Heimaturlaub. Dafür gibt es gute Gründe: Viele Flecken der Erde sind nicht mehr so sicher, wie sie noch waren, als ich ein Kind war. Sie werden beherrscht von Diktatoren oder Autokraten, die es mit der Menschlichkeit und den Menschenrechten nicht ganz so genau nehmen. In anderen Ländern hat sich der Terror breitgemacht. Zudem wollen oder müssen immer mehr Menschen sparen, ihr Geld und an der Größe ihres ökologischen Fußabdrucks. Der beste Grund aber ist: Auch Deutschland hat viele schöne Orte zu bieten, die es zu sehen lohnt, und so viele Vorurteile, die es zu überwinden gilt.

Die aufregendste Reise ist die, auf der deine Mama und ich uns gerade befinden. Gut die Hälfte davon liegt bereits hinter uns. Während man reist, zieht man noch kein Fazit, aber man schreibt eine Postkarte an die Daheimgebliebenen. Auf meiner Karte würde stehen, dass es deiner Mama ihren Umständen entsprechend erstaunlich gut geht. Ich würde darüber berichten, dass wir auf unserer aktuellen Reise schon vieles besichtigt haben, das Krankenhaus, in dem du zur Welt kommen sollst, ebenso wie diverse Kindergeschäfte, wo sich viele der dickbäuchigen Ureinwohner herumtreiben. Ich würde davon erzählen, wie sich Mama schon an die landesüblichen Essgewohnheiten angepasst hat und abends plötzlich Heißhunger auf Backfisch, Paella oder Gemüsebrühe verspürt. Wir haben auch die Riten der Ureinwohner übernommen, zum Beispiel reibe ich deiner Mama abends regelmäßig den Bauch mit Babyöl ein, damit sie keine Streifen nach der Schwangerschaft behält. Abgefahrener Hexenkult, nicht wahr! Übertroffen wird das nur von dem Ritual, ab Woche 21 mit seinem Kind zu reden und ihm Musik vorzuspielen, in dem Glauben, dass sich das positiv auf das Neugeborene auswirkt. Wie es sich für Reiseprofis wie deine Mama und mich gehört, machen wir das alles mit. Ich sehe, wie diese Reise deine Mama verändert, wie ihr Bauch langsam wächst und mit ihm ihr Herz, und dass sie unglaublich glücklich aussieht. Wir haben auf den bisherigen Etappen viel entdeckt, und ich bezweifle, dass man alles aufsaugen kann, was einem in diesen neun Monaten widerfährt. Doch das Gute ist: Unsere aktuelle Reise endet dann zwar, aber es beginnt sogleich danach eine mindestens genauso spannende. Eine Reise zu dritt.

Das Fieseste am Elternsein ist, dass man ab dann alles dafür tut, seine Kinder zu selbstbewussten und eigenständigen Menschen zu erziehen – und eben das zur Folge hat, dass sie ihre Flügel, die man ihnen verliehen hat, eines Tages ausbreiten und losfliegen werden. Doch bis es so weit ist, nehmen wir dich mit. An neue Orte und welche, an denen wir schon waren und die wir doch zum ersten Mal sehen: zum ersten Mal mit deinen Augen.

Dein Papa

PS: Wie gesagt, ich mag nicht die ausgiebigen Reiseberichte anderer. Deshalb ein kleines Ranking und ein paar Tipps in aller Kürze:

1. Kapstadt (die einzige Stadt, die ich bereist habe, in der ich mir vorstellen könnte zu leben; ein kulinarisches Muss: das Restaurant »Codfather«)
2. Sydney (nimm dir Zeit für diese Schönheit, denn so schnell wirst du nicht wieder bei ihr sein)

3. Wien (eine wundervolle Stadt und ein wundervolles Schloss Schönbrunn; aber nimm dich in Acht vor Taschendieben auf dem Naschmarkt. Falls du einem begegnest, frag ihn bitte, ob er noch Mamas Portemonnaie und Handy hat)
4. San Francisco (die Lieblingsstadt deiner Ruhrgebiets-Oma; hätte sie die Erwartungen vor meiner Reise dorthin nicht so hochgeschraubt, hätte es die Stadt womöglich unter die Top 3 geschafft)
5. Brisbane (dort hat deine Mama mehrere Monate auf ihrer Australien-Tour gelebt; dank ihrer Reiseführerqualitäten habe ich mich sofort in die Stadt verguckt)
6. Hollywood (du musst unbedingt durch die Seitenstraßen fahren und den ganzen Promis in die Vorgärten schauen)
7. Brüssel (perfekt für ein Erasmus-Jahr; und wenn du dich schon betrinken musst, dann mache es bitte im »Delirium« – da ist der Name Programm, inklusive mehr als 2000 Biersorten)
8. Barcelona, London, Lissabon (Europas Hauptstädte sind alle einen Trip wert. Für lange Wochenenden oder mehr sehr zu empfehlen)

Und meine – sehr subjektive – Liste der Städte, von denen ich dir abraten kann:

1. Rom (viele alte Steine, viel zu viele Menschen; ich gehöre zu den drei Menschen auf der Welt, die diese Stadt nicht ins Herz geschlossen haben)
2. Las Vegas (nach einem Tag todlangweilig; es sei denn, du stehst auf Glücksspiel und Zaubershows zu überteuerten Preisen)

3. Peking (dorthin hat es mich beruflich verschlagen, es war ein architektonischer Albtraum. Links und rechts am Straßenrand Hochhäuser wie die früheren Betonklötze in der DDR, vorne und hinten stauten sich kilometerweit die Autos, und über einem waberte eine Smogschicht, die schon vom Ansehen Atemnot verursachte. Es war die erste Stadt, in der ich Platzangst bekommen habe.)

4. Genk (da reist eh keiner freiwillig hin, außer als Fan des MSV Duisburg im Jahre 1998. Wir haben dort nach einem 1:1 im Hinspiel 5:0 verloren, und ich habe zum ersten und letzten Mal wegen Fußballs geheult. Peinliche Nummer!)

Über Ressourcen

Mein liebes Kind,
bevor ich deine Mama kennenlernte, kaufte ich im Super-markt noch Plastikflaschen, herkömmliches Waschpulver und auch Kleidung aus Kunstfasern, um sie an der Kasse in einer Plastiktüte zu verstauen. Ich trank meinen Whiskey-Cola mit Strohhalm und aß wie selbstverständlich Avocados aus Chile. Ich fuhr zu viel mit dem Auto und einmal sogar mit einem Kreuzfahrtschiff. Ohnehin flog ich jedes zweite Jahr in ein entferntes Land. Ich bekenne: Auch ich habe der Erde ge-schadet. Ich war dabei, als der Klimawandel in vollem Gange war.

Deine Urgroßeltern waren noch anders: Sie machten Ur-laub in Österreich oder mit dem Wohnwagen in Norwegen. Sie aßen Steckrüben im Winter und Blumenkohl im Sommer, immer jenes Gemüse, das gerade in unserer Region wuchs. Dein Urgroßvater schmiss selten etwas weg. Er reparierte al-les, was noch irgendwie zu reparieren war. Hosen nähte deine Urgroßmutter selbst, und Plastikflaschen wären ihnen nie ins Haus gekommen.

Deine Mama konnte zwar nicht nähen, dafür benahm sie sich seltsam, wie aus einer anderen Zeit, aus der Zeit deiner Urgroßeltern. Ich belächelte sie anfangs etwas, als sie unser Waschpulver selbst herstellte, aus Kernseife, Soda und – für den Geruch – einem Schuss ätherischem Öl. Ich fand es anstrengend, ihrem Anspruch zu genügen, so viel Müll wie möglich zu vermeiden, und meine Gewohnheiten zu hinterfragen. Und dass ausgerechnet die Tochter eines Bauern, der Schweine und Kühe gehalten hat, mir klarmachte, dass ich zu viel Fleisch esse, amüsierte mich sogar ein wenig. Doch es ist so, Baby: Wenn zwei Menschen aufeinandertreffen und zusammenbleiben, verändern sich beide. Sie übernehmen die Überzeugungen des anderen, und manche sehen sich schon bald sogar optisch ähnlicher als vorher – aber das ist eine ganz andere Geschichte.

Nach einer Weile der Überforderung informierte ich mich über Zero Waste, Plastik im Meer und warum mein Polyester-Pulli dazu beiträgt, dass Fische, die ich esse, kleine Partikel Plastik im Magen haben. Ich erfuhr, dass für ein Kilogramm Avocados 1000 Liter Wasser verbraucht werden – mehr als fünfmal so viel wie für ein Kilo Tomaten. Ich war nach der Recherche schockiert über das rasante Fortschreiten des Klimawandels, meinen eigenen ökologischen Fußabdruck und überzeugt von der Art, wie deine Mama lebte.

Der Einkauf stellte mich trotzdem jedes Mal auf eine harte Probe. Ich wendete Obstpackungen, um zu erfahren, woher die Früchte kamen, ich suchte Alternativen zu Plastikverpackungen und ärgerte mich, wenn mir erst beim Bäcker auffiel, dass ich den Stoffbrotbeutel zu Hause vergessen hatte. Ich bestellte in der Kantine nur noch einmal pro Woche Fleisch. Und obwohl ich meine Reise mit dem Kreuzfahrtschiff großartig fand, wird sie, solange die Schiffe nicht umweltfreundlicher werden, meine letzte bleiben. Nach und nach änderte ich mein Kaufverhalten. Deine Mama hatte mir gezeigt, wie cool es ist, einen kleinen Beitrag zur Erhaltung unserer schönen Umwelt zu leisten.

Das alles ist fünf Jahre her. In den kommenden Jahren berichteten immer mehr Medien über Plastikvermeidung. Der Klimawandel wurde zum vorherrschenden Thema in Deutschland, die Grünen erhielten bei Landtagswahlen fast doppelt so viele Stimmen wie zuvor, die EU beschloss, ab 2021 Strohhalme, Wattestäbchen und Einweggeschirr aus Plastik zu verbieten, und die Welt schüttelte den Kopf, als US-Präsident Donald Trump aus dem Pariser Klimaabkommen ausgestiegen ist. Ich finde das noch immer wie viele andere unverantwortlich. Und dieser Sommer – wir schreiben das Jahr 2018 – gibt mir recht.

Du wirst es nicht bemerkt haben, aber wir erleben hier draußen gerade einen Jahrhundertsommer. Die Temperaturen lagen in den vergangenen Monaten im Durchschnitt mehr als zwei Grad über dem Normalwert, und auch der September, der nun beginnt, soll wieder rekordverdächtig warm werden. In Hamburg waren bislang mehr als 60 Tage wärmer als 25 Grad, das hat es seit Beginn der Wetteraufzeichnung in Hamburg im Jahr 1891 nicht gegeben. An 19 Tagen hatten wir sogar über 30 Grad. Experten prognostizieren, dass im Jahr 2080 solche Sommer normal werden in Deutschland. Der Klimawandel lässt grüßen!

Vielleicht denkst du: Hey, genialer Klimawandel, dann kann ich ja ganz häufig mit meinen Freunden ins Freibad! Das ist auch das Schizophrene, dass die meisten Deutschen – mit Ausnahme der Landwirte und einiger anderer – unter diesem Wandel zunächst gar nicht leiden. Es ist abends lange warm, wir können noch spät im T-Shirt draußen spazieren, und das mediterrane Flair erinnert einen an den Urlaub in Südspanien. Doch am Nordpol schmilzt das Eis, der Meeresspiegel steigt, die Meere übersäuern und erwärmen, Tier- und

Pflanzenarten sterben, in vielen Ländern gibt es monatelange Dürre- und Hitzephasen, die den Menschen, die dort leben, die Lebensgrundlage rauben. Du darfst nie vergessen, dass wir alle auf derselben Erde leben. Das alles betrifft auch uns.

Ich möchte, dass du dir über die Folgen deines Handelns von Beginn deines Lebens an bewusst bist. Du kannst nichts für die Welt, wie sie heute ist. Du kannst aber etwas dafür, wenn sie in 50 Jahren nicht besser ist. Du bist ein Teil des Problems, weil du wie jeder Mensch konsumierst. Du kannst aber auch Teil der Lösung werden. Das wiederum erfordert von dir Verzicht, vor allem Verzicht auf Bequemlichkeit. Mit dem Zug fahren, obwohl es mit dem Auto entspannter wäre! Kernseife nutzen, obwohl Duschgel besser zu handhaben wäre! Nur dann Obst kaufen, wenn es gerade in Deutschland wächst, auch wenn man im Frühjahr noch so einen Appetit auf Weintrauben hat! Ich muss dich enttäuschen: Auch Mama und ich leben nicht immer so vorbildlich, wie es nötig wäre. Auch wir sind schon mehrfach in den Urlaub geflogen, auch wir leben nicht vegan und auch wir verbrauchen viel Strom. Wir wägen allerdings bei fast jeder Kaufentscheidung ab. Oft zugunsten der Umwelt.

Jeder von uns ist nur zu Gast auf dieser Erde. Behandle sie auch so! Du würdest, wenn wir in unserer Erziehung nicht versagt haben, auch nicht bei anderen Leuten an die Wände malen, Vasen umwerfen und Steine aus dem Mauerwerk schlagen. Doch genau das tun wir mit der Erde. Der Unterschied ist nur, dass es keinen Hausherrn gibt, der sich dagegen wehrt. Wir sind zu Gast auf der Erde unserer Kinder, und du bist zu Gast auf der Erde deiner Kinder. Wir müssen sie schützen, damit auch deine Nachfahren es genauso schön darauf haben wie du.

Du wirst in deinem Leben womöglich Menschen begegnen, die sagen: »Was bringt das schon, wenn der kleine Mann oder die kleine Frau die Umwelt schützt, doch die große Industrie weitermacht wie bisher, wenn zum Beispiel Containerschiffe die Luft und die Meere verpesten, Autokonzerne bei der Abgastechnik betrügen und Länder wie China, Indonesien oder Vietnam Millionen Tonnen ihres Plastikmülls im Meer abladen, weil sie keine oder zu wenige Müllverbrennungsanlagen haben?«

Wer das fragt, hat vergessen, dass er nicht nur einer von sieben Milliarden Menschen ist, nicht nur ein winziges Plastikpartikel in den Weltmeeren, sondern dass er der sein kann, der den Unterschied macht. Denn wenn keiner mehr eine Kreuzfahrt macht, wird es bald auch keine stinkenden Kolosse auf den Meeren mehr geben. Wenn keiner mehr Plastiktüten nutzt, können auch keine in den Meeren schwimmen. Und wer mit Bus und Bahn fährt – das können gewiss nicht alle, auch wir als Dorfbewohner künftig nicht –, verursacht nicht so viel Feinstaub und Kohlendioxid wie die, die mit dem Auto unterwegs sind.

Wir wollen mit gutem Beispiel vorangehen: Wir werden dich mit Stoffwindeln wickeln. Vor 60 Jahren ging das gar nicht anders. Dein Opa und deine Oma trugen noch Stoffwindeln, weil die Einwegwindel erst Anfang der 60er-Jahre erfunden wurde. Sie war praktisch und erleichterte den ohnehin schon stressigen Alltag einer jungen Mutter. Ich gebe zu: Ich war anfangs zögerlich, als deine Mama das vorschlug. Ich dachte zunächst an umständliche Wickelprozeduren und vollgekackte Windeln, die mit meinen Pullovern in die Wäsche kommen. Sie löste meine Skepsis mit einer Zahl auf: Etwa 5000 Windeln benötigt ein Kind, bis es trocken ist.

Den Müllberg muss man sich mal bildlich vorstellen. Ich schätze, der Haufen wäre breiter und höher als unser Haus. Zudem klärte sie mich auf, dass es möglich ist, eine kompostierbare Einlage in die Stoffwindel zu legen, die nach dem Gebrauch entsorgt wird. So bleibt die Windel an sich frei von grobem Dreck. Das überzeugte mich. Auch finanziell zahlt sich das aus: Für die Einwegwindeln hätten wir am Ende knapp 1000 Euro gezahlt. Die Stoffwindeln kosten inklusive der Waschvorgänge in etwa genauso viel. Mit dem Unterschied, dass wir die auch bei deinen Geschwistern – vielleicht bleibst du ja nicht allein – nutzen und anschließend wieder verkaufen können.

Zudem haben wir uns entschieden, dir kein Plastikspielzeug zu kaufen und weitestgehend nur gebrauchte Kleidung. Auch haben wir unsere Familien gebeten, dir nicht viele Kuscheltiere zu schenken, weil wir aus der eigenen Kindheit noch säckeweise davon auf dem Dachboden stehen haben. Wir wollen nicht, dass du im materiellen Überfluss aufwächst und die meisten Spielsachen ungenutzt in der Ecke liegen. Denn Überfluss bedeutet an anderer Stelle Mangel. Im Zweifel ist es die Erde, die verliert.

Ich habe vor ein paar Tagen eine Karikatur in einer Zeitung gesehen. Dort waren zwei Fische gezeichnet und sehr viel Müll um sie herum. Der kleine Fisch fragte seine Mutter: »Wenn wir auf Plastik verzichten, worin sollen wir dann schwimmen?« Ich würde mir wünschen, dass seine Kinder diese Frage nicht mehr stellen müssen. Und dass deine Kinder eines Tages wieder Fisch ohne Plastik essen können.

Dein Papa

Über das Gute im Menschen

Mein liebes Kind,

ich muss doch noch einmal auf das Thema Glück zurückkommen, wenn auch in einem ganz anderen Zusammenhang.

Glück ist ein wirres, flüchtiges Gefühl, das nicht messbar
ist wie Geld, nicht konservierbar wie Omas Käsekirschkuchen
und schon gar nicht so imposant wie eine Loftwohnung an
der Außenalster. Und trotzdem wirst du, je älter du wirst, immer mehr Menschen begegnen, die genau danach streben, die
dir von ihrem Glück erzählen oder davon, zeitlebens glücklos
geblieben zu sein.

Wenn ich ein guter Vater bin, wirst du den einen gratulieren
und sie nach ihrem Weg zum Glück fragen, du wirst ihnen mit
Begeisterung zuhören und ihre Worte verinnerlichen. Du
wirst nicht nach ihrem Glück trachten, sondern deine eigenen
Schlüsse daraus ziehen. Das Glück der anderen macht dich
nicht neidisch, es spornt dich an oder – noch besser – verhilft
dir zum eigenen Glück.

Wenn ich ein guter Vater bin, wirst du die anderen, die
Glücklosen, aufmuntern, sie ermutigen weiterzusuchen, weil
die Suche nie endet, für niemanden. Du wirst sie nach dem
glücklichsten Moment in ihrem Leben fragen und dich wundern, wie sich ihre Laune schlagartig verändert, wenn sie davon erzählen dürfen. Du ergötzt dich nicht an ihrer glücklosen Lebensphase, sondern bedankst dich für ihre Offenheit,

weil dir in deinem Leben nur wenige Menschen begegnen werden, die dir die Wahrheit über ihr Glück anvertrauen. Es sei denn, du wirst Pastor oder Psychiater.

Du wirst jedoch in eine Welt hineingeboren, in der das nicht selbstverständlich ist. Du wirst Menschen begegnen, die sich darüber freuen, wenn es dir schlecht geht, die lachen, wenn du hinfällst, und dir missgünstig nachschauen, wenn du wieder aufgestanden bist und weiterläufst. Lass dich von diesen Menschen nicht irritieren oder dir gar die Laune verderben!

Und was noch wichtiger ist: Verliere nie deinen Glauben an das Gute im Menschen. Das Gute ist in der Überzahl, daran glaube ich fest. Bleibe deshalb auch den Neiderfüllten, den Tricksern, den Unehrlichen gegenüber immer höflich und fair, verschwende aber nicht deine Zeit mit ihnen. Laufe lieber weiter – und freue dich über jeden, der es auf deinem Weg gut mit dir meint.

Du fragst dich gerade, woran man erkennt, wer es gut mit einem meint und wer nicht? Die Frage, wie man einen wahren vom falschen Freund unterscheidet, wäre selbst für die Eine-Million-Euro-Frage bei Günther Jauch zu schwierig, weshalb du dich mit einer sehr persönlichen und lückenhaften Antwort deines Papas zufriedengeben musst: Der wahre Freund ist der, der dich an deine Flügel erinnert, wenn es dir schlecht geht, der dir zeigt, wie du sie benutzt, wenn du zweifelst, der dich fliegen lässt, wenn du es verstanden hast, der dir applaudiert, wenn du eine Pirouette drehst, und der dich warnt, wenn du zu sehr abhebst. Mir ist bewusst, dass dieser Satz ziemlich lang ist und du ihn wahrscheinlich mehrmals lesen musst, um ihn wirklich zu verstehen. Aber nimm dir bitte die Zeit. Ebenso wie für die Menschen, auf die dieser

Satz zutrifft. Denn es geht im Leben nicht um die Summe der Bekanntschaften, die Zahl der Facebook-Freunde oder die Follower auf Instagram, es geht um die Menschen, die da sind, wenn du sie brauchst, und für die du da bist, wenn sie dich brauchen.

Du weißt hoffentlich, dass Mama und ich immer diese Menschen für dich sein werden: Egal, was du ausgeheckt hast, egal, wie tief die Krise ist, in die du gerutscht bist, wir werden dich an deine Flügel erinnern. Und dir Beifall klatschen, wenn du Pirouetten drehst.

Dein Papa

Übers Zaudern

Mein liebes Kind,

kennst du die traurigste Kurzgeschichte der Welt? Die geht so: Bald mache ich es. Wenn die Zeit da und der Hauskredit abbezahlt ist, die Kinder groß sind und ich noch gesund bin, dann mache ich mein Leben wirklich außergewöhnlich, es sei denn, es regnet oder es ist zu kalt, dann mache ich es am Tag darauf, dann aber wirklich, es sei denn, da kommt diese eine Netflix-Serie, die ich so gerne schaue, oder mein Chef mit einer neuen PowerPoint-Präsentation um die Ecke. Aber ich gehe ja auch bald in Rente, dann klappt es ganz sicher mit diesem außergewöhnlichen Traum, den ich schon hatte, als ich 20 war, doch da war ja keine Zeit und kein Geld, aber dafür noch keine Kinder, die ja bald auch endlich aus dem Haus sind, das dann abbezahlt ist und mir die Rente spart, die auch nicht so üppig ist, eigentlich sogar viel zu gering, um den Traum zu realisieren. Aber da ist ja noch die Lebensversicherung, die ich mit 70 ausbezahlt bekomme, wenn ich da noch lebe, ja, wenn ich da noch lebe, nicht wie Käthe, meine Frau, die schon tot ist und mit der ich den Traum doch eigentlich zusammen erleben wollte. Schließlich war es mein Geschenk an sie zur Silberhochzeit. Doch dann kam schon die Perlenhochzeit, und es musste gefeiert werden, 100 Gäste, Buffet, das kostet ja. Ja, das kostet, vorher vor allem Zeit, doch Käthes Zeit ist vor ein paar Wochen abgelaufen, und wir schaffen es nicht mehr, diesen verdammten Tangokurs in Argentinien zu machen, von dem wir immer so sehr geträumt haben.

Versprich mir bitte, dass dir so etwas nie passieren wird. Versprich mir, dass du deine Träume angehst und dich nicht von Nebensächlichkeiten abhalten lässt. Das Leben ist zu kurz für Konjunktive wie »einmal, da wäre es beinahe mal außergewöhnlich geworden« oder »beinahe hätte ich es wirklich getan«. Natürlich werde ich dich immer wieder an deine Pflichten erinnern, die Schule zum Beispiel, später die Arbeit. Aber wenn du etwas wirklich tun willst, musst du es trotzdem machen, eben abends nach den Hausaufgaben oder am Wochenende. Oder anders: Wenn du es nicht machst, werde ich dich fragen, ob du es wirklich so sehr willst. Denn nichts ist blöder, als einem Traum hinterherzulaufen, der keiner ist.

Ich schreibe dir gerade aus Bayern, aus einem Wellness-Hotel, in das uns meine Eltern eingeladen haben. Deine Oma ist heute 60 Jahre alt geworden, und sie wünschte sich die Reise in dieses Hotel, in dem wir bereits in meiner Kindheit zwei längere Urlaube verbrachten. Dass wir hierher eines Tages alle zusammen zurückkehren, war ihr ganz persönlicher Tangokurs. Das Besondere an diesem Hotel ist, dass es familiengeführt ist. Der Seniorchef geht noch heute von Tisch zu Tisch und erzählt Witze. »Haben Sie heute mitbekommen: Der Nachbar ist von einer sieben Meter hohen Leiter gefallen!« Wir schauten schockiert und erkundigten uns nach seinem Wohlergehen. »Gut, gut«, antwortete der Seniorchef, »er stand nur auf der zweiten Sprosse.«

Diese Tage sind nicht unbelastet, denn vor 60 Jahren ereignete sich der schönste und – wenige Tage später – der schlimmste Tag im Leben unserer Familie. Meine Oma starb vier Tage nach der Geburt meiner Mutter. Mein Opa wurde

Vater und Witwer innerhalb weniger Tage, und ich vermag mir nicht vorzustellen, was im Herzen dieses Mannes damals vor sich gegangen ist. Seine Zerrissenheit begleitete ihn sein ganzes Leben, das ihm bald eine neue Frau und meiner Mutter eine Stiefmutter einbrachte, mit der sie kein gutes Verhältnis hatte.

Auch deshalb zog meine Mutter früh zu Hause aus. Schon bald heiratete sie meinen Vater, mit gerade mal 20 Jahren. Drei Jahre später beschlossen die beiden, nach Kanada auszuwandern. Sie hatten sich bereits ein Holzhaus ausgesucht, das an einem Hang gebaut war und von dem man einen traumhaften Blick auf den See im Tal hatte. Hirsche lebten dort in unmittelbarer Nähe, und Waschbären kamen morgens bis zur Terrasse. Damals kostete dieses Haus einen Bruchteil von dem, was es heute kosten würde, doch auch damals war es für meine Eltern zu teuer, um es aus eigener Kraft zu finanzieren. Sie benötigten eine Bürgschaft, die mein Großvater ihnen gewähren wollte. Also unterschrieben sie den Vorvertrag, zahlten ein paar Tausend kanadische Dollar an und sprachen mit der Bank. Als mein Opa die versprochene Bürgschaft dort per Unterschrift bestätigen sollte, bekam er kalte Füße und weigerte sich. Es steht mir nicht zu, über seine Beweggründe zu spekulieren, vielleicht traute er meinen Eltern das Abenteuer nicht zu, vielleicht wollte er seine Tochter nicht ans andere Ende der Welt ziehen lassen, vielleicht widersprach auch die Stiefmutter der Bürgschaft. Klar ist nur: Der Traum von Kanada platzte. Das Verhältnis meiner Mutter zu ihrem Vater war seitdem schwer belastet. Jahre später brach sie den Kontakt dann vollständig ab.

Die endgültige Trennung geschah zwei Jahre nach meiner Geburt, und ich war etwa elf Jahre alt, als mir die Erzählungen über meinen Opa nicht mehr ausreichten. Ich fragte meine Mutter, wo er wohnte, und als wir das nächste Mal mit dem Auto an seinem Haus vorbeifuhren, zeigte sie es mir. Ausgerechnet in dem Moment, als wir das Haus passierten, stand er im Vorgarten, mit dem Rücken zur Straße. Er trug ein braunes Hemd, mehr von ihm sah ich nicht. Fortan war mein Großvater der Opa im braunen Hemd. Meine Mutter schlug mir vor, nach der Schule an der Bushaltestelle auszusteigen, die hundert Meter von seinem Haus entfernt lag, an der Tür zu klingeln und mich vorzustellen. Sie meinte, er würde sich sicher sehr freuen, mich wiederzusehen. Das letzte Mal, als er mich auf seinem Schoß hatte, trug ich noch Windeln und brabbelte vor mich hin.

Ich fand die Idee klasse. Eines Tages werde ich aus dem Bus steigen und klingeln, wir werden eine Tasse Tee trinken und von uns erzählen, über ihn, meine Oma, seine Reisen, seinen Job. Ich würde dann endlich einen zweiten Opa haben. Doch es verging Tag um Tag, Woche um Woche. Zwei Monate nachdem wir an seinem Haus vorbeigefahren waren, kam die Tante meiner Mutter zu Besuch, und ich musste auf mein Zimmer gehen. Nach kurzer Zeit folgte mir meine Mutter. Sie sah traurig aus, und ich sagte instinktiv: »Opa ist tot, oder?!« Meine Mutter nahm mich in den Arm. Mein Opa im braunen Hemd sei vergangene Nacht gestorben. Für mich brach eine Welt zusammen.

Ich hatte gezaudert, zu lange. Das erste und letzte Mal, dass ich bewusst sein Gesicht sah, war im Kühlraum des Friedhofs, blasse Haut, gefaltete Hände. Ich wollte ihn wenigstens einmal sehen. Es gibt schönere Orte, sich zum ersten Mal zu begegnen. Aber was ich noch schlimmer fand: Er hat nie erfahren, dass sein Enkel an ihn gedacht hatte, Tage und

Wochen, bevor er starb. Er dachte vermutlich, er sei mir egal gewesen.

Mein liebes Kind, ich denke, seit wir wissen, dass du bald zu uns stößt, wieder häufiger an meinen Opa im braunen Hemd, deinen Uropa. Denn letztlich muss ich ihm dankbar sein: Ohne ihn gäbe es dich nicht, ohne ihn wären meine Eltern ausgewandert und ich in Kanada aufgewachsen. Ich wäre wohl nie deiner Mama über den Weg gelaufen. Wie gesagt, die Punkte verbinden sich erst im Nachhinein zu einem Bild. Nur die Tatsache, dass ich nicht ausgestiegen bin und bei ihm geklingelt habe, bleibt ein loser Punkt und bis heute sinnlos. Das würde sich auch nie ändern, falls du nicht etwas daraus lernst. Nämlich, dass es unsagbar wichtig ist, die Dinge, die man wirklich will, sofort zu machen. Es kann eben sonst auch zu spät sein, unwiderruflich zu spät.

Dein Papa

Über Geld

Mein lieber Schatz,

jedes Kind in Deutschland soll bis zu seinem 18. Geburtstag durchschnittlich rund 130 000 Euro kosten – ein Aufenthalt in einer Tennisakademie nicht mit eingerechnet. Mit einer so hohen Summe hatte ich echt nicht gerechnet, aber jetzt ist es ja zu spät. Deine Mama und ich haben beschlossen, dich trotzdem nicht gegen etwas Günstigeres einzutauschen – obwohl wir beim Rasenmäher-Roboter zugegebenermaßen kurz überlegt haben. Es hätte durchaus einiges dafür gesprochen, vor allem aber, dass so ein selbstfahrender Rasenmäher einem das Gras von der Wiese frisst, nicht die Haare vom Kopf. Dass er jeden Tag Kilometer zurücklegt, um uns glücklich zu machen – und nicht andersrum. Und dass er am Ende nur einmal pro Woche gereinigt werden muss, nicht wie du fünfmal täglich. Ich habe deiner Mama allerdings vorgerechnet, dass du ab dem Alter von zwölf Jahren sicher gerne statt eines Roboters unseren Rasen mähst und wir die Investition in dich dadurch zumindest teilweise wieder einspielen können. Sollte es also gerade Sommer und das Gras hoch gewachsen sein: Du weißt, was zu tun ist!

Nun aber Schluss mit dem Stuss: Wir müssen über etwas Ernstes sprechen, über das man angeblich nicht spricht – über Geld.

Vermutlich ist dir aufgefallen, dass es in meinen Briefen an dich bislang nie um Materielles ging. Der Grund dafür ist: Ich habe mich davor gedrückt. Es wäre so leicht und doch nicht wahr gewesen, dir zu schreiben, dass Geld nicht relevant genug ist, um sich große Gedanken darüber zu machen. Die Wahrheit ist: Über nichts machen sich die Erwachsenen mehr Gedanken als über ihr Geld. Auch du wirst dich dem nicht entziehen können.

Wenn ich meine Sache als Papa gut gemacht habe, wirst du dir dein Geld mittlerweile einteilen können. Du wirst längst wissen, dass man nur so viel ausgeben kann, wie man in seinem Sparschwein hat – merke dir das. Das ist die erste und wichtigste Lektion. Aber über Geld lernt man nie aus. Ich will dir deshalb ein paar Sätze schreiben, die ich in meinem Leben über Geld gehört habe und über die es sich lohnt, ab und zu nachzudenken:

»Die Soße habe ich auch bezahlt.«
Den Satz bekam ich im Kindesalter von meinem Opa väterlicherseits häufiger zu hören. Er wollte mich damit ermahnen: »Löffel deinen Teller leer.« Mein Opa wuchs in den letzten Jahren des Krieges auf, er erlebte den Wiederaufbau, die Jahre der Entbehrungen. Er konnte nicht mit ansehen, Lebensmittel wegzuschmeißen. Er war ein sparsamer Mann, der die meiste Zeit seines Lebens als Bergmann schwer malochte. Obwohl man heute nach Ansicht der Pädagogen Kinder nicht mehr dazu zwingt, den Teller aufzuessen, sollte sein Satz dich und mich stets daran erinnern, dass wir alles, was wir haben, auch der Sparsamkeit, der Cleverness und dem Fleiß unserer Vorfahren zu verdanken haben.

»Tue, was du liebst, dann wird dir das Geld folgen.«
Den Satz hatte ich irgendwann nach dem Abitur aufge-
schnappt und ihn zu meinem Lebensmotto gemacht. Ich
wusste, seit ich 17 wurde, dass ich Journalist werden wollte.
Genauso lange wusste ich, dass ich damit nicht reich werden
kann. Das war für mich nie ein Grund, diesen Weg nicht ein-
zuschlagen. Mache deine Entscheidungen nie vom Geld abhängig, sondern immer von deinem Herzen!

»Ist halt ein Auto!«
Der Satz stammt von deiner Mama – und er ist das Ende
einer Anekdote, die ich dir gerne erzählen möchte. Es war
das Jahr 2013, als ich beschloss, mir einen drei Jahre alten
Peugeot 308 Cabrio zu kaufen, grau metallic, Hardtop, Sport-
ledersitze, Alufelgen, 15 000 Euro. Ich dachte, wenn *ich* schon
nicht mehr auf einen schönen Teller hereinfallen werde, dann
fällt vielleicht wenigstens eine junge Frau auf ein schönes
Auto herein – immerhin lebte ich in einer Unistadt, die zu
den Gemeinden mit der höchsten Millionärsdichte in Nord-
rhein-Westfalen zählte. Die Konkurrenz war also groß.

Doch der Plan ging nicht auf. Denn zwei Tage bevor ich
das bereits bezahlte Auto abholen durfte, lernte ich deine
Mama in der Disco kennen. Vor dem zweiten Date erzählte
ich ihr von dem neuen Auto und fragte sie, ob wir eine kleine
Spritztour auf die Erpeler Ley machen wollen. Die Erpeler
Ley ist eine fast 200 Meter hohe Vulkanruine, von der aus
man einen wunderschönen Blick auf den Rhein hat. Doch ich
hatte es an diesem Tag weniger auf den Blick als mehr auf den
Weg dorthin abgesehen. Bei Kaiserwetter fuhren wir über die
Landstraße direkt am Rheinufer entlang, die Mittagssonne
spiegelte sich im Wasser, der frische Fahrtwind strich uns

über die Köpfe, und wir hörten, wie sich zwei Schiffe mit einem Tuten grüßten. Ein paar Tage zuvor hatte Felix an ebendieser Stelle vor Begeisterung gejuchzt. Doch deine Mama blieb stumm.

Die Woche darauf stellte ich ihr Felix vor. »Und wie findest du sein Cabrio?«, fragte der sie mit einem breiten Grinsen, als gäbe es nur eine richtige Antwort.

»Wie soll ich das finden?«, fragte sie zurück, »ist halt ein Auto.«

Die besonderen Menschen lassen sich nicht von Oberflächlichem blenden. Verschwende dein Geld bitte nie, um anderen Menschen zu imponieren!

»Ich bin doch nicht Rockefeller!«
Mit dem Satz haben mich meine Eltern des Öfteren ausgebremst, wenn ich mal wieder utopische Wünsche hatte. Du musst wissen: John Davison Rockefeller lebte von 1839 bis 1937 und ist bis heute einer der reichsten Menschen aller Zeiten. Sein Vermögen belief sich auf schlappe 341 Milliarden Dollar. Er hatte 1870 das Unternehmen Standard Oil gegründet und damit zehn Jahre später 90 Prozent der gesamten amerikanischen Ölproduktion kontrolliert. Sein Reichtum machte zu seiner Zeit fast zwei Prozent der gesamten Wirtschaftsleistung der USA aus. Du wirst nie so viel Geld haben wie Rockefeller und wahrscheinlich auch nicht so viel, wie du bräuchtest, um dir all deine Wünsche zu erfüllen. Aber schließe daraus nicht zwangsläufig, dass du mehr Geld verdienen musst, sondern denke auch darüber nach, auf welche Wünsche du verzichten kannst.

»Kinder sind unbezahlbar.«

Mir gefällt die Doppeldeutigkeit in diesem Satz. Wir haben allein in den vergangenen Wochen einen gebrauchten Kinderwagen (400 Euro) und eine neue Sitzschale (220 Euro) gekauft, die Anmeldung zum Geburtsvorbereitungskurs bezahlt (120 Euro), die Sonderuntersuchungen bei der Frauenärztin (200 Euro) durchführen lassen, einen Schlafsack bei der Babybörse ergattert (20 Euro) und die Tapete für dein Kinderzimmer bestellt (80 Euro). Für das Geld hätten wir auch einen Mähroboter bekommen – aber lassen wir das. Wenn es um dich geht, ist uns kein Geld zu viel. Und ich glaube, deshalb sind Kinder auch so teuer: weil wir Eltern immer nur das Beste für euch wollen. Ihr seid eben unbezahlbar!

Dein Papa

Über Frauen

Meine liebe Tochter,

ja, du hast richtig gelesen. Seit heute wissen wir: Du wirst ein Mädchen. Dich wird das jetzt nicht sonderlich überraschen, aber es gab mal einen Tag, an dem das für uns die größte Neuigkeit war.

Ein Mädchen also. Das Ultraschallbild war selbst für Anfänger wie uns eindeutig, Verwechslung ausgeschlossen. Doch was bedeutet das nun für uns: Puppen, Kleider, Pink statt Autos, Fußball, Blau? Was bedeutet es für die Briefe, die ich dir schreibe? Nichts. Es hätte wahrscheinlich etwas geändert, wenn du vor 80, 100 oder 150 Jahren geboren worden wärst. Es mag sich für dich sonderbar anhören, aber vor nicht allzu langer Zeit waren Frauen ihren Männern untergeordnet. Erst seit 1901 ist es Frauen erlaubt, die Schule und Universität zu besuchen. Vor genau 100 Jahren wurde das Frauenwahlrecht eingeführt – vorher durften nur die Männer bestimmen, wer unser Land regiert. Bis 1958 brauchten Frauen auch noch die Zustimmung der Ehemänner, um arbeiten zu dürfen, weil die Gefahr bestand, dass sie Kinder und Küche vernachlässigen. Auch entschieden früher die Männer, ob ihre Frauen verhüten dürfen. Noch bis 1991 mussten Frauen nach der Heirat den Namen ihres Mannes annehmen. Vielleicht fragst du dich, warum trotzdem fast alle Ehen gehalten haben: weil eine Frau, die sich vor 1977 scheiden ließ, die Schuldige für das Scheitern der Ehe war und keinen Anspruch auf Unterhalt hatte. Sie wäre – der Kinder und der Küche sei Dank – ruiniert gewesen.

Heute ist das anders. Heute schmieren in vielen Familien Männer die Brötchen, die die Frauen nach Hause bringen. Eine Frau als Kanzlerin wäre damals noch undenkbar gewesen. Meine ersten beiden Vorgesetzten waren Chefinnen, und das ohne die Frauenquote, die seit 2015 gilt und dafür sorgt, dass es mehr Frauen in die Führungsetagen großer Konzerne schaffen. Selbst in der einstigen Männerdomäne Fußball geht es weiblicher zu als noch in meiner Jugend: In der Bundesliga tanzen die Fußballer seit Jahren nach der Pfeife einer Schiedsrichterin, und auf den Tribünen ist mittlerweile jeder fünfte Fan eine Frau. Frauen können heutzutage alles erreichen und alles machen. Sie können sogar einen Bauernhof übernehmen.

Mindestens seit dem Dreißigjährigen Krieg (1618–1648) bewirtschaftet die Familie deiner Mama den Bauernhof, auf dem du aufwachsen wirst. Ich hatte mich zuvor nie für Ahnenforschung begeistert, aber der Stammbaum deiner Familie mütterlicherseits ist sehr beeindruckend. Mehr als zehn Generationen lassen sich zurückverfolgen, einer Frau gehörte der Hof nie. Deine Mama ist die erste – und ich bin »nur« ihr Prinzgemahl.

Deine Mama brauchte keine Frauenquote. Sie wollte nie Karriere machen. Sie strebte nicht nach einem hohen Gehalt, Firmenwagen und Dienstlaptop. Sie wollte nie die Extrameile gehen, um in einem Unternehmen aufzusteigen. Macht, Personalverantwortung oder Visitenkarten mit einer großartig klingenden Berufsbezeichnung bedeuteten ihr nichts. Sie wollte nur eins: den Hof ihrer Familie weiterführen und das

400 Jahre alte Erbe bewahren und fortentwickeln. Das sagte sie mir bereits wenige Wochen, nachdem wir uns kennengelernt hatten. Ich wusste nicht, ob mir das Angst machen oder imponieren sollte.

Hätte mir vor sechs Jahren jemand gesagt, dass ich wahrscheinlich den Rest meines Lebens auf einem Bauernhof verbringe, hätte ich ihn für verrückt erklärt. Ich gehörte nicht zu denen meiner Generation, die unbedingt die Stadt verlassen wollten, in der Hoffnung, auf dem Land die nötige Ruhe und bessere Luft zu finden. Ich träumte von keinem alten Bauernhaus, das ich erst saniere, um es anschließend nach den Tipps der *Landlust* zu dekorieren. Das Eigenheim im Grünen lag für mich bestenfalls am Stadtrand, aber nicht in einem Dorf mit hektargroßen Feldern drum herum. Die Sehnsucht nach Entschleunigung verspürte ich mit Ende 20 ebenso wenig wie nach entlegenen Feldwegen: Ich bin damals nicht gerne spazieren gegangen, Hunde mochte ich nur, wenn sie nicht mir gehörten (ist vielleicht auch immer noch so), und fürs Beerenpflücken hatte ich nun wirklich keine Zeit – und schon gar nicht die Ruhe.

Doch dann erfuhr ich, dass es die Frau, in die ich mich schwer verliebt hatte, nur zusammen mit diesem Bauernhof in Schleswig-Holstein gab. Eigentlich sagte sie etwas anderes, Versöhnliches: »Ich brauche keinen Luxus und kein teures Auto, ich gehe auch nur einmal im Jahr shoppen. Ich brauche nur eines: Platz.« Damit war Hamburg schon mal abgehakt. 65 Quadratmeter waren nicht das, was sie unter Platz verstand, und zwei Hektar Land sowie ein großes Haus wurde ich – falls es dort so etwas überhaupt gibt – mit meinem niedlichen Bausparvertrag nicht wuppen können. Würde ich also ein Dorfjunge werden? Ich schob den Gedanken weg wie den, dass ich eines Tages sterben werde. Beides beunruhigte mich.

Es gibt zwei Arten von Frauen. Die, die versuchen, ihren Willen mit den Mitteln eines Löwen zu kriegen: Sie brüllen, beißen, verbreiten Angst, und wenn sie nicht das bekommen, was sie wollen, lassen sie einen fallen wie Scar seinen Bruder Mufasa in *König der Löwen*.

Und es gibt die, die versuchen, ihren Willen mit den Mitteln einer Katze zu bekommen: Sie schmiegen sich an, schmusen und machen einem schöne Augen, und kaum hat man sich's versehen, liest man ihnen jeden Wunsch von den Augen ab. Deine Mama ist die Katze. Schlimmer noch: Inzwischen glaube ich, ich wäre ein Kater.

Seit Monaten stehe ich jedes Wochenende mit ihr in unserem Haus auf dem Land, das noch eine Baustelle ist, und denke, es sei meine Idee gewesen, hier bald einzuziehen. Jeder Baufortschritt macht mich glücklich, jeder Tag, mit dem der Umzug näher rückt, ist ein schöner Tag. Und wenn ich Kollegen erzähle, wohin ich ziehe und dass ich künftig über eine Stunde pendeln werde, klinge ich wie ein Immobilienmakler, der bei der Besichtigung versucht, die hässliche Einbauküche schönzureden, indem er die benachbarte Pizzeria lobt. Das Landleben hat schließlich so viel zu bieten! Ich weiß nicht, wie es deiner Mama in den vergangenen fünf Jahren gelungen ist, mich so umzupolen, aber die Freaks von Scientology sollten sie dringend mal zu einem Impulsreferat einladen.

Frauen können alles. Doch was sonst kann ich dir über die Frauen erzählen? Ich habe keine Ahnung davon, wie es ist, eine Frau zu sein. Ich bin dir wirklich nicht böse, wenn du mit Fragen über die Weiblichkeit häufiger zu deiner Mama gehst.

Mit Fragen über die Männlichkeit übrigens auch. Kleiner Spaß.

Ich bin aber gern dein Mann für die Außenansicht: Vielleicht hilft es dir ja mal, die männliche Perspektive auf das Ganze zu hören. Warum Max schon wieder so reagiert, wie er reagiert, und warum Mika vor seinen Kumpels wieder nicht dazu gestanden hat, dass du mit ihm zusammen bist.

Bei Genderfragen kann man sich in Deutschland nur in die Nesseln setzen, aber wir sind ja hier unter uns. Manchmal geht mir die Emanzipationsleier auch zu weit: Mädchen wird heutzutage oft beigebracht, dass sie alles genauso gut können wie Jungs. Ich glaube, dass das ebenso wenig stimmt wie die Vorstellung, dass wir Männer alles genauso gut können wie Frauen. Du bist ein Mädchen. Sei stolz darauf. Nutze es. Aber versuche nicht, ein besserer Junge zu werden. Jungs werden immer besser darin sein, Jungs zu sein. Verbünde dich lieber mit ihnen. Sei eine Katze und, falls es nötig sein sollte, auch mal eine Löwin.

Du hast die gleichen Rechte wie Männer. Sie sind nicht mehr wert. Und wer das glaubt, hat die vergangenen 100 Jahre verschlafen. Doch am Ziel seid ihr noch nicht: Ihr verdient immer noch nicht das Gleiche wie wir Männer, selbst dann nicht, wenn ihr denselben Beruf ausübt. Das ist genauso ungerecht wie die Tatsache, dass wenige Männer immer noch glauben, ihre Machtposition ausspielen zu können. Lass dir das nicht gefallen. Sag Nein, wenn es nötig ist, und Stopp, wenn das Nein nicht ausreichte.

Aber bis es so weit ist, dass du in so eine Situation geraten kannst, vergeht noch viel Zeit. Zeit, in der sich Deutschland weiter verändert, zugunsten der Frau. Du wirst dann nicht deinen Mann, sondern deine Frau stehen. Vielleicht bist du dann die zweite Frau – falls du das Leben und Arbeiten auf einem Bauernhof genauso magst wie Mama –, die den Hof übernimmt. Vielleicht wirst du aber auch Hebamme, Vorsitzende einer Aktiengesellschaft oder die erste weibliche Trainerin in der Fußball-Bundesliga der Männer. Alles ist denkbar, es ist die Gnade deiner späten Geburt.

Ja, bis dahin vergeht noch viel Zeit. Zeit, in der du vom Baby zum Mädchen und vom Mädchen zur Frau wirst. Du wirst eines Tages besser wissen als ich, was eine Frau ist. Heute bist du aber noch eine Zukunftsaussicht, 300 Gramm leicht und 25 Zentimeter groß. Just in dieser Woche hast du zum ersten Mal deine Augen geöffnet. Wir sehen uns. Sehr bald.

Dein Papa

Über Namen

Meine liebe Tochter!

Es gibt eine kleine Tradition in meiner Familie, die dir womöglich ähnlich merkwürdig vorkommt wie mir. Während in anderen Familien Taufkleider, Immobilien oder zumindest die uralte Briefmarkensammlung vererbt werden, hat sich unsere Familie seit drei Generationen auf die Weitergabe des Vornamens beschränkt.

Natürlich sind auch jahrzehntealte Taufkleider nicht immer eine Freude, aber die liegen wenigstens zeitlebens vergessen auf dem Dachboden, verstauben, vergilben und werden nur für einen Tag hervorgekramt. Mit dem eigenen Namen verhält es sich anders: Nichts prägt eine Person so sehr wie der eigene Name, mit nichts identifiziert sich ein Mensch mehr (zumindest galt das bis zum Verkaufsstart des iPhone X). Der Name ist wie der eigene Schatten, oft eilt er einem voraus. Man kann als Eltern sein Kind mit einer unüberlegten Entscheidung ins Unglück stürzen. In meinem Fall wären es fast drei unüberlegte Entscheidungen gewesen.

Dein Ururgroßvater nannte seinen Sohn Oswald und ahnte nicht, was er damit auslöste. Denn dein Urgroßvater nannte auch seinen Sohn Oswald. Und als meine Geburt anstand und dein Opa den Namen Oswald vorschlug, verlor deine Oma für einen kurzen Moment die Fassung. Nichts gegen den Namen Oswald, der in den 20er-Jahren – gemeint ist das vorherige Jahrhundert – sicher zu den moderneren gehörte. Aber wählt man nicht einen Namen, um sich von anderen in seiner nächsten Umgebung zu unterscheiden? In unserer Familie nicht. Meine Mutter löste das Namensproblem allerdings diplomatisch. Sie nannte mich Dennis, Zweitname Oswald. So konnte ich den Namen verheimlichen und die Tradition fortgeführt werden.

Na, jedenfalls wollten deine Mama und ich heute einen Namen für dich finden. Die Namensgebung birgt schon eine große Verantwortung, und daher sollte sie generell nicht zwischen *Bauer sucht Frau* und dem *Dschungelcamp* entschieden werden. Und möglichst nicht nach Sendungen wie *Leute heute* oder *Exclusiv*, denn Prominente neigen zu Namen, die für eine – sagen wir – Bäckereifachverkäuferin nicht ganz so geeignet wäre. Nehmen wir zum Beispiel Bob Geldof, der seine Töchter Fifi Trixibelle und Little Pixie nannte. Oder Bruce Willis, der seiner Tochter den Namen Tallulah Belle gab, ein Name, der selbst mit drei Promille noch entspannt zu lallen ist. Oder Til Schweiger, der dem wunderschönen ersten Namen seiner Tochter Emma den Zweitnamen Tiger beisteuerte. Hatte ich mich eben über Oswald beschwert?

Auch frage ich mich: Sind diese echt coolen Typen die vielleicht ebenso coolen Daddys, die den Trend vorgeben wie Designer auf der New Yorker Fashion Week? Raider war irgendwann ja auch Twix und Oswald ein moderner Name. Bin ich auf dem Spielplatz womöglich der Säbelzahntiger unter den Vätern, wenn ich nicht wenigstens nach Lion, Crocodile oder eben Tiger rufe? »Crocodile, beiß Tiger bitte nicht ins Ohr und hör auf, Lions Mähne langzuziehen!« Ich beschloss, das Risiko einzugehen.

Deine Mama und ich scrollten uns lieber durch eine Top-

100-Liste der beliebtesten weiblichen Vornamen. Wir hatten uns zuvor auf ein paar Vorgaben verständigt: Der Name sollte weder zu beliebt noch zu unbekannt, weder zu modern noch zu altmodisch sein. Er sollte kurz und weich klingen, weil unser Nachname schon den Klang eines Rasierklingenherstellers hat. Demnach fielen Namen, die auf »s« enden, raus. Kaum auszudenken, wenn du lispeln würdest und Ines Betzholz hießest. Zudem bevorzugte deine Mama einen Namen, der nicht auf »a« endete, womit im Handumdrehen 74 Prozent aller weiblichen Vornamen wegfielen. Auch einigten wir uns darauf, nicht wie die Beckhams den Ort der Zeugung zu wählen, weil Hamburg-Eimsbüttel auch nicht mit San Diego mithalten kann. Das weiteten wir dann konsequent auch auf den Ort aus, an dem meine und Mamas Gene miteinander verschmolzen, weil der Harz zwar schön, aber als Vorname doch ziemlich ungeeignet ist. Spätestens bei der Notenvergabe in der Schule würdest du uns hassen: »Gregor: 3, Hannes: 1-, Harz: 4«.

Wir durchforsteten die Liste. Marie? Zu beliebt. Pauline? So hieß schon die Tochter eines Freundes. Isabell? So hieß eine frühere Mitschülerin von mir, die rein optisch nicht zu dem passte, was ich mir für dich wünschte. Carlotta? Ach ja, ein »a« am Ende.

Und dann sprach deine Mama ihn aus, den Namen, den du dein Leben lang tragen sollst. Mit dem wir dich auf dem Spielplatz rufen werden und den wir auf deine Geburtstagstorte schreiben, ein Name, mit dem du beim Scrabble richtig absahnst.

ROMY

Ich war sofort einverstanden. Das soll er sein. So wie Romy Schneider, diese bezaubernde Frau aus den *Sissi*-Filmen, von denen ich als Kind dachte, es würden jedes Jahr neue Teile ausgestrahlt, weil deine Oma vor Weihnachten immer so aufgeregt die Fernsehzeitschrift danach durchforstete, als könne das Christkind nicht kommen, wenn sie das verpassen würde.

Romy! Kurz und weich, kein »a« am Ende, nicht zu modern und nicht zu altmodisch, immerhin auf Platz 50 der Liste der beliebtesten weiblichen Vornamen in Deutschland. Wir haben ihn gefunden, ohne Ehekrach, ohne uns gegenseitig Geschmacksverwirrungen vorzuwerfen – und das drei Monate vor deiner Geburt. Perfekt!

Ich hoffe, du siehst das genauso. Schließlich wirst du diesen Namen millionenfach hören, von deiner ersten großen Liebe (»Romy, ich liebe dich!«) wie von deinem Lehrer (»Romy, so geht das nicht!«), hoffentlich nie von Heidi Klum (»Romy, ich habe heute leider kein Foto für dich!«).

Romy also. Nicht mehr »das Baby«, »die Kleine« oder »mein liebes Kind«, einfach nur noch Romy. Du hast jetzt einen Namen. Ich werde mich noch daran gewöhnen müssen.

Dein Papa

Über das Träumen

Liebe Romy,

na, hast du heute schön geträumt?

Ich wollte es erst selbst nicht glauben, als mir meine Schwangerschafts-App allen Ernstes weismachen wollte, dass du ab dieser Woche schon träumst. Wir beide werden nie erfahren, ob das wirklich stimmt und, wenn doch, wovon deine Träume handelten, weil du dich nicht erinnerst und selbst die weltbesten Forscher das Geheimnis nicht ohne Zweifel lüften können. Aber eines kann ich dir versprechen: Die Sache mit dem Träumen hört ab jetzt nicht mehr auf, vor allem die Tagträume nicht.

Gut, oft verwechseln wir Erwachsene Träume mit Zielen, aber wie unwahrscheinlich muss ein Ziel sein, um ein Traum zu werden? Natürlich hegten wir als Kinder die absurdesten Träume. Wir träumten davon, an Momos Seite die grauen Männer zu besiegen oder einen Tag mit Pippi Langstrumpf zu verbringen, weil die nach ihren eigenen Regeln lebte, nicht nach denen der Erwachsenen. Wir träumten davon, der Meerjungfrau Arielle zu begegnen, selbst wenn wir nur einen Ausflug ins Freibad unternahmen. Und wir träumten davon, Mufasa aus der *König der Löwen* den rettenden Arm auszustrecken, damit Simba keine Halbwaise wird. Nichts davon wurde wahr, aber das war okay.

Heute, als Erwachsener, muss sich der, der träumt, oft wie

der kleine Prinz fühlen. Man trifft andauernd auf Menschen, die dir sagen, dass das, woran du glaubst, eh nicht klappt, die alles zerdenken, ausrechnen, auf Fehler prüfen, abwägen, weil alle als Kinder bei der Suche nach Arielle gescheitert sind und es nun besser machen wollen. Und doch, liebe Romy, hat jeder sein kleines, geheimes Luftschloss, in das er sich in stillen Stunden zurückzieht, leise die Brücke über dem Wassergraben hochzieht, damit ihn keiner stören kann, und in dem er sich seinem Traum hingibt. Manche verteidigen dieses Luftschloss ein ganzes Leben lang gegen die Außenwelt: Sie holen Baugenehmigungen ein, befragen Statiker und Architekten, machen einen Termin bei der Bank, und wenn dann noch immer nichts dagegenspricht, schieben sie es auf später, weil die Zinsen vielleicht noch mal fallen könnten.

Und manche fangen an, es einfach zu bauen, ganz real.

Wenn ich ein guter Vater war, habe ich dich nicht in eine berufliche Richtung geschubst. Aber ich habe dafür gesorgt, dass du Maurer, Dachdecker, Maler und Innenausstatter deines eigenen Luftschlosses geworden bist. Dass du nicht alle und jeden um Erlaubnis fragst, sondern einfach zu bauen beginnst. Und dass du dir das Motto »Träume nicht dein Leben, sondern lebe deine Träume« nicht nur als Wandtattoo über dein Sofa hängst, sondern es tatsächlich beherzigst.

Falls du dir dein Schloss gerade vor deinem geistigen Auge vorstellst, wie du durch die Zimmer mit den hohen Decken stolzierst, vom West- in den Ostflügel, wie deine Füße über den Perserteppich streifen, den noch niemand vor dir berührt hat, wie du dann die Treppe aus feinstem Marmor hinauf in dein Schlafgemach im Schlossturm schreitest, um nach all der Arbeit einen Mittagsschlaf zu machen, dann stelle dir vor, wie du aus dem Fenster hinabsiehst auf dein Anwesen und einen Prinzen erblickst, der auf einem Schimmel auf dein Schloss zureitet. Die Szenen, wie du die Tür öffnest, dich Hals über Kopf in ihn verliebst und er in dein Schloss einzieht, erspare ich uns beiden mal – ich glaube, du weißt gleich, worauf ich hinauswill. Na, jedenfalls erklärt er dir nach ein paar Wochen schönster Zweisamkeit, dass er ein eigenes Luftschloss bauen will, am anderen Ende der Welt – und dass ihr euch in dieser Zeit, vielleicht sechs, vielleicht zwölf Monate, leider nicht sehen könnt.

Und wie würdest du reagieren?

Ich sage dir, wie ich reagiert habe. Denn ich war diese Prinzessin. Ich lebte bereits meinen Traum, als ich deine Mama kennenlernte. Sie schrieb damals an ihrer Bachelorarbeit, und sie machte mir sehr schnell klar, dass sie einen eigenen Traum hatte, der unsere frische Beziehung auf eine harte Probe stellen würde. Sie wollte unbedingt nach dem Studium im Ausland arbeiten, am liebsten in Australien, am liebsten ein Jahr. Über Jahre trieb sie dieser Gedanke an. Ihr Großonkel, der wie ihr Vater ebenfalls ein Bauer war, hatte in jungen Jahren mit seiner Frau Deutschland verlassen und in Australien eine Melonenfarm aufgebaut. Deine Mama war zwei Jahre alt, als sie mit ihren Eltern dort einen Urlaub verbrachte. Das Australienfieber wurde ihr also quasi in die Wiege gelegt.

Ich gebe zu: Begeistert war ich von den Plänen deiner Mama nicht. Ich war verliebt und sehnte mich nach Nähe, nicht nach Distanz. Aber ich hatte so oft erlebt, wie Träume von Freunden zerbrachen, weil sich ihr Lieblingsmensch nicht als Steigbügelhalter, sondern als bockiges Pferd erwies, das sie abwarf, bevor sie herausfinden konnten, ob der Traum wahr werden kann. Die Angst, den anderen an dessen Traum zu verlieren, machte ihre Partner widerspenstig und zerstörte am Ende die Beziehung, weil Träume mit den Jahren stärker werden, wenn sie auf Gegenwehr treffen – zumindest gilt das für Menschen, die das Luftschloss tatsächlich bauen und es nicht nur im Geiste verteidigen wollen. Deine Mama war so ein Mensch. Gerade das gefiel mir an ihr. Sie hatte eine klare Vorstellung von dem, was sie vom Leben erwartete. Wenn ich jetzt querschieße, sagte ich mir, wird sie eines Tages das Fernweh packen, sie wird mir vorhalten, dass ich ihrem Traum einst im Wege stand, und ich würde dafür verantwortlich sein, dass sie ihr persönliches Glück verpasste.

Liebe Romy, es gab vor etwa 2500 Jahren mal einen chinesischen Philosophen, der Konfuzius hieß und der einen Satz sagte, den vermutlich jedes junge Paar schon mal gehört hat, das vor einer längeren räumlichen Trennung stand: »Was du liebst, lass frei. Kommt es zurück, gehört es dir – für immer.« Ich fand, die Aussicht auf ein »für immer« ist das Risiko wert, dass sie mit einem braun gebrannten Surferboy durchbrennt und nie wieder zurückkehrt.

Also sagte ich: »Ich unterstütze deinen Plan.«

Sie erwiderte: »Alles wird gut!«

Ich fragte: »Woher willst du das wissen?«

Sie antwortete: »Ich weiß es eben.«

Sechs Monate später war ihr Hunger nach Ferne gestillt und der Traum gelebt. Sie vermisste mich in Down Under. Ich konnte mir damals die Zeit frei einteilen, und so beschlossen wir, dass ich ihr nachreise und wir gemeinsam sieben Wochen die Ostküste Australiens entdecken wollen. Beides schweißte uns zusammen, die lange Trennung ebenso wie der Roadtrip.

Vier Jahre später saßen wir schließlich beim Juwelier und schmiedeten unsere eigenen Eheringe. In meinen ließ ich das

Datum unserer Hochzeit sowie einen Satz mit drei Worten und einem Ausrufezeichen dahinter gravieren. Dieser lautete: Alles ist gut!

Konfuzius wäre vermutlich stolz auf mich. Und vielleicht hast du verstanden, dass Träumen keine Einbahnstraße ist. Ich würde es dir und deiner großen Liebe von Herzen wünschen.

Dein Papa

Über gutes Benehmen

Liebe Romy,

mein Kumpel Lou hat vor ein paar Wochen seinen Geburtstag gefeiert. Er hat zum Brunch eingeladen. Brunch, musst du wissen, ist das Partymachen der Ü-30-Generation. Es beginnt zu einer familienfreundlichen Zeit und endet ohne Filmriss. Perfekt für junge, gestresste Eltern – und die, die es gerade werden wollen! Dachte ich zumindest.

Wir gehörten zu den letzten Gästen, die an diesem Vormittag bei Lou eintrafen. Vor dem Buffet in der Küche hatte sich schon eine Schlange gebildet. Aus dem Wohnzimmer waren deutlich die Schreie tobender Kinder zu vernehmen. Und aus dem Badezimmer kam Lous schwangere Frau, gefolgt von Lou selbst. Linda, seine Frau, machte sich erst gar nicht die Mühe, gute Laune vorzuspielen: »Hallo, ihr beiden, Essen steht in der Küche.« Lou freute sich schon etwas mehr, uns zu sehen. »Heyho! Je später der Vormittag, desto schöner die Gäste«, gackerte er und flüsterte uns entschuldigend zu: »Lass Linda heute lieber in Ruhe. Wir sind halt schwanger!« Lou hatte es schon zu unserer Schulzeit nicht hinbekommen, leise zu flüstern, was uns in Klausuren mehrfach Ärger einhandelte. Auch diesmal hörte der Feind mit. »WIE BITTE?!«, brüllte ihn Linda an, »WIR sind also schwanger? Gehen WIR also nachts fünfmal aufs Klo? Übergeben WIR uns an den Landungsbrücken in einen Mülleimer? Können WIR nicht auf dem Bauch liegen?«

Das sind die Momente, in denen man einfach mal dankbar sein kann. Dankbar dafür, dass deine Mama nachts nicht häufiger als sonst auf die Toilette muss, dass ihr nicht übel ist und sie auch keine Stimmungsschwankungen zu beklagen hat. Lou schaute nun wie ein Boxer in den Seilen. Er wartete förmlich auf den finalen Schlag.

Ich wollte das nicht mit ansehen und schob deine Mama an den beiden vorbei ins Wohnzimmer, ohne Lou gratuliert zu haben. Im Weggehen höre ich Linda noch sagen: »Wir können nur von Glück reden, dass du das Kind nicht austragen musst. Dich macht ja schon die kleinste Erkältung fertig.« Knock-out in Runde eins!

Im Wohnzimmer hüpften zwei kleine Mädchen und ein Junge mit nackten Füßen auf Lindas und Lous Sofa herum. Auf dem beigen Bezug wimmelte es von dunklen Fußabdrücken. Wie ich von dem Papa des Jungen erfuhr, waren alle drei zuvor draußen im Garten – und im Sandkasten. Der Junge – nennen wir ihn Konstantin – war zudem untenrum nackt, weil seine Hose offenbar noch sandiger war als seine Fußsohlen, was ihn allerdings nicht daran hinderte, mit seinem blanken Popo über die Couch zu rutschen. Konstantins Papa sah dem Treiben belustigt zu, während er in aller Ruhe in sein Lachsbrötchen biss. Konstantins Mama plauderte derweil mit den Mamas der beiden Mädchen über die Anstrengungen einer guten Kindererziehung. »Man soll als Eltern ja nur Strafen verhängen, die man auch wirklich durchzieht«, fachsimpelte Konstantins Mama. Mama Nummer zwei nickte zustimmend: »Ja, genau, Konsequenz ist in der Kindererziehung das oberste Gebot.« Und Mama Nummer drei ergänzte: »Erziehung ist vorleben, nicht nachgeben.« Vorleben, nicht nachgeben, wiederholte ich in Gedanken. Ob das auch bedeutet, dass Mama Nummer drei auch mit ihrem blanken Hintern bei Fremden übers Sofa hüpft?

Ehe ich mich fragen konnte, ob ich womöglich zu spießig bin, kam Linda herein. Sie sah das barfüßige Trio auf ihrer Couch, die dunklen Flecken auf dem hellen Bezug, Konstantins freigelegten Schnippi, den er gerade gegen die Rückenlehne ihres Sofas presste. Ihr Kopf färbte sich schlagartig rot. »NEHMT S-O-F-O-R-T EURE KINDER DA RUNTER«, platzte es aus ihr heraus. Sie schnappte nach Luft, und ich fürchtete, Lous Geburtstag wäre auch sein Todestag geworden, wenn er in diesem Moment hereingekommen wäre und seinen »Wir sind halt schwanger«-Satz aufgesagt hätte.

Und ich fände: mit Recht. Ich hatte großes Verständnis für Lindas Reaktion, ganz unabhängig von den Hormonen, die – sagen wir – sie in eine gewisse aggressive Grundstimmung versetzten.

Konstantins Papa reagierte als Erster und nahm seinen vor Schreck wimmernden Nackedei vom Sofa. Mama Nummer zwei trank noch hastig einen Schluck Sekt und rief ihre Tochter etwas widerwillig zu sich. Und Mama Nummer drei, die lieber vorlebt, anstatt nachzugeben, wollte Lindas Ansage nicht so stehen lassen: »Wenn du so besorgt um dein Sofa bist, hättest du halt eine Decke darüberlegen müssen.«

Rums!

Welch eine Unverschämtheit! Die Luft in Lous Wohnzimmer war nun so dick, dass man sie problemlos hätte in Scheiben schneiden können. Linda tat mir richtig leid. Sie war in einem Dilemma: Einerseits wollte sie die blöde Kuh damit nicht davonkommen lassen, andererseits aber auch Lous Geburtstag nicht sprengen. Linda atmete tief ein und wieder aus. Und verließ den Raum.

Am nächsten Tag erzählte mir Lou, dass Mama Nummer drei die Frau von Lindas Cousin war und dass Linda sie nach der Aktion nie wieder einladen werde. »Aber das«, sagte Lou, »wird sie eh nicht durchziehen.«

Ich sag dir aber, was ich durchziehen werde: nämlich dir Benehmen beizubringen. Du springst nicht auf den Sofas von anderen herum, ohne vorher gefragt zu haben. Schon gar nicht nackt oder mit dreckigen Füßen – das gilt im Übrigen auch für unsere eigene Couch. Ich glaube, Eltern tun ihren Kindern keinen Gefallen damit, keine Grenzen zu ziehen. Natürlich bricht es Mamas und Papas das Herz, ihren Kindern etwas zu verbieten, das sie unbedingt wollen. Uns wird es nicht anders gehen. Auch wir werden wahrscheinlich in ein paar Jahren um jede Minute froh sein, in der du dich alleine beschäftigst und wir mal in Ruhe brunchen können. Aber Regeln, liebe Romy, sind wichtig, weil das gesamte Leben Regeln folgt. Ich habe diesen Satz meiner Eltern früher gehasst, aber nun schreibe ich ihn selbst: Du wirst uns eines Tages dafür dankbar sein.

Ich war meinen Eltern dafür schon mit 14 Jahren zum ersten Mal dankbar. Ich zog in den deutschen Stützpunkt der Tennisakademie von Nick Bollettieri in Bühl ein, in der die Regeln eine ganze DIN-A4-Seite umfassten. Ein kurzer Auszug:

Keine Schokolade, kein Eis, keine Softdrinks!

22 Uhr Licht aus!

Kein Alkohol!

Kein Fluchen auf dem Platz!

Keine Beziehungen zum anderen Geschlecht!

Kontakt zu den Eltern nur am Wochenende!

Keine Ausflüge ohne Abmeldung!

Mir fiel es nicht schwer, mich an Regeln zu halten. Anderen ging es anders: Es gab jede Menge heimliche Liebschaften, auch feste Partnerschaften. Andere naschten, fluchten oder schauten nachts Fernsehen. Ich hielt mich brav an die Regeln. Doch dann wurde ich eines Tages doch auf der Etage der Mädchen erwischt. Ich weiß heute nicht mal mehr, warum ich da oben war, ich weiß nur, dass ich die Gelbe Karte bekam. Noch so eine Aktion, sollte das heißen, und ich müsste die Akademie verlassen.

Ein halbes Jahr später waren meine Eltern zu Besuch in der Akademie. Meine Schwester war damals acht Jahre alt und jagte ebenfalls schon der Filzkugel hinterher. Ich lag meinen Eltern wochenlang in den Ohren, dass ich gerne dabei wäre, wenn sie ihr erstes Turnier spielen würde. Sie dachten sich nichts dabei und meldeten sie bei dem Turnier an, an dem auch ich teilnahm. Mein Spieltermin war morgens, der meiner Schwester am Nachmittag. Für meine Eltern war völlig klar, dass ich mit meinem Trainer hin-, allerdings mit ihnen zurück ins Internat fahren würde, um noch die Gelegenheit zu haben, meiner Schwester zuzuschauen. Doch die Akademieleitung sah das anders. Sie genehmigte das nicht.

Das Gespräch zwischen dem Akademieleiter und meinem Vater hat sich – zusammengefasst – ungefähr so abgespielt:

»Dies ist ein Turnier und kein Familienausflug«, sagte der Chef.

»Ob mein Sohn mit mir zurückfährt oder nicht, entscheide immer noch ich«, hielt mein Vater dagegen.

»Nein, Sie täuschen sich. Solange er in dieser Akademie lebt, entscheiden wir. Wenn Sie sich damit nicht abfinden wollen, können Sie Ihren Sohn gerne mitnehmen. Er kann dann aber heute Abend noch sein Zimmer räumen.«

Am selben Abend packte ich meine Sachen und verabschiedete mich von meinen Mitbewohnern, von denen einige meine Freunde waren.

Trotzdem war es ein großartiger Tag. Meine Schwester hatte das erste Tennismatch ihres Lebens gewonnen, und ich war dabei. Vor allem aber hatte ich etwas sehr Bedeutendes gelernt. Der Mann, der mir 14 Jahre lang eintrichterte, mich an Regeln halten zu müssen, brach mit ihnen. Er zeigte mir, dass es etwas noch Wichtigeres gab: nämlich eine eigene Haltung.

Ich war damals reif für diese Lektion, weil ich zuvor gelernt hatte, Regeln zu befolgen. Wer Kunststücke auf dem Fahrrad machen möchte, sollte zuvor das Radfahren gelernt haben – sonst wird es sehr schnell sehr wehtun. Mit Regeln verhält es sich genauso. Erziehung ist sicher nichts für schwache Nerven – und vor nichts habe ich mit Blick auf die nächsten 18 Jahre größeren Respekt. Und wahrscheinlich hat Mama Nummer drei recht, wenn sie sagt: Vorleben ist besser als nachgeben. Bei mir und meinem Papa hat es jedenfalls funktioniert.

Dein Papa

Über Schwächen

Liebe Romy,

du hast meine Gene, und wenn es richtig blöd für dich gelaufen ist, hast du auch meine Schwächen.

Sollte es so sein, entschuldige bitte, wenn du dir auch so wahnsinnig schlecht Geburtsdaten merken kannst. Das könnte in ein paar Jahren zur Folge haben, dass du sogar Mamas Geburtstag vergisst. Solltest du nach mir kommen, weißt du auch nie, ob ein Monat 30 oder 31 Tage hat, sondern zählst das an deinen Fingerknöcheln ab. Du bist dann eine absolute Niete in Geometrie und fragst dich, warum sich dieser Herr Pythagoras nicht einfach einen Satz mit Buchstaben ausgedacht hat. Koordination ist für dich das, was anfängt, wenn du beim Balancieren hingefallen bist. Das wiederum könnte dazu führen, dass du dir wie ich beim Bockspringen zwei Finger brichst und das fünftägige, teuer bezahlte Surfcamp an der französischen Westküste beendest, ohne auch nur einmal auf dem Brett gestanden zu haben. Du wirst nicht im Takt klatschen können, weil du den Takt einfach nicht hörst. Du zeichnest, malst und singst nur, wenn niemand anderes im Raum ist. Und Geduld ist das, was andere mit dir haben müssen, um deine Ungeduld zu ertragen.

Ja, hintereinander aufgezählt hört sich das Ganze wahrlich nicht schmeichelhaft an. Aber bevor du dich jetzt bei mir für diese Mitgaben beschwerst: Es hätte wirklich noch viel schlimmer kommen können. Stell dir nur vor, du wärst nach Mama gekommen!

Wenn du an den Punkt kommst, dass du über deine Schwächen lachen kannst, sind es keine Schwächen mehr. Denn dann hast du sie in dein Herz geschlossen wie deine größten Stärken. Du hast dann verstanden, dass sie zu dir gehören. Dass sie dich ausmachen und ein Leben lang begleiten.

Bevor *du* dich mit deinen kleinen Schwächen nicht angefreundet hast, wird es auch kein anderer tun. Glaube nur nicht, dass das einfach ist, so eine Freundschaft zu knüpfen. Die wenigsten Jugendlichen können das. Sie hadern mit ihren Schwächen und Makeln und erkennen nicht, dass auch all die anderen welche haben. Oder sie erkennen es und reden über die Schwächen und Makel der anderen, bevor sie jemand mit ihren eigenen konfrontiert. Sie haben noch nicht gelernt, über sich selbst zu lachen.

Du bist ein Wunder! Vergiss das nie. Fändest du es nicht ein wenig gierig, wenn du ein Wunder ohne Schwächen wärst?

Natürlich gibt es Schwächen, liebe Romy, an denen zu arbeiten sich lohnt. Vor allem an denen, die dir bei irgendetwas im Wege stehen, beruflich oder privat. Ohne tagelanges Lernen für ein Mindestmaß an Geometrieverständnis hätte ich mein Abitur nicht bestanden. Mein Kumpel Lou hätte womöglich noch immer nicht seinen Führerschein zurück, wenn er mit seinem Alkoholproblem nicht zum Psychologen gegangen wäre. Und deine Patentante, die genauso unmusikalisch ist wie ich (die Gene!), hätte sich als Erzieherin im Stuhlkreis ordentlich blamiert, wenn sie vorher nicht in einem Gesangskurs gelernt hätte, einen Ton zu halten.

Wenn du jedoch ständig danach streben würdest, deine

Schwächen zu beseitigen, wärst du – rein theoretisch – eines Tages fast ohne Schwäche, aber auch ohne Stärke, mit der du aus der Masse von 80 Millionen Deutschen heraussichst. Ein begnadeter Rechtsfuß käme wohl nie auf die Idee, sein ganzes Fußballerleben seinen linken Fuß zu trainieren. Am Ende seiner Karriere würde er zwar mit beiden Füßen ganz akzeptabel schießen können, aber mit keinem so gut, dass sich seine Gegner vor seinen Schüssen fürchten. Er hätte seine Energie in die falsche Sache gesteckt. Lass deine Schwächen also ruhig Schwächen sein und freue dich lieber über den Werkzeugkoffer, den du bei der Geburt geschenkt bekommen hast, ohne dich dafür anstrengen zu müssen. Der Werkzeugkoffer hat auch einen Namen: Er heißt Talent. Nutze deine Talente, die du in dem Koffer findest, für die Dinge, die damit möglich sind. Du hast einen Hammer und Nägel? Versuche damit, Bilder aufzuhängen, nicht eine Heizung zu demontieren.

Aber vielleicht bist du auch die letzte Generation, die überhaupt noch Schwächen hat. Seit ein paar Jahren tüfteln Wissenschaftler in China und den USA bereits an einer Möglichkeit, den perfekten Menschen zu erschaffen. Ein Mensch ohne Schwächen? Du denkst, das sei Science-Fiction? Ich würde mir wünschen, du hättest recht.

Doch diese Forscher entwickeln gerade neue Methoden der Embryonenselektion. Im vergangenen Monat wurde beim jährlichen Treffen der Amerikanischen Gesellschaft für Reproduktionsmedizin ein neues Verfahren vorgestellt. Damit lassen sich genetische Veranlagungen für Leiden wie Diabetes, Herzerkrankungen oder Brustkrebs, aber auch Kleinwuchs und geistige Behinderung frühzeitig erkennen. Auf diese Weise kann bei einer künstlichen Befruchtung das nicht ideale Genom eines Embryos aussortiert werden, noch bevor es ihren Müttern eingepflanzt wird.

Aber das reicht den Firmen, für die die Forscher arbeiten, längst nicht mehr. Sie wollen nun auch die genetischen Grundlagen der Intelligenz erforschen. Schon wenige Tage nach der Verschmelzung von Eizelle und Spermium, schrieb dazu die *Welt am Sonntag,* könnte man dem Zellhäufchen DNA entnehmen und zumindest eine vage Prognose über den künftigen Schulerfolg des potenziellen Kindes abgeben. Noch, heißt es, konzentriere sich das Unternehmen aus den USA auf definierte krankhafte Zustände. Doch einer seiner drei Gründer, Stephen Hsu, schrieb schon im Jahr 2012 auf seinem Blog: »Stellen Sie sich vor, was ein Paar zahlen würde, um unter zehn oder fünfzig möglichen Nachkommen den Besten auswählen zu können. Vergleichen Sie das mit den Kosten einer Harvard-Ausbildung oder einer Privatschule … Ich hoffe, dass progressive Regierungen die Verfahren allen Menschen kostenlos zur Verfügung stellen werden. Der Nutzen, den man durch eine erhöhte Wirtschaftsleistung und verringerte Sozialkosten erzielen könnte, würde die Kosten bei Weitem überwiegen.«

Als ich das las, bekam ich Schnappatmung. Nicht nur, weil ich Stephen Hsus Menschenbild abscheulich fand, sondern auch, weil ich glaube, dass es nur eine Frage der Zeit sein wird, bis dieses Szenario Realität geworden ist.

Stell dir nur vor, eines Tages setzt sich eine erste Firma über bisherige ethische Normen hinweg und überzeugt die Regierung von der Möglichkeit, das perfekte Genom auszusuchen. Stell dir vor, du hättest die Chance, dich auf Kosten des Staates für oder gegen die Methode zu entscheiden. Was würdest du tun, wenn du wüsstest, dass dein Kind den anderen gegenüber schlechter dastünde, wenn du nicht vorher das beste Genom aussuchst? Ich hatte mich lange Zeit dagegen gewehrt, Facebook beizutreten, bis so viele meiner Freunde dort angemeldet waren und ich nicht mehr anders konnte, ohne die Hälfte zu verpassen. Das ist ein verdammt harmloses Beispiel für das, was bei der Geneditierung kommen könnte! Mit der Zeit werden alle dem Druck der Masse erliegen.

Das perfekte Baby liegt zum Glück rein technisch noch weit außerhalb des Machbaren, die vergleichsweise einfache Selektion auf Intelligenz steht allerdings kurz vor der Marktreife. Ich bin dankbar dafür, dass ich die Geburt des ersten Designerbabys nicht mehr miterleben werde. Ich bin froh, dass deine Mama und ich uns nicht für oder gegen Genome entscheiden mussten, sondern dich so bekommen dürfen, wie es für dich vorgesehen ist.

Und ich will dir eins noch von ganzem Herzen sagen: Ich freue mich schon sehr auf jeden deiner Fehler und ganz besonders auf jede Schwäche, über die du lachen kannst.

Dein Papa

Über Genuss

Liebe Romy,

ich war gestern das vorerst letzte Mal allein mit deiner Mama chic essen. Ich hatte für uns beide einen Tisch in einem vornehmen Fischrestaurant reserviert, das direkt an der Elbe liegt, und es fühlte sich an wie ein Date, ein letztes Date. Das letzte Date vor unserem Umzug aufs Land, vor dem Mutterschutz und ja, auch das letzte Date, bevor du kommen wirst – und wir für zig Wochen froh sein werden, wenn wir zwischen Wickeln und Stillen überhaupt etwas Essbares auf dem Tisch haben. Es war ein würdiger Ort für diesen Anlass: Angela Merkel hatte hier ebenso schon diniert wie Sean Connery oder Lady Di mit Prinz Charles.

Deine Mama hatte sich dementsprechend herausgeputzt. Sie trug ein weites, beiges Wollkleid, das ihren mittlerweile sichtbaren Bauch umschmeichelte. Sie hatte Wimperntusche und Rouge aufgetragen, und an ihrem Finger blitzte ihr Verlobungsring. Die Kerze brannte schon, als uns der Kellner zu unserem Tisch brachte. Hinter den Fensterscheiben hatte sich die Dunkelheit breitgemacht, nur unterbrochen von den ab und an aufflackernden Lichtern vorbeifahrender Schiffe.

»Herzlichen Glückwunsch. Wann ist es denn so weit?«, fragte unser Kellner, nachdem er mir ein Glas Weißwein und deiner Mama eine Heidelbeerschorle kredenzte. Er deutete auf Mamas Bauch. Deine Mama lächelte ihr stolzestes Werdende-Mama-Lächeln. Zum ersten Mal wurde sie von einer fremden Person auf dich angesprochen. Endlich war ihr Bauch so kugelrund, dass sich jemand traute zu gratulieren. Ihre Augen funkelten nun mit ihrem Ring um die Wette.

Wir speisten in den nächsten Stunden wie Könige und redeten dabei über uns. Wir ließen die vergangenen Jahre Revue passieren, unser Kennenlernen, unsere ersten Dates, unsere Fernbeziehung, unsere Hochzeit, all die Feste, die wir zusammen gefeiert hatten, all die Reisen, die faulen Sonntage auf der Couch, die Theaterabende und Restaurantbesuche. Es war wie ein Abschiednehmen von einem Leben, das wir mit voller Absicht beendeten, obwohl es das beste war, das wir uns vorstellen konnten. In dem allerdings eine kleine, große Sache fehlte. Du nämlich.

Wir wussten, dass bald andere Zeiten anbrechen und mit dir, Baby, alles anders wird! Aber an diesem Abend sickerte sie durch, die Erkenntnis, dass die Zweisamkeit in naher Zukunft endet – und wir uns glücklich schätzen können, nichts Grundlegendes auf später verschoben zu haben.

Deiner Mama und mir ist es deshalb wichtig, dir bei all der Ernsthaftigkeit, mit der dich das Leben konfrontieren wird, auch Folgendes mit auf den Weg zu geben: Genieße deine freie Zeit, gutes Essen, die Kunst und Kultur, den Sport und das Liegen in der Hängematte. Feiere die Feste, wie sie fallen. Schlage über die Stränge. Verliere dich im Augenblick. Sage nicht nur beim Zuprosten Sätze wie »So jung kommen wir nicht mehr zusammen«, sondern sei dir darüber im Klaren, dass sie wahr sind. Frage dich nicht ständig, wie du so lange wie möglich lebst, sondern lieber, wofür du lebst. Geh raus und sei unvernünftig und vergiss für den ein oder anderen Abend, was dir dein Papa über die Reihenfolge von Arbeit und Vergnügen – erst das eine, dann das andere – gesagt hat. Er hat das in einem Moment der Sorge, du könntest wegen deiner Faulheit in der Gosse landen, getan. Das Genussvollste am Leben, liebe Romy, ist das Leben selbst. Koste so viel wie möglich davon. Denn dann wird er womöglich da sein, plötzlich und ungeplant, dieser überwältigende, berauschende Glücksmoment des totalen Einsseins mit sich und der Welt.

Uns hat dieser Moment bei unserem vorerst letzten Date tatsächlich heimgesucht. Und wir haben uns auf dem Heimweg versprochen, dass wir nicht nur für dich immer da sein werden, sondern auch für uns selbst. Dass wir dir einen Abend bei Opa gönnen, sobald das möglich ist, und wir mal wieder chic essen gehen. Denn das eint dich und uns: Wir haben nur dieses eine Leben. Lass es uns genießen!

Dein Papa

Übers Üben

Liebe Romy!

Liegen gebliebene Regenschirme, die mitgenommen aussehen.

Damenräder, die herrenlos dastehen.

Stehkragen, die gut sitzen.

Alles ziemlich paradox, nicht wahr? Einen habe ich noch: Männer, die einen Geburtsvorbereitungskurs besuchen. Zugegeben: Der hätte von Lou sein können. Dabei gibt es heute mehr solcher Männer als gut sitzende Stehkragen.

Es ist ja so: Das Leben ist eine ewige Übung, für mich ebenso wie für dich. Manchmal fällt das Üben so leicht wie das Atmen und manchmal so schwer, wie minutenlang die Luft anzuhalten. Dort, wo du gerade bist, ist es genau umgekehrt. Du kannst noch nicht eigenständig atmen. Deine Mama versorgt dich über die Nabelschnur und die Plazenta mit Sauerstoff. Deine Lunge ist mit einer Flüssigkeit befüllt, die sie selbst produziert hat und die dafür sorgt, dass deine Lunge nicht in sich zusammenfällt. Sie bewegt sich schon im Takt deines Herzens, doch Sauerstoff strömt über sie noch nicht in deinen Körper. Du übst nur. Für das Leben nach der Geburt.

Deine Mama und ich haben in den vergangenen drei Tagen auch geübt. Wir hatten einen dreitägigen Geburtsvorbereitungskurs für werdende Eltern in Hamburg belegt, einen Crashkurs, um deine Ankunft nicht dem Zufall zu überlassen. Es erschien mir als selbstverständlich, deine Mama dorthin zu begleiten. Trotzdem dachte ich, dass der Kurs mein persönlicher G-20-Gipfel würde: Ich befürchtete, dass sich die Mühe nicht lohnt, das Ganze nur Zeit und Geld frisst und am Ende irgendwer auf der Straße randaliert, weil er merkt, dass er zu blöd zum Atmen ist. Und ich ging davon aus, dass das alle annahmen und der Elan der Männer so groß sein würde wie bei einer Thermomix-Party.

Weit gefehlt.

Bei der Anmeldung muss ich etwas überlesen haben. Wo bitte schön stand, dass der Mann, der die meisten Fragen stellt, dabei am fürsorglichsten dreinschaut und am häufigsten seiner Frau über den Rücken streichelt, die Teilnahmegebühr erstattet bekommt? Max und Dimitrios hatten den Passus offenbar gelesen.

Max trug Wollsocken, einen Wollpullover und einen Hipster-Bart. Er war Lehrer, ebenso wie Dimitrios, ein kleiner Deutsch-Grieche, der seine zahllosen Fragen mit derart viel Pathos stellte, dass man ihn entweder von der Bürde des Vaterwerdens befreien oder ihm aus lauter Mitleid direkt die Teilnahmegebühr erstatten wollte. Max wiederum versuchte, das mit langen Monologen auszugleichen, die stets damit endeten, dass er sich für seine doch wieder zu ausführliche Frage, die keine war, entschuldigte und seiner Frau über den Handrücken strich.

Schon bei der Einführungsrunde ahnte ich, dass alles anders werden würde, als ich dachte. Die unverfängliche Frage von Kursleiterin Lea an die acht Paare lautete: »Was erhofft ihr euch von dem Kurs?« Max schien die Frage erwartet zu haben: »Ich weiß ja so gut wie gar nichts über die Geburt, trotz der vielen Ratgeber, die ich gelesen habe, dabei möchte ich meiner Frau im Kreißsaal doch so gerne eine Hilfe sein, man kann ja so viel falsch machen, ich will zum Beispiel nicht im Weg stehen, wenn es darauf ankommt, sondern dem Arzt die richtigen Fragen stellen und wissen, was in meiner Frau vor sich geht, wenn die Wehen kommen. Ach ja, die Wehen: Wann muss man da losfahren, auch das interessiert mich, und atmen üben wir doch sicher auch, oder?! Und woran erkennt man ein gutes Krankenhaus – oder soll man lieber ins Geburtshaus? In der Klinik schicken sie einen ja erst mal spazieren, hörte ich, wenn die Wehen noch nicht stark genug sind, das kann ja Stunden dauern …« Drei Minuten später entschuldigte sich Max für seinen Monolog und übergab das Wort an seine Frau, der nichts anderes übrig blieb, als zu sagen: »Dem habe ich eigentlich nichts hinzuzufügen.« Eigentlich wäre uns allen nichts anderes übrig geblieben, aber Dimitrios wiederholte einfach das, was Max sagte. Nur in eigenen Worten. Solche Typen konnte ich schon in der Schule nicht leiden. Deine Mama auch nicht. Sie rollte mit den Augen und flüsterte mir zu: »Wer von denen ist eigentlich schwanger? Er oder sie?« Gute Frage.

Ich hatte längst nicht mehr richtig hingehört, als ich an der Reihe war. Ich registrierte allerdings, wie Dimitrios und Max erwartungsvoll zu mir hinübersahen. Ich wollte die Yogamatten-Runde nicht mit der achten Wiederholung langweilen und zündete lieber eine kleine Nebelkerze: »Mich interessiert vor allem, worauf wir beim Elterngeldantrag achten müssen.« Stille im Raum. Selbst Max schwieg. Dimitrios schaute mich an, als hätte ich gefragt, ob ich dich, Romy, nach der Geburt gegen drei Kamele eintauschen dürfte. Und Lea überlegte einen Moment, ob ich einen Witz gemacht habe. Ich ließ meinen Wortbeitrag wirken, ohne eine Miene zu verziehen.

Lea durchbrach nach wenigen Sekunden die Stille: »Das müsstest du nun wirklich im Internet nachschauen.« Ich nickte bereitwillig und verkniff mir die Frage, wo genau ich im Internet suchen solle.

Wie du weißt, mache ich mir viele Gedanken übers Vaterwerden und Vatersein, manchmal vielleicht auch zu viele, doch in dieser Gruppe war ich ab jetzt der spießige Verwaltungsfachangestellte, der sich mehr um die Kohle als um deine Mama sorgte. Aber womöglich kam dieser Kurs zur richtigen Zeit. Vielleicht brauchte ich Max und Dimitrios, um mich locker zu machen und zu begreifen, dass die Geburt und das Vatersein am Ende doch irgendwie alle hinbekommen. So wie die beiden Superdaddys wollte ich jedenfalls nicht werden. Ich wollte nicht die bessere Mutter sein. Ich bin ein Mann, ich werde Vater. Ich werde meine Rolle noch suchen müssen. Aber ich werde sie finden, vielleicht erst mit dir zusammen.

Dies war allerdings nicht die einzige Erkenntnis der vergangenen zweieinhalb Tage. Deine Mama und ich haben noch viel mehr gelernt. Wir erfuhren zum Beispiel, dass die Liegeposition zum Gebären die schlechteste ist – direkt nach dem Kopfstand, wie Lea sagte. Diese Erkenntnis kommt schon ziemlich überraschend, schließlich werden gebärende Frauen in Filmen meist liegend im Krankenhausbett gezeigt. Lea baute einen Parcours auf. An jeder Stelle sollten wir eine andere Gebärposition ausprobieren. Mal hockte deine Mama, mal kniete sie, mal hing sie in einem Tuch, das sie zuvor um meine Schultern gebunden hatte. Ich war ihre Stütze, mal im Sitzen, mal im Stehen. Für mich waren die Übungen leicht, denn der Kugelbauch deiner Mama hielt sich in Grenzen, und an ihrer Hüfte hatte sich kein einziges Fettpolster abgesetzt. Bei den anderen Frauen war das anders: Vor allem bei Dimitrios' Frau hatte ich aus rein optischen Gründen Sorgen, dass sie den Kurs nicht mehr beenden wird – dabei war sie erst in der 35. Woche.

Ich bekam in dem Kurs auch ein Gefühl dafür, was in Mamas Körper bei der Geburt vor sich geht, wie ich mich während der Wehen verhalten sollte (Hand halten, Mund halten!) und dass ein Kind nicht einfach so aus dem Unterleib plumpst, sondern mit Beginn der Wehen noch mehrere Stunden Zeit ist. Ich verstand, warum es einen Unterschied macht, ob man als Frau »i« oder »u« stöhnt (probier es einfach mal aus). Lea erklärte uns, warum man Babys nicht schreien lassen sollte (das Urvertrauen aufbauen) und wie wir Männer das Becken unserer Frauen massieren, um es für die Geburt weicher zu machen. Und sie riet uns, in den Tagen vier bis sieben nach der Geburt keinen Besuch zu empfangen, weil die Gefahr groß sei, dass in dieser Phase die Hormone von jungen Muttis absacken und sich die Verwandtschaft mehr freut als man selbst.

Über Stimmungstiefs machte ich mir im Kurs allerdings keine Sorgen. Er bewirkte genau das Gegenteil: Für mich war der Kurs ein Glücksbeschleuniger. Den Vorfreude-Torpedo zündete Lea an Tag zwei. Sie suchte ein freiwilliges Pärchen, das in der Mitte des Sitzkreises eine Gebärposition ausprobieren sollte. Max meldete sich natürlich sofort, seine Frau Nina folgte ihm zögerlich. Er setzte sich auf einen Stuhl, während sie sich vor ihn im Vierfüßlerstand aufbaute. Sie legte ihre Arme wie ein Kissen auf seine Oberschenkel und ihren Kopf seitlich auf ihre Arme. Dann sollte sie pressen und atmen. Lea wiederum kniete hinter Nina und stellte uns mit einer Puppe nach, wie das Baby aus dem Mutterleib Zentimeter für Zentimeter herauskommt. Nach mehrfachem Stöhnen war das

Baby da. Lea streckte ihren Arm durch Ninas Beine und legte die Puppe zwischen den werdenden Eltern ab. Max bekam schlagartig feuchte Augen, und ich hatte einen Kloß im Hals. Welch ein berührender Moment! Die Yogamatten-Runde schluckte hörbar. Dimitrios vergaß vor Rührung sogar, seiner Frau den Rücken zu streicheln. Es war nur ein Rollenspiel, nur eine nackte Puppe, doch es war so überwältigend schön, dass ich mir gar nicht ausmalen kann, wie es ist, wenn du das Baby bist, das nackt und verschmiert vor uns liegt. Dann sitzen Max und Dimitrios sicherlich nicht um uns herum, aber wahrscheinlich werde ich an sie in den Stunden zuvor denken. Sie werden dann schon Väter sein, und ich werde mich fragen, wie sie die Geburt erlebt haben. Ob sie im Weg standen oder ihren Frauen eine Hilfe waren – oder sie mit ihrer Überfürsorge kirre gemacht haben? Ich werde es nie erfahren. Ist ja auch egal. Hauptsache, ich bin deiner Mama eine Stütze. Und das mit dem Elterngeldantrag kriegen wir auch hin, irgendwie.

Dein Papa

Über den Tod

Liebe Romy,

glaubst du an ein Leben nach dem Tod?

Ich kann mir gut vorstellen, dass du diese Frage merkwürdig findest, wenn du sie als junges Mädchen liest. Ich glaube, dass du sie spannend findest, wenn du jetzt gerade ein Teenager bist. Und ich wette, dass du die Frage schon mehrfach beantwortet und deine Antwort wieder korrigiert hast, wenn du erwachsen bist.

Nur eines ist wohl sicher: Der Glaube tröstet. Der Glaube daran, dass noch etwas kommt, wenn der Vorhang fällt.

Als deine Uroma beerdigt wurde, hielten meine Cousine und ich eine Rede vor der Trauergemeinde. Wir lobten sie in den höchsten Tönen, und als uns die Schwärmereien ausgingen, las ich eine Geschichte vor, die ich damals im Internet gefunden hatte. Sie handelt von einem ungeborenen Zwillingspaar im Bauch der Mutter.

Die beiden Embryos unterhielten sich über das Leben nach der Geburt. Sie fragten sich, ob es das wirklich gibt, eine Zeit außerhalb des Mutterleibs. Der eine Zwilling glaubte fest daran, der andere hielt sein Geschwisterchen hingegen für einen Spinner. Er konnte sich so ein Leben überhaupt nicht vorstellen. Doch der Embryo blieb bei seiner Meinung: Er ging davon aus, dass es nach der Geburt wahrscheinlich heller sein wird, sie herumlaufen und mit dem Mund essen würden. Das allerdings überstieg die Vorstellungskraft des anderen: So einen Unsinn habe er noch nie gehört, sagte er. Er argumentierte, dass doch die Nabelschnur viel zu kurz sei, um herumzulaufen, und dass es doch überhaupt nicht nötig sei, mit dem Mund zu essen – wofür gebe es denn die Nabelschnur. Dann setzte er zum scheinbar entscheidenden Punkt an: Noch nie sei einer nach der Geburt zurückgekehrt. Mit der Geburt sei das Leben beendet, Schluss, Aus.

Doch der gläubige Embryo ließ sich nicht von seiner Überzeugung abbringen, obwohl er wusste, dass er dafür keinen Beweis hatte. Und er ahnte, dass sein Geschwisterchen ihn auslachen würde, wenn er ihm nun sagen würde, dass nach der Geburt ihre Mutter auf sie wartet, die sich um sie beide kümmern wird. Tatsächlich machte sich der andere Embryo darüber lustig, dass er an eine Mutter glaubte. Auf die Frage, wo diese denn bitte schön sein sollte, antwortete der gläubige Embryo: »Manchmal, wenn wir ganz still sind, höre ich, wie sie singt. Oder unsere Welt streichelt.«

Na, Romy, wie würdest du die Frage jetzt beantworten? Gibt es ein Leben nach dem Tod? Es amüsiert mich, mir vorzustellen, dass du just in diesem Moment rätselst, ob nach dem Leben in diesem warmen Bauch noch etwas anderes ansteht – und woher der Gesang kommt.

Nach der Beerdigung trafen wir uns mit allen in einem Restaurant zum Leichenschmaus. Wir erzählten uns viele Geschichten über deine Uroma: Wir erinnerten uns an Hosen, die sie für uns nähte, und an Kuchen, die sie für uns backte (ihre Marzipantorte war Weltklasse). Dein Uropa erzählte von den vielen Reisen, die sie unternahmen, und von einem Campingplatz in Norwegen, wo sie seit 16 Jahren immer im

Sommer mit ihrem Wohnwagen standen. Meine Mutter erinnerte uns daran, dass sie meine Windeln vor dem Wickeln immer auf den kleinen Kohleofen im Esszimmer legte, damit ich einen warmen Po hatte. Anekdoten eines Lebens.

Ich bin gespannt, was du am Tag unserer Beerdigungen über deine Mama und mich sagen wirst. Dir wird es wahrscheinlich völlig wurscht sein, ob wir in unserem Leben erfolgreich waren oder nicht, du wirst uns danach beurteilen, wie viel Zeit wir für dich hatten, was wir zusammen unternommen haben, ob wir gute Zuhörer waren oder Oberbefehlshaber. Du wirst vielleicht über unsere Macken reden, darüber, dass ich mit dem Zeigefinger gerne in die Brotscheibe auf meinem Teller gedrückt habe, bevor ich sie aß, um die Konsistenz zu testen, und dass ich das auf Nachfrage immer damit begründet habe, dass die Konsistenz von Brot mindestens so wichtig ist wie sein Geschmack. Vielleicht wirst du über deine Mama erzählen, dass sie schon am Tag nach der Theatervorstellung immer den Titel des Stückes vergessen hat.

Ich finde, wenige Wochen vor der Geburt seines ersten Kindes ist ein guter Zeitpunkt, sich zu fragen, wie einen die wichtigsten Menschen nach dem eigenen Tod beschreiben sollen. Man könnte im Zweifel jetzt noch etwas ändern, und du würdest nie erfahren, wie komisch deine Eltern einmal waren. Eine Geburt gibt allen die Chance, ein neuer Mensch zu werden. Bei der Gelegenheit – man kann das nie genug machen – zitiere ich mal den Komiker Diether Krebs, der einmal gefragt wurde, worauf es ankommt im Leben. Er antwortete: »Mir ist wichtiger, dass meine Kinder keine Arschlöcher werden, als dass sie wissen, wie groß die Fläche unter der Parabel ist.« So sehe ich das auch. Und was ich mir für dich wünsche, wünsche ich mir auch für mich. Wenn du am Ende sagst, der Mann, der bei Mama und mir gewohnt hat, war gar nicht so verkehrt und manchmal sogar ganz in Ordnung, habe ich doch schon vieles richtig gemacht.

Solltest du, liebe Romy, dir auch eines Tages die Frage stellen, was die Trauergemeinde über dich erzählen soll, wirst du wie ich über eine weitere Frage stolpern: Was habe ich davon, dass die bucklige Verwandtschaft von mir in höchsten Tönen spricht? Zahlt es sich auch für mich aus, wenn ich an der Himmelspforte stehe und Petrus um Einlass bitte? Ich weiß es nicht, ob es diese Himmelspforte gibt und ob Petrus ein Gute-Taten-Heft fordert, in dem andere abgestempelt haben. Ich weiß nicht, ob es ein Leben nach dem Tod gibt, aber ich weiß, dass es auch schöner für einen selbst ist, ein guter Mensch zu sein als ein großes Arschloch.

Himmlische Grüße!

Dein Papa

Über Hoffnung

Liebe Romy!

Ich hoffe, du hast meinen letzten Brief gut verkraftet. Der Tod ist ein schweres Thema, ich weiß. Aber er ereilt uns eben alle irgendwann. Nur einer kann er nichts anhaben: der Hoffnung. Denn die stirbt nie. Die Hoffnung, von der ich dir heute erzählen möchte, lag allerdings schon auf der Intensivstation. Wir alle hatten sie aufgegeben. Ihr Puls war schwach. Doch sie lebte weiter. Bis sie sich erfüllte.

Nach dem Tod deiner Uroma und meiner Trennung vom schönen Teller zog ich vorübergehend bei meinem Opa ein. Ich fand, eine Männer-WG würde ihm und mir in dieser Phase guttun. Wie gut, wusste ich erst, als ich wieder auszog.

Meine Oma und mein Opa waren 56 Jahre verheiratet, als sie starb und er zum ersten Mal in seinem Leben allein war. Sie hingen ihr gesamtes Leben wie siamesische Zwillinge zusammen; ich glaube, die Zahl der Nächte, in denen sie in getrennten Betten schliefen, kann man – abgesehen von Krankenhausaufenthalten – an einer Hand abzählen. Sie hatten dieselben Hobbys, waren in denselben Vereinen, fuhren immer gemeinsam in den Urlaub. Sie aßen jede Mahlzeit zusammen und gingen stets zur selben Zeit schlafen. Vorher spielten sie noch zu zweit bis in die Abendstunden Karten. Und dann war sie plötzlich nicht mehr da.

Ach, weißt du, Romy, Einsamkeit klopft nicht an. Sie zieht

einfach ein, ungefragt. Man bemerkt sie erst, wenn es längst zu spät ist, denn nach nur wenigen Wochen macht sie sich breit, nimmt Raum ein, hinterlässt Stille. Einsamkeit ist ein mieser Mitbewohner, der zu nichts zu gebrauchen ist, der nicht mit einem redet oder Rommé spielt, der aber neben einem einschläft und wieder aufwacht und den ganzen Tag nichts tut, außer schweigsam mit auf dem Sofa zu sitzen. Der einen dazu zwingt, von morgens bis abends darüber nachzudenken, was mal war, und nicht, was noch kommen soll. Anfangs noch versuchen viele, ihn vor die Tür zu setzen, diesen ungebetenen Gast. Doch er bleibt, Tage, Wochen, im schlimmsten Fall Jahre. Es gibt sogar Menschen, die werden ihn zu Lebzeiten nicht mehr los. Auch bei deinem Uropa war er eingezogen. Doch als ich Opas Gästezimmer brauchte, schmiss ich diesen Schmarotzer hochkantig raus.

Das letzte Mal, als ich länger als eine Woche in dem Haus meiner Großeltern geschlafen habe, hatte ich mir noch in die Windeln gemacht. Mehr als 20 Jahre lagen dazwischen, und es fühlte sich so an, als hätten dein Uropa und ich eine einmalige Chance erhalten: uns noch einmal neu kennenzulernen. Wir tranken nach meinem Feierabend zusammen Bier und manchmal auch Schnaps und redeten dabei über früher. Er saß dabei auf der Couch, auf die Oma immer eine Wolldecke gelegt hatte, damit der Bezug sich nicht abnutzte. Die Decke lag noch immer da. Ich saß ihm gegenüber, in einem Ohrensessel, und hörte zu. Es war eine wahnsinnig intensive Zeit. Der starke Mann, der mir so vieles beigebracht hatte, der mich getröstet hatte, als ich mir das Knie auf den Steinplatten in seinem Garten aufgeschlagen hatte, weinte fast jeden Abend. Er vermisste Oma.

Doch das allein war es nicht: Er erinnerte sich an seine

Kindheit, an verschüttet geglaubte Bilder, die wieder da waren und ihn übermannten. Daran, wie die Bomben im Zweiten Weltkrieg aufs Ruhrgebiet fielen und er als kleiner Junge mit seiner Familie auf einen Bauernhof in Niedersachsen flüchtete. Mehr als 70 Jahre hatte er über das, was er in dieser Zeit erlebte, nicht gesprochen. Jetzt sprudelten die teils dramatischen Erlebnisse aus ihm heraus. Er war Zeuge einer Zeit, von der auch du in der Schule jede Menge erfahren wirst. Einiges davon wird dich erschüttern, aber es wird dir auch eine Mahnung sein: dass es dazu nie wieder kommen darf. Wenn wir es in den kommenden Jahren nicht noch weiter vermasseln, wirst du eine bessere, behütetere Kindheit erleben als dein Uropa, ohne Bomben und ohne Blut. Diese Hoffnung habe ich.

Nach gut drei Monaten unter einem Dach mit Opa war es an der Zeit, weiterzuziehen. Ich bezog meine erste eigene Wohnung, verlor sechs Wochen später meinen Job, weil die Zeitung geschlossen wurde, und fand Unterschlupf in der 20-Personen-WG – ich schrieb dir bereits davon. Mein Opa hingegen bekam wieder Besuch von der Einsamkeit. Er langweilte sich. Das Lesen fiel ihm schwer, und allein essen mochte er gar nicht. Zwei Monate später erlitt er einen Schlaganfall. Er überlebte, doch seitdem war er nicht mehr derselbe. Seine Beine wackelten, sein Gedächtnis ließ nach und mit ihm seine noch verbliebene Lebensfreude. Ich fürchtete, dass das enge Band zu Oma ewig halten würde – nicht nur, bis der Tod sie schied. Er wäre nicht der Erste gewesen, der an gebrochenem Herzen kurz nach dem Partner stirbt.

Die Hoffnung, dass er noch einmal ins Leben zurückkehrte, schwand mit jedem Tag. Doch die Hoffnung stirbt nie. Du weißt ja, Romy: Entweder nichts ist ein Wunder oder alles.

Opa kam wegen der Folgen seines Schlaganfalls für mehrere Wochen in eine Reha-Klinik – und lernte dort Ursel kennen. Ich weiß nicht, wie er das angestellt hat, aber er hat diese wunderbare Frau von sich überzeugt. Sie ist zwei Jahre älter als Opa, aber noch so vital, als wäre sie zehn Jahre jünger. Die beiden verbrachten viel Zeit zusammen, und als die Reha endete, versprachen sie sich, sich regelmäßig zu besuchen. Das Versprechen hielt, vor allem weil Ursel anfangs einmal pro Woche zwei Stunden mit dem Bus und der Bahn zu ihm pendelte. Wenn ich ihn in dieser Zeit anrief und fragte, wie es ihm gehe, dann sagte er mit der Stimme eines Charmeurs: »Schlecht! Mein Mädchen ist nicht da.«

Mittlerweile lebt Ursel bei Opa. Die beiden sind seit vier Jahren ein Paar. Opa spricht noch immer wie ein verliebter Teenager über »sein Mädchen«, es geht ihm den Umständen und seinem Alter entsprechend gut. Er hat wieder Ziele. Eines lautet: 90 Jahre alt werden. Das andere: deine Bekanntschaft machen. Sollte das klappen, und danach sieht es derzeit aus, dann ist es Ursel zu verdanken, dass du einmal in seinen Armen liegen wirst. Ich hoffe, du wirst ihn noch bewusst kennenlernen, es wäre ein Geschenk. Für ihn und für dich. Dazu müsste er nur mindestens 90 Jahre alt werden. Die Hoffnung darf man ja wohl noch haben!

Wie du siehst, liebe Romy: Die Hoffnung stirbt tatsächlich nie. Doch wer sie aufgibt, ist hoffnungslos verloren. Oder bleibt einsam. Und Einsamkeit ist echt ein fieser Zeitgenosse. Bei deinem Uropa hat er sich zum Glück nie mehr blicken lassen.

Hoffnungsvolle Grüße,

Dein Papa

Über Zeit

Liebe Romy,

ich stand heute Morgen am Bahnsteig, am ersten Tag meines Pendlerlebens, und haderte damit, dass ich nicht so werden konnte wie dein Urgroßvater. Als ich noch ein kleiner Junge war, wollte ich denselben Beruf ergreifen wie er. Ich wusste damals nicht, wie der Beruf hieß, aber ich fand es schön, wie viel Zeit mein Opa für mich hatte. Er verließ nie lange das Haus, frühstückte mit uns, aß mit uns zu Mittag, und in der Zwischenzeit spielten wir im Garten eine Runde Boccia oder Tennis über die Wäscheleine. Er und Oma verreisten viel, der Beruf schien also auch genug Geld abzuwerfen. Einmal die Woche fuhr er zur Bankfiliale und hob ein paar Scheine ab. Erst ein paar Jahre später habe ich erfahren, dass Opa nach einem Herzinfarkt schon mit Mitte 50 Frührentner geworden war und Frührentner kein Ausbildungsberuf ist.

Stattdessen wartete ich in der Dezemberkälte am Gleis auf meinen Regionalexpress. Fast 90 Minuten werde ich von nun an von Haustür zu Bürotür benötigen und zwischen acht Uhr morgens und acht Uhr abends unterwegs sein. Ich fürchte, unter der Woche werden wir wohl nur sehr selten Boccia oder Tennis spielen. Und wahrscheinlich wirst du nicht den gleichen Beruf ergreifen wollen wie ich. Aber irgendwann, wenn du groß bist, wirst du verstehen, dass Arbeit zum Leben dazugehört – und viele Väter und auch Mütter erst spätabends nach Hause kommen. Und sei dir sicher: Kein einziger Vater und keine einzige Mutter findet das schön, das eigene Kind nur abends kurz vor dem Einschlafen zu sehen. Auch ich nicht.

Eines werde ich aber nicht zulassen: dass du mich nach Geld fragst wie der Junge, über den ich im Internet gelesen habe. Dieser kleine Junge fragte seinen Vater, wie viel er pro Stunde verdiene. Der Vater wollte es ihm zunächst nicht verraten, doch als sein Sohn nicht lockerließ, rückte er damit raus, dass er 50 Euro jede Stunde verdient. Der Sohn senkte enttäuscht den Kopf. Er bat den Vater schließlich, ihm 25 Euro zu leihen. Der Vater wurde böse, dass der Sohn es mit seiner Frage nur darauf abgesehen hatte, möglichst viel Geld zu bekommen. Später entschuldigte sich der Vater für seine harsche Reaktion und gab seinem Sohn das Geld. Der Junge strahlte und verschwand für einen kurzen Moment in seinem Zimmer. Dann kam er mit 50 Euro zurück – denn den Rest hatte er seit Wochen zusammengespart – und überreichte seinem Vater das gesamte Geld. »Papi«, sagte der Junge, »jetzt habe ich 50 Euro. Darf ich hierfür eine Stunde deiner Zeit kaufen? Bitte komme morgen früher von der Arbeit nach Hause. Ich möchte gerne mit dir zusammen essen.«

Diese Geschichte beruht, soweit ich weiß, nicht auf einer wahren Begebenheit, aber so oder ähnlich wünschen sich bereits Hunderttausende Kinder, mehr Zeit mit ihrem Papa zu verbringen. So weit, dass du mich für meine Zeit bezahlst, wird es bei uns hoffentlich nie kommen, liebe Romy.

Ich bin froh, dass ich in den vergangenen drei Jahren hart gearbeitet habe. Ich habe an Wochenenden Texte lektoriert, habe Urlaubstage dazu genutzt, neue Autoren zu akquirieren, und habe bis nach Mitternacht am Schreibtisch gesessen, um Coverentwürfe zu kommentieren, obwohl ich am nächsten

Morgen wieder in der Redaktion sein musste. Heute weiß ich besser denn je, warum ich das getan habe: Ich habe mir Zeit erkauft. Ich habe genug Geld zur Seite legen können, um zwei Monate Elternzeit zu nehmen und anschließend meine Arbeitszeit zu reduzieren. Ich möchte dich groß werden sehen. Und du wächst ja in den ersten Monaten so wahnsinnig schnell. Ich möchte nichts verpassen. Denn ich habe den Satz von jungen Eltern immer im Ohr: »Sie werden ja so schnell groß!«

Vielleicht sollte ich in meiner Elternzeit aber auch einfach ein weiteres Start-up gründen, das Zeit wie Bitcoins über Rechnerleistung generieren kann. Dazu müsste man nur sehr viele Mitarbeiter einstellen, die in gigantischen Hallen Türme von Computern bedienen, die Zeit schürfen. Der Aufwand würde sich sicher lohnen. Bei einem Euro gäbe es eine Minute dazu, für 60 Euro wäre es schon eine Stunde. Ich sehe da einen Bedarf. Ich denke, ich werde die Idee wieder verwerfen: Für so einen hippen Blödsinn habe ich einfach keine Zeit mehr. Du wirst meine Zeit viel dringender benötigen. Ich brauche kein weiteres Start-up, brauche nichts Sinnstiftendes gründen, das ich auf Netzwerkpartys als »mein Baby« bezeichne. Du bist mein Baby. Und wenn ich mir die seit Jahren steigenden Geburtenzahlen in Deutschland ansehe, würde ich meinen, dass ich mit der Einstellung nicht allein bin. Gebären scheint das neue Gründen zu sein.

Ich dachte auf der Bahnfahrt heute Morgen lieber darüber nach, wann in meinem Leben die Zeit zu rennen begann. Als Kind ticken die Uhren anders, langsamer, Tage ziehen sich noch wie Kaugummis. Ich erinnere mich, dass ich an manchen Wochenenden morgens ausschlief und stundenlang Zeichentrickserien schaute, und als ich keine Lust mehr hatte, war es trotzdem erst Mittag. Wenn ich heute etwas so lange mache, dass ich darauf keine Lust mehr habe, ist Feierabend und der Tag so gut wie rum. Gerade erst hatte ich mich noch im Wohnzimmer vor Freude überschlagen, weil der Schwangerschaftstest positiv war, und nun bist du schon 36 Wochen in Mamas Bauch. Du wiegst schon 2700 Gramm, und dein Kopf ist schon tief ins Becken gerutscht. Du kannst es wohl selbst nicht erwarten. »Sie werden ja so schnell groß!« Der Sand in der Uhr rieselt schneller, und wenn du da bist, noch schneller – wollen wir dann die Sanduhr einfach für ein paar Stunden waagerecht halten und Zeit totschlagen? Nur du, Mama und ich?

Wenn du das hier eines Tages liest, wirst du dich womöglich fragen: War auch Papa auf die grauen Herren hereingefallen, die in *Momo* den Menschen einreden, Zeit einzusparen, um sie angeblich für später sicher und verzinst aufzubewahren? Hatte er wie die Menschen in dem Roman vergessen, im Jetzt zu leben? War auch er dem Irrglauben verfallen, dass Zeit Geld ist, obwohl Zeit doch Leben ist? Zum Glück kann ich dir antworten: nein, nein, nein. Ich habe fast immer das getan, worauf ich zur jeweiligen Zeit am meisten Lust hatte, und falls es mal keinen Spaß machte, dann wusste ich zumindest, wofür ich mir das antue. Das würde ich auch dir wünschen: dass du in deinem Leben das tust, was dir gefällt. Denn was du gerne tust, machst du viel und lange, und was du viel und lange tust, machst du eines Tages auch gut.

Nimm dir in deinem Leben immer Zeit für die Dinge, die du tust. Und tue die Dinge, die du liebst. Ich schreibe dir diese Briefe. Die Zeit ist es wert. Jede einzelne Minute.

Dein Papa

Über Ehrlichkeit

Meine liebe Romy!

Wir müssen ehrlich zueinander sein.

Der Satz steht da nun, aber er ist mehr als die Summe seiner Worte, mehr als eine Floskel, die mit der letzten Silbe seine Bedeutung verliert. Ehrlichkeit ist alles, weil dein Gedächtnis gar nicht so gut sein kann, als dass du all deine Lügen, die du in deinem Leben zurechtspinnst, behalten kannst. Ehrlichkeit ist alles, weil unser Menschsein auf Vertrauen basiert. Lügner missachten diese oberste Regel. Und irgendwann fliegen sie alle auf. Der eine früher, der andere später.

Ich will damit anfangen, ehrlich zu dir zu sein: Mir geht echt die Düse. Täglich könntest du in unsere Welt platzen, und seit ein paar Tagen mischt sich wieder diese Unsicherheit in meine Vorfreude. Es fühlt sich an wie vor einer Prüfung, vor der du dir einredest, genug gelernt zu haben, obwohl du ganz genau weißt, dass du auf Lücke setzt. Eine große Lücke. Du wiegst jetzt etwa drei Kilogramm, ungefähr so viel wie die Kliniktasche, die längst gepackt auf ihren Einsatz wartet. Dabei kann es durchaus noch ein paar Wochen dauern, bis du kommst. Nur fünf Prozent aller Babys werden am Stichtag geboren, gerade Erstgeborene lassen sich gerne einige Tage mehr Zeit.

Ich will dir eine Geschichte über Ehrlichkeit aus meinem Leben erzählen. Bis zu dieser Woche war es eine Geschichte des Scheiterns, aber eine Lüge, vor allem eine so schwerwiegende, kann die Bewertung eines Ereignisses verändern, obwohl die Geschichte dieselbe bleibt. Aber lass mich vorne anfangen.

Es war im Januar vor fast fünf Jahren, als ich eine Bitte um Rückruf erhielt. Über Facebook hatte mich ein Mann angeschrieben, den ich als Autor preisgekrönter Texte kannte und dessen Arbeit ich bewunderte. Als er mich kontaktierte, war er Ressortleiter beim Magazin *Der Spiegel*. Der *Spiegel* ist für viele Journalisten, was der FC Bayern München für Fußballer ist: die erste Adresse, der Gipfel einer Karriere. Ein Nachwuchskicker, der eine Rückrufbitte vom Trainer des FC Bayern erhält, wartet nicht bis zum nächsten Tag. Auch ich rief sofort zurück.

Du musst wissen: Drei Wochen vor dieser Nachricht saß ich bei der Preisverleihung des Deutschen Reporterpreises, so etwas wie der Bambi der Journalisten. Dort kommt die gesamte deutsche Journalistenelite zusammen. Anne Will war da, Caren Miosga hielt eine Laudatio, Benjamin von Stuckrad-Barre bekam einen Preis fürs Interview des Jahres. Mein Text über die türkische Fußballmannschaft schaffte es unter die sechs nominierten Reportagen, gewonnen habe ich nicht.

Der *Spiegel*-Ressortleiter gehörte zu den Juroren, die über die Preisträger entschieden. Er sei von meinem Text sehr angetan gewesen, sagte er mir am Telefon, und dass er mich gerne persönlich kennenlernen würde. Ob ich Lust habe, für acht Wochen beim *Spiegel* zu arbeiten, eine Art Probearbeiten mit Aussicht auf eine Festanstellung, natürlich rein unverbindlich. Am liebsten hätte ich sofort alles stehen und liegen gelassen, hätte mein WG-Zimmer aufgelöst und wäre nach Hamburg gezogen, um am nächsten Tag das haushohe Atrium des *Spiegel*-Gebäudes als Mitarbeiter zu betreten. Das war die Chance, von der jeder junge Journalist träumt. Doch als ich auflegte, kehrte die Erinnerung an mein gutbürgerliches Leben zurück: Ich hatte eine unbefristete Festanstellung, was in der Branche noch heute nicht üblich ist, einen Job in einer Lokalredaktion mit netten Kollegen, der mich glücklich machte. Sollte ich das wirklich aufgeben und für nicht mehr als eine ungefähre Chance kündigen?

Es ist so, liebe Romy: Im Leben bereust du nicht die Dinge, die du getan hast, sondern die, die du nicht getan hast. Das Gefühl, etwas Großes verpasst zu haben, etwas, das dein Leben grundlegend verändert hätte, wiegt fast immer schwerer als die Last des Scheiterns. Denn nach dem Fallen kommt das Aufbäumen, und es bleibt nur die Erinnerung an den Moment, das Leben gespürt zu haben.

Ich bin kein Draufgänger und schon gar nicht ein Alles-auf-eine-Karte-Setzer, ich balanciere am liebsten mit doppeltem Boden, selbst wenn sich das Seil in einem halben Meter Höhe befindet. Ich habe mir damals allerdings eine Frage gestellt, die dir auch in deinem Leben und bei ganz anderen Gelegenheiten weiterhelfen kann: Was wäre das Schlimmste, was passieren kann? Wovor habe ich Angst, wenn der Plan schiefgeht und der Mut, nach den Sternen zu greifen, nicht belohnt wird?

In meinem Fall lag die Antwort auf der Hand: dass mich der *Spiegel* ablehnt und ich arbeitslos werde. Das wäre in der Tat existenziell, aber war die Gefahr des größten anzunehmenden Unfalls wirklich so groß? Das Risiko, dass der *Spiegel* mich nach acht Wochen vor die Tür setzt, schon. Schließlich machte der Ressortleiter kein Geheimnis daraus, dass es noch einen Mitbewerber gebe, einen weiteren preisgekrönten Journalisten, der zum Probearbeiten kommt. Die Frage war also: Fände ich einen neuen Job, wenn mich der *Spiegel* nicht nimmt? Mein Selbstvertrauen strotzte damals nur so – nenne es meinetwegen auch präjugendlichen Leichtsinn –, jedenfalls sagte ich eine Woche später dem *Spiegel* zu und kündigte.

Drei Monate darauf betrat ich tatsächlich das Atrium, von dem ich so viel gehört hatte, ging vorbei an dem Leitsatz des Hauses (»Sagen, was ist«), der von Gründer Rudolf Augstein stammt und in silbernen Buchstaben an der Wand steht, fuhr mit dem gläsernen Aufzug in den siebten Stock und schaute hinunter. Es war ein erhabener Moment, der Lohn für die Mehrarbeit der vergangenen Jahre. Ich schwor mir, in den kommenden Wochen das Beste zu geben und nur das Beste. Sollte mich einer fragen, ob ich vor der Arbeit joggen gehen wolle, ich wäre mitgegangen. Noch einmal wollte ich das große Ziel nicht verfehlen, nicht wieder scheitern wie an Novak. Diesmal, sagte ich mir, wirst du die Extrameile gehen.

Das tat ich auch: Ich reiste auf die Azoren, um ein Forscherehepaar zu begleiten, das seit Jahren mit einem selbst gebauten U-Boot den Riesenkalmar suchte. Ich tauchte mit den beiden auf den Grund des Atlantiks, 1000 Meter tief, was laut der Forscher erst weniger als 2000 Menschen weltweit vor mir getan haben.

Ich flog ins norwegische Tromsø, um zu beobachten, wie es den dort lebenden Muslimen gelang, Ramadan in der Zeit der Mitternachtssonne durchzuhalten.

Ich fuhr nach Dortmund zu den Rechtsradikalen und in die Niederlande, wo sich Bauern über den richtigen Umgang mit Zugvögeln stritten.

Ich war in Witten, um ein türkisches Ehepaar zu treffen, das vor Gericht die Wiederholung seiner Hochzeit einklagen wollte, weil der beauftragte Video-Jockey die kostbaren Film-aufnahmen gelöscht hatte.

Das Atrium sah ich wegen all der Geschichten nur selten.

Meinem Mitbewerber, der Claas hieß, begegnete ich des-halb auch nur sehr selten. Sein Probearbeiten und meins überschnitten sich um zwei Wochen. Trotz der Konkurrenz-situation mochten wir uns. Wir verabredeten uns zum ge-meinsamen Essen in der verlagseigenen Kantine, in der die Mitarbeiter – mir imponierte das – am Tisch bedient werden. Wir unterhielten uns über unseren Werdegang, über unsere Texte, privat wurden wir dabei fast nie. Anders als ich hatte er den Deutschen Reporterpreis wenige Monate zuvor gewon-nen, und auch sonst war er beruflich gesehen einen Schritt weiter als ich. Claas reiste bereits für große Zeitungen und Magazine um die Welt, während ich in der Lokalredaktion den Ortsbürgermeister interviewte. Er war trotz des Erfolgs ruhig und bescheiden. Machen wir's kurz: Er bekam den Job, ich die Absage.

Es gibt Weggabelungen im Leben, die entscheiden, wer du eines Tages sein wirst. Ob du durchstartest oder, wenn du nicht aufpasst, auf der Strecke bleibst. Ich habe aufgepasst, und trotzdem verliefen die Leben von Claas und mir sehr unterschiedlich. Er gewann einen Preis nach dem anderen, wurde als Shootingstar des deutschen Journalismus gefeiert, reiste um die Welt, in Krisengebiete ebenso wie zu den Trump-Wählern.

Ich war zunächst arbeitslos, arbeitete ein halbes Jahr als freier Autor, was ohne den Gründerzuschuss (danke, lieber Staat!) ein Minusgeschäft gewesen wäre, und schrieb das Buch über das Mobbingopfer Benjamin. Sieben Monate später erhielt ich dann doch noch eine Festanstellung bei einer großen deutschen Zeitung, im Hamburger Büro der *Welt*. Aus meinem Büro kann ich seitdem das *Spiegel*-Gebäude sehen, die roten Leuchtbuchstaben, die über den Hochhäusern Hamburgs thronen. Ich dachte in den letzten Jahren oft an Claas, wenn ich hinübersah. Ob er wohl glücklicher ist als ich?

Seit heute weiß ich, dass er es nicht war. Er, Claas, der mit Nachnamen Relotius heißt, hat die meisten seiner Geschichten gefälscht, Gesprächspartner erfunden, Zitate ausgedacht, Beobachtungen fantasiert. Er hat alle belogen, seine Chefs, die ihn förderten, ebenso wie die Leser, die ihm vertrauten, und das seit vielen Jahren, lange bevor sich sein Weg und meiner kreuzten. Er hat damit einen Medienskandal ausgelöst, der mit den gefälschten Hitler-Tagebüchern zu vergleichen ist und der den *Spiegel* in eine ebenso tiefe Krise stürzen dürfte wie einst den *Stern*. Er hat Rechtspopulisten geholfen, dass sie in Zukunft mit noch mehr Verve »Lügenpresse« rufen. Journalismus lebt von seiner Glaubwürdigkeit, der wiederum Ehrlichkeit zugrunde liegt. Vielen Menschen hat Claas geschadet, auch mir. Vielleicht bin ich sogar sein erstes Opfer. Wer weiß das schon.

Eines weiß ich sehr wohl: Alle Lügner fliegen eines Tages auf. Der eine früher, der andere später. Bitte bleib immer ehrlich, meine liebe Romy.

Dein Papa

Über den Zufall

Liebe Romy,

ich sitze an diesem Samstag im Wohnzimmer deines Opas, während ich diese Zeilen schreibe, und habe mich in eine dicke Wolldecke gehüllt. Wie eine Mumie kauere ich auf dem Ohrensessel und lasse mir vom Laptop die Oberschenkel wärmen. Nur mein Kopf und meine Hände lugen unter der Decke hervor, doch fürs Denken *und* Schreiben reicht meine innere Wärme trotzdem nicht. Denn meine Finger sind so kalt, dass sie über die Tastatur schleichen, als würden Gewichte daran hängen. Jeder Buchstabe ist mühsam.

Vor einigen Tagen ist auf dem Hof die Heizung ausgefallen. Getriebeschaden! Seitdem ist alles kalt: draußen, ein paar Grad über null. Und drinnen ist nicht nur die Stimmung kurz vor dem Gefrierpunkt. Das Einzige, das uns phasenweise aufwärmt, sind zwei Kaminöfen, ein dänischer Ofen und drei Elektroradiatoren, die wir auf den Zimmern im Haus deines Opas verteilt haben. Du kannst dir sicher vorstellen, dass Mitte Dezember ein äußerst ungünstiger Zeitpunkt für so einen Totalausfall ist. Ich hasse es zu frieren (wahrscheinlich wegen der ofengewärmten Windeln früher!), aber noch mehr macht es mir zu schaffen, dass Mama und du mit dieser Kälte zu schaffen habt. Eine hochschwangere Frau sollte nicht bibbern müssen. Und der Gedanke daran, dass du schon auf der Welt sein könntest und nun als Neugeborenes zitternd in meinen Armen lägest, lässt mir das Blut buchstäblich in den Adern gefrieren.

Ich hatte für einen kurzen Moment darüber nachgedacht, in dieser Woche keinen Brief zu schreiben und mich stattdessen mit einer Wärmflasche ins Bett zu legen. Doch dann musste ich an die rumänische Bettlerin denken, die auch in dieser Eiseskälte, eingehüllt in eine Decke, wieder nahe unserer ehemaligen Hamburger Wohnung sitzt und mit einem Pappbecher um Almosen bittet. Nicht in einem Ohrensessel wie ich und auch nicht mit einem dänischen Ofen, sondern auf dem steinharten Bürgersteig, in der Erwartung eines lauwarmen Luftzugs, den die Kunden aus dem Supermarkt mitschleifen. Ich weiß nichts von ihr, ob sie nachts unter einer Brücke schläft, ob sie Kinder hat oder von einer Bettlermafia als Geldeintreiberin missbraucht wird. Ich weiß aber, dass auch sie in diesem Moment frieren wird und nicht darauf hoffen kann, dass das Ersatzteil für eine Heizung bald eintrifft.

Ich habe dir vor einigen Wochen über das Glück geschrieben, das in Form von Goldmünzen am Straßenrand liegt. Glück, das man suchen muss, um es zu finden. Es gibt aber auch ein anderes Glück. Glück, das einem widerfährt, ohne etwas dafür zu tun. Etwas, zu dem die Menschen sagen: »Oh, du hattest aber großes Glück!« Glück ist in diesem Fall ein Synonym für Zufall oder eine andere höhere Macht, die wir nicht beeinflussen können, und es ist sehr wichtig, den Unterschied zum anderen Glück zu verstehen.

Es ist zum Beispiel ein großer Zufall, dass du in einem Land geboren wirst, in dem niemand frieren muss, solange nicht die Heizung ausfällt oder man auf die Vorzüge des Sozialstaates verzichtet. Du wirst in einem Land geboren, in dem es anders als etwa in bestimmten Regionen Afrikas nicht die drängendste Aufgabe des Tages ist, Nahrung aufzutreiben, um zu überleben. Trotzdem gehen auch im reichen Deutschland Kinder mit Hunger zur Schule, und es ist somit auch ein Zufall, dass du in eine Familie hineingeboren wirst, die in der Lage ist, dir jeden Morgen ein ausgewogenes Frühstück herzurichten, dich warm anzuziehen und dir Bücher zu kaufen, die du gerne lesen möchtest. Und es ist ein Zufall, dass sich die Gene deiner Mama und mir ausgerechnet zu einem Menschen zusammensetzen, der so aussieht wie du, der so fühlt und so denkt wie du.

Es ist wichtig, dass du dir das immer bewusst machst: Nicht jeder hat dieses große Glück, du zu sein. Sieh es als Geschenk, dem du mit Demut begegnest, aber auch als Ansporn, es zu nutzen. Du wirst bei deiner Geburt einer von siebeneinhalb Milliarden Menschen auf der Erde sein. In dem Jahr, in dem du volljährig wirst, leben den Prognosen nach schon neun Milliarden Menschen hier, und vielleicht wirst du dich in dieser Masse ab und an auch unbedeutend fühlen. Doch die Wahrheit ist: Du wirst einen Unterschied machen – für die Menschen in deiner näheren Umgebung.

Oder lass es uns anders betrachten: Rund 80 Millionen Menschen leben in dem Land, das deine Heimat sein wird. Davon wiederum leben knapp 2,9 Millionen Menschen in Schleswig-Holstein, deinem Bundesland. 130 000 Menschen kommen aus demselben Landkreis wie du, etwa 500 aus demselben Dorf, knapp 200 Menschen aus derselben Straße und aktuell zwei weitere aus demselben Haus. Für diese beiden bist du wichtiger als 80 Millionen andere. Der ewige Champion. Das schönste Mädchen. Der wunderbarste Mensch.

Ich werde in ein paar Wochen dein Papa sein. Das ist ein

großes Glück. Glück wie Zufall. Weil ich deine Mama getroffen habe und offensichtlich zeugungsfähig bin. Es ist für mich ein Geschenk. Und Ansporn. Ein Ansporn, dir ein schönes Leben zu bereiten. Ein glückliches vor allem.

Aber nun muss ich wirklich Schluss machen. Meine Fingerkuppen sehnen sich nach Wärme. Welch ein Glück, dass wir einen dänischen Ofen haben!

Dein Papa

Über Weihnachten

Liebe Romy,
im Rückblick neigen wir Menschen dazu, die Dinge zu über-
höhen, die wir erlebt haben. Früher war immer alles besser.
Früher, da war mehr Lametta, mehr Zeit, mehr Schnee, mehr
Nächstenliebe. Vielleicht tappe auch ich mit meiner Erinnerung an Weihnachten in diese Falle, vielleicht überhöhe ich
das, was wirklich war. Doch die Tage rund um Heiligabend
waren für mich als Kind die aufregendste Zeit des Jahres.
Dabei schmeckte, roch und klang sie immer gleich – nach
dem Spritzgebäck und den Vanillekipferln deiner Uroma,
nach Zimt und Kerzenrauch, nach Roy Black und Rolf
Zuckowski. Ich erinnere mich nicht an vorweihnachtliche
Hektik, sondern nur an Sonntagnachmittage, an denen wir in
aller Ruhe Plätzchen aßen und eine weitere Kerze auf dem
Adventskranz ansteckten, während im Hintergrund das Lied
In der Weihnachtsbäckerei lief.

Ich erinnere mich noch an das Geheimnisvolle, das sich
wie der Geruch von frischen Tannennadeln und entzündeten
Wunderkerzen über den Heiligen Abend legte, daran, dass
mein Vater eine Decke vor die Glasscheibe der Wohnzim-
mertür hängte und uns verbot, vor der Bescherung hineinzu-
gehen. Daran, dass wir nachmittags in die Kirche gingen und
mein Vater nach unserer Rückkehr im Wohnzimmer nach-
sah, ob denn schon das Christkind da war. Eine halbe Stunde

später läutete er mit einem goldenen Glöckchen den Abend ein – es war da! Ich erinnere mich noch sehr gut daran, wie ich das Wohnzimmer betrat, den riesengroßen Baum sah, hinter dem sich ein Sumo-Ringer verstecken konnte, die Lichter, die Kugeln, aber natürlich auch die Geschenke, und wie ich versuchte – ganz unbemerkt – herauszufinden, ob mein größter Wunsch in eines der Pakete gepasst haben könnte. Stunden später sehe ich meinen Papa und mich, wie wir noch nach Mitternacht auf dem Parkettboden herum-kriechen und versuchen, die Ritterburg aufzubauen – und wir mit zunehmender Dauer die Geduld verlieren.

Liebe Romy, heute ist der zweite Weihnachtstag. Der letzte Heiligabend ohne dich liegt hinter uns, ebenso wie der erste in unserem neuen Haus. Ja, es hat tatsächlich geklappt: Die Heizung läuft wieder, und das Haus ist fertig. Na gut, sagen wir so fertig, wie eine Baustelle eben sein kann. Das Wohn-zimmer ist derzeit das einzige Zimmer, das so aussieht, als könnte darin jemand leben. Das weiß geölte Eichenparkett ist bereits verlegt, die Wände sind wasabigrün gestrichen und die weißen Stuck- und Fußleisten angebracht. Auf den neuen beigen Fensterbänken stehen ein Weihnachtsstern, eine kleine Krippe und ein selbst gemachter Adventskranz deiner Oma. Im Fenster baumelt ein Holzstern, und vor dem einge-mauerten Kamin ragt der mit weinroten Kugeln geschmückte Tannenbaum zur Decke, den wir ein paar Tage zuvor in unse-rem Garten gefällt haben.

Es war ein schönes Fest. Doch eines fehlte wie schon in den vergangenen 15 Jahren: die kindliche Aufgeregtheit, das Ge-heimnisvolle, auch der Zimtgeruch und Rolf Zuckowski. Stattdessen war da zuvor jede Menge Unruhe: Die Handwer-ker schraubten und hämmerten noch bis zum letzten Tag. An den Adventssonntagen war immer etwas zu tun im Haus und keine Zeit für Besinnlichkeit. Die Sache mit den Geschenken habe ich auch wieder erst auf den letzten Drücker erledigt. Und der Tannenbaum war auch noch nicht geschmückt, als meine Eltern ankamen.

Ist halt so, könnte man denken. Man ist eben kein Kind mehr. Ich will mich damit aber nicht abfinden. Ich will nicht so tun, als sei das schon in Ordnung, nur weil man schließlich erwachsen geworden ist – das geht nur mit den ersten Falten unter den Augen, aber nicht mit Weihnachten. Warum nicht, fragst du dich? Na, weil du demnächst dabei bist. Du hast ein Recht darauf, Weihnachten nicht als einen beiläufig gefeierten Wunschzettel zu erleben, sondern als ein Gefühl, das so stark ist, dass es sich in deine Erinnerung einbrennt. Du sollst große Augen machen können, wenn du im nächsten Jahr zum ersten Mal einen Baum in unserem Wohnzimmer siehst. In zwei Jahren wirst du schon um ebendiesen Baum herumlaufen, um uns in drei Jahren zu fragen, ob du ihn mitschmücken darfst.

Wir können die Zeit nicht zurückdrehen. Wir können aber die Zeit von vorne beginnen lassen. Du erlaubst uns, das Fest noch einmal mit Kinderaugen zu sehen, Rolf Zuckowski aufzulegen, Zimtsterne aufzuhängen, die Weihnachtsgeschichte nachzuspielen und einfach mal einen oder zwei Adventssonntage alles abzusagen, weil es nichts Wichtigeres gibt, als gemeinsam in aller Ruhe Plätzchen zu essen. Und wer weiß: Vielleicht schleicht sich dann auch wieder die Aufgeregtheit ins Wohnzimmer, das Geheimnisvolle. Zusammen mit dem Christkind, nach dem ich künftig schauen werde, ob es schon da war.

Dein Papa

Über die Zukunft

Liebe Romy,

nächste Woche ist Stichtag. Nächste Woche schon! Ob du wohl schon genauso ungeduldig bist wie wir?

Deine Mama hat jedenfalls zu viel Zeit. Sie hat sich nun vorgenommen, sich als erste Frau der Welt den Geburtsschmerz zu merken. Ich finde das sehr tapfer, aber auch etwas unverfroren, die Biologie austricksen zu wollen. Denn gäbe es keine Gebärdemenz, wäre die Menschheit wohl längst ausgestorben. Doch genauso wenig, wie sich deine Mama den Schmerz merken wird, kann ich in die Zukunft schauen. Ich besitze keine Glaskugel. Ich weiß nicht, wie die Welt aussieht, wenn du volljährig bist.

Ich weiß nicht, ob du dann noch Smoothies trinkst oder dein Gemüse und Obst dann schon einatmen kannst.

Ich weiß nicht, ob wir dann noch reden müssen oder sich unsere Gehirne schon direkt vernetzt haben.

Ich weiß nicht, wie wir dann arbeiten und ob auch die letzten Büros abgeschafft wurden, weil jeder von Zuhause aus seine Aufgaben erledigt.

Ich weiß nicht, ob die künstliche Intelligenz, von der derzeit alle behaupten, dass sie 20 Millionen Jobs in Deutschland vernichtet, uns noch hilft oder wir ihr inzwischen helfen.

Ich weiß nicht, wer das Land regiert und ob ich deine Studiengebühren noch in Euro bezahle.

Ich weiß nicht, ob es in unserem Land friedlich zugeht oder Bomben fliegen.

Ich weiß auch nicht, ob wir dich mit einer Passagierdrohne zur Abifeier bringen.

Ich weiß nicht einmal, ob ich noch lebe, wenn du das hier liest.

Niemand weiß, ob und wie wir in 18 Jahren leben und welcher Fähigkeiten und Umstände es bedarf, um glücklich und zufrieden zu sein. Was ich allerdings weiß, ist, dass ich bis zu deiner Volljährigkeit trotz guter Vorsätze immer wieder in den Papa-Modus verfallen werde und dir versuche weiszumachen, über alles Bescheid zu wissen. Ganz besonders darüber, was gut für dich ist. Ich werde dir (hoffentlich nicht zu schroff) eintrichtern, dass gute Noten wichtig sind, und dir zunächst verschweigen, dass ich selbst nur eine 3,6 auf dem Abiturzeugnis hatte. Was hatte ich damals für eine Panik durchzufallen. Und heute? Ist die Note nicht mehr als eine gute Pointe aus dem Leben.

Dazu dient auch der Vermerk meines Deutschlehrers in der zwölften Klasse unter meiner Klausur. In roter Farbe stand dort: »Lieber Dennis, du hast sprachliche Defizite, du musst unbedingt daran arbeiten.« Darunter die Note: Vier minus. Ich will gar nicht behaupten, dass er unrecht hatte. Sicher hatte er für seine Kritik gute Gründe. Und vermutlich würde er sich mit *Nathan der Weise* oder mit *Faust I + II* gegen die Stirn schlagen, wenn er wüsste, dass ich heute Bücher schreibe und verlege.

Wie mit einer Trophäe ging ich damals mit der Klausur zu meinem Chef bei der Lokalzeitung, für die ich zu der Zeit bereits gearbeitet hatte. Er lachte sich über die Empfehlung meines Deutschlehrers schlapp. Das beruhigte mich. Doch sechs Jahre später riet auch er mir: »Mach etwas anderes als Journalismus.« Er sagte das nicht, weil er mir das nicht zutraute, er wollte mich vor einer Enttäuschung bewahren. Die meisten Zeitungen stellten zu der Zeit keine Redakteure mehr ein, und wer eine Volontariatsstelle, also einen Ausbildungsplatz zum Journalisten, bekommen wollte, musste großes Talent und noch größeres Glück haben. Er meinte es gut, doch er spürte nicht, wie sehr ich für diesen Beruf brannte.

Was ich damit sagen will: Lass dir nicht von anderen Menschen sagen, wer du bist und was du tun sollst. Wieso sollten sie besser wissen, was in der Zukunft passiert, als du? Verstehe mich nicht falsch: Natürlich solltest du dir von Menschen, die sich auskennen, Tipps und Ratschläge geben lassen. Wenn du klug bist, lässt du diese in deine Entscheidung mit einfließen. Aber du solltest deine Entscheidung am Ende nicht ausschließlich davon abhängig machen. Mein damaliger Chef konnte gar nicht wissen, dass schon drei Jahre später eine Kollegin in Elternzeit ging und ich ihre Stelle übernahm. Er konnte nicht ahnen, dass ich bereit war, die Extrameile zu gehen und mehr zu machen als andere. Und er konnte nicht vorhersehen, dass die *Welt* entgegen dem Branchentrend eines Tages in Hamburg eine neue Redaktion eröffnet und mich einstellt. Stell dir vor, ich hätte auf seine Expertenmeinung gehört! Stell dir vor, was ich verpasst hätte!

Du wirst auf deinem Weg Menschen begegnen, die vorgeben zu wissen, was dich auf deinem Weg erwartet. Diese Menschen glauben, alle Wege seien gleich – und nur weil sie ihren halbwegs unbeschadet abgelaufen sind, wüssten sie auch etwas über deinen. Doch dein Weg hält noch so viele unberührte Pfade, neu entsprungene Bäche und noch unentdeckte Orte für dich bereit, dass du dich erst im Nachhinein darüber wundern wirst, wie ein Mensch auf die Idee kommen konnte, dir deinen vorherzusagen.

Ich möchte dir zum Abschluss die Geschichte der kleinen Raupe Nimmermüde erzählen, die ich mir für dich ausgedacht habe. Die geht so:

Schon am zweiten Tag, nachdem die Raupe aus ihrem Ei geschlüpft war, war es ihr zu langweilig auf ihren Blättern, und sie lief einfach los. Am ersten Tag traf sie einen Maulwurf, der gerade aus einem Erdhügel schaute.

»Hallo, Maulwurf. Wo kommst du denn her?«

»Na, wo soll ich wohl herkommen: aus dem Boden natürlich!«

»Das hört sich ja spannend an. Ich würde dich gerne mal unter die Erde begleiten. Meinst du, ich kann das auch?«

Der Maulwurf lachte. »Du bist doch eine Raupe. Natürlich kannst du dich nicht in die Erde graben. Lauf weiter und gib dich damit zufrieden, dass du nur kriechen kannst.«

Die Raupe war ein wenig enttäuscht und lief weiter.

Am nächsten Tag kam sie einen Bach entlang und sah darin einen Fisch, der an der Oberfläche nach Nahrung suchte.

»Hallo, Fisch. Sag mal, was genau machst du da?«

»Was ist das für eine dumme Frage: Ich schwimme natürlich und suche etwas zum Fressen.«

»Du musst mich entschuldigen: Du bist halt der erste Fisch, den ich in meinem Leben sehe. Glaubst du, dass du mir auch das Schwimmen beibringen kannst?«

Der Fisch lachte. »Du bist doch eine Raupe. Raupen haben keine Kiemen. Also können Raupen auch nicht schwimmen. Und nun kriech weiter. Du verjagst die ganzen Insekten.«

Die Raupe war wieder etwas enttäuscht und lief weiter.

Doch sie gab den Gedanken nicht auf, ihr Leben außergewöhnlich zu machen.

Am nächsten Tag kroch sie einen Baum hinauf und fand in
den Ästen ein Vogelnest. Darin saß ein Sperber.

»Hallo, Vogel. Langweilst du dich auch so wie ich?«

»Nein, ganz im Gegenteil. Ich ruhe mich von meinen Flü-
gen aus.«

»Du kannst fliegen?«, fragte die Raupe bewundernd.

Der Vogel lachte. »Ja, natürlich. Alle Vögel können fliegen.«

»Würdest du mich vielleicht auf deinen nächsten Flug mitnehmen?«

»Wie soll das gehen? Du bist eine Raupe. Raupen haben
keine Flügel. Du wirst nie fliegen können.«

Die Raupe wunderte sich über sich selbst. Denn diesmal
war sie gar nicht so enttäuscht wie an den Tagen zuvor, als sie
vom Maulwurf und dem Fisch abgewiesen wurde. Stattdessen
regte sich etwas in ihr, das sie bislang nicht kannte: Es war der
Ehrgeiz. Unter der Erde wäre es ihr sowieso mit der Zeit zu
dunkel geworden, dachte sie, und im Wasser hätte sie im
Winter viel zu sehr gefroren. Doch die Welt aus der Luft zu
betrachten, das müsse doch möglich sein. Das wollte sie mehr
als alles andere zuvor.

Die Raupe übte in den folgenden Tagen jede Sekunde. Sie
ließ sich von einem Blatt fallen und ruderte mit den Füßen.
Doch immer wieder fiel sie zu Boden. »Aua«, schimpfte sie
und kroch wieder hoch auf das Blatt, um es erneut zu versuchen.

Am siebten Tag begegnete sie einem alten Bekannten: dem
Sperber. Er flog über die Wiese, auf der die Raupe übte, und
sah, wie fleißig sie war. Das imponierte ihm. Er bedauerte,

dass er sie ein paar Tage zuvor so entmutigt hatte, und wollte es wiedergutmachen: »Fliegen ist schwer, ich weiß. Am Anfang habe ich es auch noch nicht hinbekommen, aber wenn du lange genug übst, wirst du es vielleicht doch schaffen – auch ohne Flügel. Denn nur weil ich noch nie ein Tier gesehen habe, dass ohne Flügel geflogen ist, heißt das ja nicht, dass es nicht geht.«

Die Raupe lächelte zufrieden. »Danke, Vogel, für deine Worte. Sie machen mir Mut. Ich werde es weiter versuchen.«

Am nächsten Morgen wachte die Raupe auf, und es passierte etwas Sonderbares. Die Raupe verwandelte sich in einen Schmetterling mit zwei prächtigen, roten Flügeln. Der Schmetterling, der eben noch eine Raupe war, strahlte vor Glück – und flog los.

Und die Moral von der Geschicht'?

Sei kein Fisch und höre schon gar nicht auf einen Maulwurf, denn die sind blind, vor allem für die Zukunft. Falls dir einer sagt, dass etwas nicht geht, zeige ihm den Vogel und versuche es trotzdem. Und falls du es am Ende wirklich geschafft hast, lass dir nicht einreden, dass es auch ohne den ganzen Fleiß geklappt hätte. Denn die Verwandlung von der Raupe zum Schmetterling, so viel weiß ich, funktioniert nur in der Tierwelt ganz ohne eigenes Zutun.

Dein Papa

Über Freiheit

Liebe Romy,

nun kannst du dich aber wirklich langsam auf den Weg machen. Vor drei Tagen war Stichtag, und es vergeht kein Tag, an dem nicht irgendwer fragt: Und, tut sich bei euch was? NEIN, tut sich nicht. Ich meine, die Ungeduld der anderen spricht ja nur für dich: Wir können es alle kaum abwarten, dich endlich kennenzulernen.

Seit drei Tagen habe ich das Haus nur im Umkreis von fünf Kilometern verlassen, und das auch nur, um deine Mama zur Frauenärztin zu begleiten. Wir waren uns einig, dass eine Hochschwangere nicht mehr alleine Auto fahren sollte. Natürlich war es unwahrscheinlich, dass unterwegs ihre Fruchtblase platzen und sie zwischen zwei Ampelphasen eine Sturzgeburt erleiden könnte. Wir erinnerten uns an den Satz der Hebamme aus dem Geburtsvorbereitungskurs, dass Babys nicht einfach so aus dem Mutterleib plumpsen, sondern Wehen sich über Stunden steigern. Doch das beruhigte uns nicht vollends. Denn du hast dich schon tief in Mamas Becken geschoben, der Muttermund ist leicht geöffnet. Du hast dich bereit gemacht. Hilfe, ist das aufregend.

Ich saß also daneben, als die Frauenärztin zu deiner Mama sagte, dass mit dir alles in Ordnung sei und frühestens am Sonntag darüber nachgedacht werden müsse, dich zu holen. Das Fruchtwasser werde mit jedem Tag weniger und der Mutterkuchen verkalke. Es wird für dich also erst ungemütlich und bald dann auch gefährlich.

Heute ist Montag. Du hast also noch sechs Tage Zeit. Am Mittwoch kommt – vielleicht zu deiner Zufriedenheit – noch der Fernsehtechniker. Wir haben nämlich noch immer keinen TV- und Internetanschluss im neuen Haus, und wenn ich ehrlich bin, würde ich an deiner Stelle auch nirgendwo einziehen wollen, wo es weder das eine noch das andere gibt.

Der Einzige, der in deiner Verspätung etwas Positives sieht, ist Lou. Er meinte neulich, ich solle bloß froh sein, dass du auf dich warten lässt, und die letzten Tage in Freiheit genießen. Denn mit der Geburt, sagte er, sei es wie im Gefängnis: Wie der Zellenwärter würdest du künftig entscheiden, wann ich schlafe, esse und an die frische Luft komme. Immerhin könne ich bei guter Führung die Gruppenzelle nach 18 oder bei mittelmäßiger Führung auch erst nach 25 Jahren verlassen. Gegen strenge Auflagen (zahlen von 13 Semesterbeiträgen, einem WG-Zimmer und Taschengeld) bekäme ich sogar eigene Besuchszeiten und mein Badezimmer zurück, das ich zuvor jahrelang nicht nutzen konnte, wenn ich es wollte, weil du es blockiert hast. Ich glaube, er hat mehr Angst vor dem Vatersein als ich. Aber so ist es oft im Leben, liebe Romy: Die mit der größten Klappe haben meist den größten Schiss.

Das Gute daran ist, dass die große Klappe in dem Land, in dem du geboren wirst, erlaubt ist. Die Freiheit, seine Meinung zu sagen, ist hier ein hohes Gut. Hinzu kommt die Freiheit, sich frei zu bewegen, sogar über Ländergrenzen hinweg, Länder, mit denen deine Ururgroßeltern noch Krieg geführt haben. Das darfst du nicht als selbstverständlich ansehen. Auch nicht die Freiheit, sich den Partner, den man heiratet, selbst auszusuchen, sie existiert in vielen anderen Ländern nicht. Die Freiheit, als Frau dieselben Rechte zu haben wie der Mann, ist auch kein Naturgesetz, sondern das Ergebnis jahrzehntelangen Ringens. Da wäre auch noch die Freiheit, zu demonstrieren, eine Religion auszuüben, zu forschen und, nicht zu vergessen, dass Männer Männer lieben dürfen und Frauen Frauen und sie mittlerweile sogar heiraten können. Und nicht zu vergessen: die Pressefreiheit, die aufpasst, dass die Politik keinen Unsinn verzapft.

Wie du siehst: Du lebst bald in einem Land, das zwar nicht perfekt ist, manchmal ungerecht und oft ungleich, aber in dem alle frei leben können. Welch ein Privileg! Das ändert sich nur, wenn du großen Mist baust. Ich erwarte nicht viel von dir. Du sollst dich ausprobieren, deinen Weg gehen, auch mal Grenzen ausloten, du sollst über die Stränge schlagen, wenn du das möchtest, du sollst Fehler machen und auf die Nase fallen. Und wenn du mit dir selbst zufrieden bist, wirst du das Lob anderer Menschen – auch meins – nicht brauchen. Nur zwei Dinge erwarte ich von dir.

Erstens: Pass immer bestmöglich auf dich auf, damit ich niemals in dein Grab schauen muss. Kein Handy am Steuer, kein Zündeln im Kinderzimmer, keine Drogen. Nichts ist wichtiger als deine Gesundheit. Du brauchst sie. Für alles.

Zweitens: Lebe so, dass ich dich nie im Gefängnis besuchen muss. Bevor du dummes Zeug anstellst, komm zu mir oder Mama und frage uns um Rat. Setze deine Freiheit nie aufs Spiel. Du wirst sie erst vermissen, wenn du sie nicht mehr hast. Denn: »Es gibt nur eine Sache, die größer ist als die Liebe zur Freiheit: der Hass auf die Person, die sie dir wegnimmt.« Das sagte einmal Che Guevara, der selbst noch für die Freiheit in seiner Heimat Kuba kämpfen musste.

Ob es mir bald auch so geht? Ob ich die Zeit, in der mir

niemand den Takt vorgab, vermissen werde? Wo denkst du hin! Der Tag kann, nein er soll nun endlich kommen, an dem die Tür mit einem lauten Knall ins Schloss fällt – und Mama und ich nicht mehr allein sind. Denn das, was wir bald Alltag nennen, ist deine Kindheit. Ein Stück unserer Freiheit geben wir, falls es nötig sein sollte, dafür gerne ab.

Dein Papa

Epilog

Liebe Romy,

nun, nach all den langen Briefen der vergangenen Monate, den nützlichen und vielleicht auch unnützen Tipps fürs Leben, die du mit jedem Jahr, das du älter werden wirst, besser verstehst oder womöglich noch verwirrender findest, weil das Leben eben manchmal auch ziemlich verwirrend ist (auch für Papas), schreibe ich dir vorerst zum letzten Mal. Ich ziehe es vor, in Zukunft mit dir zu reden. Denn während ich diese Zeilen schreibe, liegst du neben mir und ziehst Grimassen im Schlaf. Du, Romy Luisa, bist vor drei Tagen geboren. Du warst einmal eine kindliche Vorstellung vom Leben, 25 Jahre später ein Plan, und heute liegst du da, leibhaftig, warm, und bewegst deine Hände wie Joe Cocker in seinen größten Tagen.

Es gibt dieses Spiel im Kindergarten, dessen Namen ich vergessen habe, aber das Spiel geht so: Du läufst durch den ganzen Raum, machst allerlei dämliche Grimassen und Gesten, und sobald die Erzieherin »Stopp« ruft, musst du wie eingefroren in diesem Moment verweilen. Ich würde mir in dieser Sekunde wünschen, dass jetzt einfach irgendwer »Stopp« ruft – und die Zeit stehen bleibt. Nicht für immer, weil ja noch so viele großartige Minuten, Stunden und Tage auf uns warten, aber zumindest für eine ganze Weile. Ich würde dich in dieser Zeit einfach nur bestaunen, beschnuppern und berühren. Ich würde deine weiche Haut streicheln und mein

Ohr an deinen Mund halten, um deinen leisen Atem zu hören. Die Geburt, so heißt es, ist das einzige Blind Date, bei dem du vorher weißt, dass du die große Liebe deines Lebens triffst. Wer auch immer das gesagt haben mag, er muss Vater oder Mutter sein. Auch ich habe mich in dich verliebt, in dieses gut drei Kilogramm schwere Menschlein, dieses Wunder, das durch Mama und mich erst in Gang gesetzt wurde. Wir haben etwas geschaffen, das buchstäblich Hand und Fuß hat, einen halben Meter Leben.

Wahrscheinlich willst du jetzt wissen, wie es war, unser Blind Date, wo ich doch alles erdenklich Mögliche dafür getan habe, um auf den Moment deiner Ankunft vorbereitet zu sein und ihn unter keinen Umständen zu verpassen. Du wirst dich sicher erinnern: Ich habe einen Geburtsvorbereitungskurs besucht, das Krankenhaus besichtigt, ein Familienzimmer reserviert, die Kliniktasche gepackt, mit meinem Chef mehrere Tage Homeoffice vereinbart und Urlaub genommen, das unsichtbare Band, das deine Mama und mich schon immer verband, war in den vergangenen Tagen kürzer denn je geworden. Nichts konnte mehr dazwischenkommen. Ich werde da sein, wenn du ankommst. Das dachte ich zumindest.

Wie man sich täuschen kann!

Denn dann kam dieser Donnerstagabend im Januar, als Mama ins Wohnzimmer kam und sagte: »Entweder habe ich mir eben in die Hose gemacht, oder meine Fruchtblase ist geplatzt.« Sie zeigte an ihrer Jeans herunter. Die Innenseite des linken Hosenbeins war nass. »Endlich geht es los«, verriet der eine Teil ihres Blickes, »Oh mein Gott, es geht los« der andere. Das letzte Mal, dass ich so einen Ausdruck im Gesicht eines Menschen gesehen habe, war vor 16 Monaten. Ich sah Fotos meiner eigenen Hochzeit. Ich stand darauf am Traualtar und wartete auf deine Mama. Immerhin hatte ich kein nasses Hosenbein.

»Okay, wir müssen ins Krankenhaus«, sagte ich und versuchte, die Worte langsam auszusprechen. Ruhe ausstrahlen, jetzt bloß Ruhe ausstrahlen, dachte ich. Sei jetzt wie der Kerl aus diesem Cro-Song, der sich vermutlich noch selbst bei einem drohenden Flugzeugabsturz vor seiner Frau aufbauen und singen würde: *Hey, Baby, bitte mach dir nie mehr Sorgen um Geld, gib mir nur deine Hand, und ich zeig dir die Welt.* Ich aber war der weniger coole Typ, der die Rettung bei den Sauerstoffmasken suchte. Viel zu schnell presste ich folgende Worte heraus: »Schatz, ich hol dann mal schnell den Mutterpass!«

Deine Mutter erwiderte nur: »Ich muss erst mal duschen.« Im Ruhebewahren kann deiner Mama echt keiner was vormachen. Selbst nicht der Typ aus dem Cro-Song.

Eine halbe Stunde später fuhren wir ins Krankenhaus. Die Frauenärztin hatte, wie du weißt, bereits festgestellt, dass du schon sehr tief im Becken lagst und der Muttermund leicht geöffnet war. In der Klinik angekommen, passierte trotzdem erst mal nichts. Keine einzige Wehe türmte sich in Mama auf. Vermutlich hast du ihre Gene und dir gedacht: Wenn die Fruchtblase platzt, hat die Blase das Problem, nicht ich! Ohne Wehe keine Geburt – und ohne Geburt kein Familienzimmer. Ich fuhr nach Hause, und es fühlte sich falsch an. Ich ließ Mama und dich alleine zurück und bat darum, angerufen zu werden, falls die Wehen nachts beginnen. Unser Haus liegt nur fünfzehn Autominuten vom Krankenhaus entfernt. Und alle Hebammen, denen ich in den Stunden davor begegnet war, versicherten mir, dass ein Kind nicht innerhalb weniger Minuten aus dem Unterleib plumpst und somit noch genug Zeit für diese kurze Strecke bleibt.

24 Stunden später, noch immer hatte Mama keine ernsthafte Wehe, leiteten die Ärzte deine Geburt ein. Das Risiko, dass du krank zur Welt kommst, wäre mit jeder Stunde weiter gestiegen. Die Wahrscheinlichkeit, dass die Geburt dann innerhalb der nächsten drei Stunden beginnt, liege bei 50 Prozent, teilte uns Sarah, die Hebamme, mit. Sarah hatte die Nachtschicht.

Vier Stunden nach der Einleitung – es war inzwischen fünf Minuten vor Mitternacht, 30 Stunden nach dem Blasensprung – hatte sich nichts verändert: Das CTG glich nach wie vor der Oberflächenkontur von Schleswig-Holstein, nicht der der Alpen. Erneut schickten mich die Hebammen nach Hause.

»Ruhen Sie sich aus, das kann hier noch zwei Tage dauern!« – »Sie rufen aber sofort an, wenn es losgeht!« – »Natürlich!« – »Und, es plumpst auch nicht …?« – »Nein, das Kind plumpst nicht aus dem Unterleib Ihrer Frau.« – »Obwohl es so tief liegt?« – »Nein, trotzdem nicht.«

Um 3.10 Uhr klingelte mein Handy. »Geht's los?«, frage ich verdattert, ohne abzuwarten, wer dran ist. »Herzlichen Glückwunsch, du bist Papa«, höre ich eine erschöpfte, aber glückliche Stimme sagen. Es ist deine Mama. Im Hintergrund schreit ein Kind. »Und das, was du da hörst, ist deine Tochter.«

Etwa 60 Minuten zuvor ist Mama von einer Presswehe aufgewacht und geistesgegenwärtig in den Kreißsaal gelaufen. Die Wehen trommelten auf sie ein. Nach fünfzehn Minuten bat sie Sarah, mich anzurufen. Doch Sarah antwortete: »Ich lass dich nicht mehr alleine. Das Kind kommt gleich.« Fünfzehn Minuten später warst du da. Und ich hatte deine Geburt verschlafen.

Soll ich mich darüber ärgern? Soll ich bedauern, dass ich den emotionalsten Moment meines Lebens verpasst habe? Ich tat es – aber nur für einen winzigen Augenblick. Als ich ins Auto stieg, um in die Klinik zu fahren, musste ich lachen. In 42 Briefen habe ich dir beschrieben, wie die Welt funktioniert, was du wissen musst, bevor du auf eigenen Beinen stehst, und du wischst all die Lebensweisheiten schon mit deiner Ankunft weg, als wolltest du sagen: »Ach, Papa, jeder Plan ist doch nur der Versuch, die eigene Machtlosigkeit übers Leben zu kaschieren. Mach dich locker!« Wie schrieb schon Friedrich Dürrenmatt: »Je planmäßiger die Menschen vorgehen, desto wirksamer vermag sie der Zufall zu treffen.«

Vermutlich hatte ich tatsächlich einen Denkfehler gemacht. Ich dachte, wenn ich mich nur anstrenge, wirst du ein guter Mensch. Der gute Vater aber akzeptiert die Dinge, wie sie sind, weil du die Welt bist und die Welt Naturgesetzen folgt. Für dich bin ich stark, klug und – bis du in die Schule kommst – vielleicht auch ein Superheld, aber ich wäre wie eine Maus im Schlangenkäfig, wenn ich mich mit den Naturgesetzen anlegen würde.

Liebe Romy, du hast mich zum Gespött meiner Kollegen gemacht, die es schon seltsam fanden, dass ich Tage vor dem Stichtag ins Homeoffice gewechselt bin, nur aus Sorge, ich könnte die Geburt verpassen. Ich werde mich allerdings dafür an dir rächen. Ich werde die Geschichte deiner Geburt noch auf der Party deines 18. Geburtstags erzählen plus der ganzen peinlichen Dinge, die dir noch so widerfahren werden – und wir werden uns darüber schlapp lachen.

Ja, ich habe die ersten 51 Minuten deines Lebens verpasst. Aber ich tröste mich mit dem Gedanken, dass mir noch mein ganzes Leben mit dir verbleibt. Darauf freue ich mich.

Dein Papa

Dank

Liebe Romy, egal, wie gut, wie schlau, wie fleißig du eines Tages sein wirst, deine Wünsche, Träume und Ziele wirst du nie ganz alleine erreichen. Du wirst auf deiner eigenen langen Reise immer wieder auf die Hilfe anderer Menschen angewiesen sein. Und wenn aus dir ein guter Mensch geworden ist, dann wirst du diesen Menschen gegenüber ehrliche Dankbarkeit empfinden. Denn Dankbarkeit ist ein Gefühl, das zwei Menschen glücklich macht: dich und denjenigen, der es zuvor gut mit dir meinte. Behalte deine Dankbarkeit deshalb nie für dich, wenn du sie empfindest.

Während ich diese Zeilen schreibe, empfinde ich unheimlich große Dankbarkeit. Du bist jetzt schon fast dreieinhalb Monate alt, und es vergeht kein Tag, an dem du mich nicht verzauberst. Du bist schon so groß geworden, 65 Zentimeter, und so schwer, 6,5 Kilogramm. Du bist gesund, und das ist das Allerwichtigste. Ich bin dir dankbar, dass du so bist, wie du bist: ein so fröhliches Baby und der erste Mensch, der sich darüber freut, wenn ich singe und tanze.

Ich danke dir, Sarah Richter, stellvertretend für alle Hebammen des Friedrich-Ebert-Krankenhauses in Neumünster. Dafür, dass ihr euren Beruf mit so viel Hingabe ausfüllt, und dir ganz persönlich, dass du Romy auf die Welt geholfen hast. Beim nächsten Mal bin ich dabei, versprochen!

Ich danke dir, Christine Brugger, für deine Fähigkeit, in die aufregendste Phase eines Lebens Ruhe zu bringen, für deine Tipps, dein Wissen, deine Fürsorglichkeit. Und dass du uns bei jedem deiner Besuche im Wochenbett klargemacht hast, welch großes Glück (»Anfängerbaby«) wir haben.

Und natürlich danke ich dir, Judith: für deine Liebe, deine Güte und für Romy, das größte Geschenk, das du mir machen konntest. Alles ist jetzt anders, aber alles bleibt gut!

Zuletzt danke ich Ihnen, liebe Leserin, lieber Leser, für Ihre Zeit. Wenn Sie mögen, schreiben Sie mir gerne, was Sie Ihrem Kind mit auf den Weg geben wollen oder bereits gegeben haben – und ob es Ihnen während der Schwangerschaft genauso erging wie uns. Sie erreichen mich per E-Mail unter papabetzholz@gmail.com.